Die Unterstützung der französischen Handelsmarine durch Prämien

von

Dr. rer. pol. Franz Guckenmusz

Hamburg
L. Friederichsen & Co.
(Dr. L. & R. Friederichsen)
1914

Druck von J. J. Augustin in Glückstadt und Hamburg.

Inhaltsübersicht.

Abkürzungen.

ann. = annexes.
Ausf. Dekr. = Ausführungsdekret.
C. Com. = Code de Commerce.
H. G. B. = Handelsgesetzbuch (für das Deutsche Reich).
Journ. Off. = Journal Officiel de la République Française.
Kn = Knoten.
Ord. = Ordonnance.
Sch. Z. O. = Schiffbau-Zollordnung.
Seem. O. = Seemannsordnung.
Tableau = Tableau Général du Commerce et de la Navigation de la France.

I. Kapitel.

Geschichtlicher Überblick über Frankreichs Seeverkehrspolitik.

Allgemeines.

Erst seit ungefähr der Mitte des siebzehnten Jahrhunderts kann man von einer französischen Volkswirtschaft sprechen; klar ist, daß auch erst um diese Zeit Volkswirtschaftspolitik möglich war. Seehandel und Seeverkehr wurden als bedeutende Faktoren der Volkswirtschaft von vornherein in diese Politik einbezogen und fanden seitdem je nach den politischen und wirtschaftlichen Zuständen und Anschauungen der Zeit mehr oder minder starke Berücksichtigung und Pflege. Seeverkehrs-(Schiffahrts-)politik ist die Gesamtheit der Maßregeln eines Staates im Interesse seiner heimischen Seeschiffahrt.[1] Man kann sie zweckmäßig in äußere und innere Schiffahrtspolitik einteilen, wobei zur äußern die Maßnahmen zur Sicherung der Benutzung der Meeresstraßen und der Schutz der heimischen Seeschiffahrt gegen fremden Wettbewerb zu rechnen sind, während zur innern die Maßregeln gehören, die innerhalb des Machtgebietes des Staates die Leistungsfähigkeit der Schiffahrt zu steigern und ihre Interessen in wirtschaftlicher und rechtlicher Beziehung zu wahren berufen sind.[1] Neben den Maßnahmen, die ausgesprochenermaßen zur Hebung der Schiffahrt dienen sollen, können aber auch andere Maßnahmen der allgemeinen Wirtschaftspolitik, insbesondere der Handels- und Zollpolitik, den Seeverkehr beeinflussen. Diese Beeinflussung braucht nicht von vornherein beabsichtigt oder auch nur vorauszusehen gewesen sein. War sie beabsichtigt, so gehört die

[1] van der Borght in Elster II. Art. Schiffahrt.

Maßregel sowohl in das Gebiet der Handels- bezw. Zollpolitik als auch in das der Seeverkehrspolitik.

Die Annahme des Begriffes einer zu fördernden nationalen Schiffahrt schafft den Gegensatz zwischen heimischer[1] und fremder[2] Flagge: die Förderung, die die heimische Flagge erfährt, wird der fremden Flagge nicht gewährt. Im Interesse der Einfuhr hat man sich dann veranlaßt gesehen, aus den fremden Flaggen die Flagge des Warenursprungslandes[3] auszuscheiden, um ihr eine besondere Behandlung zu Teil werden zu lassen. Fremde Flaggen sind von da ab alle Flaggen mit Ausnahme der eigenen und der des Warenursprungslandes; sie werden unter der Bezeichnung „dritte Flagge[4]" zusammengefaßt.

Der Vollständigkeit halber erwähnen wir noch die Flagge des Bestimmungslandes der Waren;[5] schiffahrtspolitisch hat diese Flagge eine gesonderte Behandlung nicht erfahren — in der Schiffahrtsstatistik eines Landes dagegen muß sie gesondert betrachtet werden, sobald es sich um die Feststellung handelt, wieviel des auswärtigen Handels auf dritte Flaggen, im internationalen Zwischenverkehr,[6] entfällt.

a) Die Systeme der äußern Schiffahrtspolitik.

Aus der Summe der Maßnahmen der äußern Schiffahrtspolitik, die seit rund 1650 zur Anwendung kamen, lassen sich zwei „Systeme" herausschälen: das eine das System der ungleichen Behandlung der Flaggen, das andere das der Gleichstellung derselben.[7]

---

[1] pavillon national.

[2] pavillon étranger.

[3] pavillon d'origine oder de provenance.

[4] pavillon tiers.

[5] pavillon de destination.

[6] intercourse internationale.

[7] Wenn René Verneaux I S. 42 noch ein drittes System gefunden zu haben glaubt, so kommt dies daher, daß er äußere und innere Schiffahrtspolitik vermengt. Sein drittes System, die Unterstützung durch Geld, gehört der innern Schiffahrtspolitik an.

1. Das System der ungleichen Behandlung der Flaggen.

Schon vor der Mitte des siebzehnten Jahrhunderts hat es bedeutende Handelsflotten in Italien, Spanien, Portugal und Holland gegeben. Ihre Macht und Stärke ist aber keineswegs auf irgendwelche schiffahrtspolitischen Maßnahmen zurückzuführen, sondern beruhte lediglich auf einem rücksichtslos durchgesetzten und aufrechterhaltenen faktischen Monopol. Mit welch' wildem Terrorismus man gegen diejenigen vorging, die sich Eingriffe in diese Monopolstellung erlaubten, dafür gibt Joubleau [1] ein markantes Beispiel: im Jahre 1616 ließ ein holländischer Kapitän die Besatzung eines französischen Schiffes — Kapitän, Offizier und Matrosen — auf die grausamste Weise zu Tode foltern, aus dem einzigen Grunde, weil sie es unternommen hatten, in Indien Handel zu treiben. Die letzte Handelsflotte, die ihre Macht aus der Monopolstellung herleitete, war die holländische. Colbert[2] schätzte im Jahre 1667 die Welthandelsflotte auf 20000 Fahrzeuge; davon gehörten 16000 den Holländern.[3] Sie nannten sich selbst „die Kärrner der Meere, les rouliers des mers". Das um die Mitte des siebzehnten Jahrhunderts in England und Frankreich erstarkende Staatsbewußtsein erkannte die hohe Bedeutung des auswärtigen Handels, der damals fast ausschließlich Seehandel war, für die Volkswirtschaft. Durch staatliches Eingreifen glaubte man, sich einen Teil desselben sichern zu können, und — es ist die Zeit des Merkantilismus! — sich einen möglichst großen Teil desselben sichern zu müssen. Zunächst erließ die großbritannische Republik auf die Weigerung des seestarken Holland, sich ihr als Provinz einzugliedern, das als Navigationsakte bekannte Gesetz (9. Oktober 1651), dessen ursprünglichster Zweck die Vernichtung des holländischen Handels war. Dieses englische Schiffahrtsgesetz war das äußerste Extrem, das je zur Anwendung gekommen ist, im System der ungleichen Behandlung der

[1] I. S. 336 Anm.

[2] Brief an M. de Pompone, Gesandten in Niederland. Lettres VII, S. 264 V. S. 245.

[3] Das war 1667 d. s. 16 Jahre nach Erlaß der engl. Navigat. Akte.

Flaggen: es schloß die nichtenglischen Flaggen kurzerhand vom Verkehre mit England und dessen Kolonien aus und sah nur eine Milderung zu Gunsten der Flagge des Warenursprungslandes vor, deren Zulassung aber immerhin an gewisse, kaum jemals erfüllbare Bedingungen geknüpft war. Aber auch dann, in diesem günstigsten Falle der Zulassung, war die Flagge des Warenursprungslandes der englischen nicht gleichgestellt; sie war nur besser gestellt als die dritten Flaggen. Die beabsichtigte Wirkung des Gesetzes trat insofern ein, als die holländischen Schiffe aus dem Handel und Verkehre Englands verschwanden. Von der Bildfläche verschwanden sie darum noch nicht: sie warfen sich nun massenhaft auf den damals unter Colbert gerade aufblühenden französischen Seehandel. Das paßte nicht im mindesten in die Politik dieses Staatsmannes, der den nationalen Handel in den Händen nationaler Unternehmungen sehen wollte, und für den der „Handel zur See einer der mächtigsten Faktoren des Reichtums im Frieden und gewaltiger Stärke in Kriegszeiten war“.[1] Zeit seines Lebens waren ihm auswärtiger Handel und Handelsflotte Sorgenkinder. Eine Navigationsakte hat er nicht erlassen, wohl weil er sich sagte, daß nur die insulare Lage Englands diesem ein so rigoroses Vorgehen ermöglichte. Andererseits hieß es alle Hoffnung auf eine nationale Flotte zu Grabe tragen, wenn er die Gleichberechtigung aller Flaggen in den französischen Häfen aufrecht erhalten wollte. So mußte er eigene Wege suchen. Daß er dabei das fiskalische Moment, soweit angängig, mit hineinspielen ließ, darf uns nicht weiter wundern — war er doch der Finanzminister eines stets geldbedürftigen Königs.

Der äußern Schiffahrtspolitik Colberts fiel also als erste Aufgabe zu, die holländische Konkurrenz zurückzudrängen, nach und nach ganz auszuschalten, und keine neue mehr aufkommen zu lassen. Dies wurde durch ein Tonnengeld[2] von

[1] Jsambert XVIII, S. 89.

[2] Den Gedanken eines Tonnengeldes hat schon Fouquet gehabt. Joubleau I, 336.

50 sous pro Ton[1] Rauminhalt erreicht, das von jedem fremden Schiffe, so oft es in einem französischen Hafen landete, zu entrichten war.[2] Doch ging Colbert nicht unvermittelt von einem Tag zum andern zu diesem Systeme über. Er hätte sonst der französischen Ein- und insbesondere der Ausfuhr zu sehr geschadet, da eine nennenswerte französische Handelsmarine, die gleich an die Stelle der ausfallenden holländischen hätte treten können, noch nicht bestand. In dem Freundschaftsvertrage mit den Vereinigten Niederlanden (27. April 1662) ließ er sich noch einmal zwei Milderungen zu Gunsten der Holländer „abringen". Danach wurde von holländischen Schiffen das Tonnengeld auf einer Reise nur einmal erhoben; ferner war nur die Hälfte des Betrages geschuldet, wenn das holländische Schiff als Rückfracht französisches Salz mitnahm. Im Jahre 1667 wurden diese Vergünstigungen wieder aufgehoben.[3] Neben der Erschwerung der ausländischen Konkurrenz durch das Tonnengeld hat sich aber auch Colbert nicht gescheut auf einem Gebiet den fremden Wettbewerb durch das absolute Verbot der fremden Schiffahrt ganz auszuschließen: im Verkehr zwischen den Kolonien und dem Mutterland, sowie zwischen Kolonie und Kolonie. In diesem „kolonialen Zwischenverkehr"[4] waren nach einer Bestimmung des sog. pacte colonial[5] vom 10. Juni 1670[6] alle Transporte der französischen Flagge ausschließlich vorbehalten.[7] Eine weitere Bestimmung dieses Kolonialpaktes verschloß den Kolonien

---

[1] Wir wenden in vorliegender Arbeit Ton, Tons, an, wenn wir das Raummaß meinen (Registerton); Tonne, wenn wir vom Gewichte sprechen.

[2] Isambert XIX, S. 276.

[3] Joubleau I, S. 337 ff. insbes. 342.

[4] Intercourse coloniale.

[5] Unter dieser Bezeichnung — Kolonialpakt — ist die Gesamtheit der verschiedenen Gesetze, Edikte und Verordnungen zu verstehen, die das Verhältnis des französischen Mutterlandes zu den Kolonien regeln. Es ist nicht etwa ein Vertrag mit den Kolonien, sondern ist diesen von der Metropole einseitig auferlegt. Lyon-Caen V, S. 6.

[6] Isambert XVII, S. 371.

[7] Lyon-Caen V, S. 6.

alle Märkte mit Ausnahme des französischen, sowohl für den Absatz ihrer Erzeugnisse als auch für die Deckung ihrer Bedürfnisse.[1] Unzweifelhaft haben diese Bestimmungen einen fördernden Einfluß auf die junge Handelsmarine gehabt, während sie für die wirtschaftliche Entwickelung der Kolonien und insbesondere deren Industrie und Handel geradezu verderblich gewirkt haben. Die Rückwirkung davon traf später auch die Handelsschiffahrt, die ohne den pacte colonial und unter dem Schutze etwa eines Tonnengeldes ganz andere Fortschritte gemacht hätte.

Colberts äußere Schiffahrtspolitik erschöpfte sich aber keineswegs in diesen Maßnahmen zur Erschwerung der Konkurrenz der fremden Flaggen. Er ist insbesondere auch um die Sicherheit auf den Meeresstraßen bemüht gewesen. Hat er auch vielleicht die französische Kriegsflotte in erster Linie aus politischem Ehrgeiz und in dem Streben nach dem „Weltreich“ geschaffen, so hat er sie doch weitgehendst in den Dienst von Handel und Handelsflotte gestellt: soweit sie nicht gerade in die politischen Kämpfe eingreifen mußte, lag der Kriegsflotte die Seepolizei gegenüber den Handel und Schiffahrt schwer schädigenden Seeräubern[2] ob; zeitweise sah sich Colbert sogar veranlaßt, den Handelsschiffen das Auslaufen ohne Begleitung von Kriegsschiffen zu verbieten. Der Kapitän eines Kriegsfahrzeugs, der ein seiner Obhut anvertrautes Handelsschiff im Stiche ließ, verfiel in schwere Strafe.[3] Immer wieder finden wir in den die Kriegsmarine betreffenden Erlassen den Gedanken: „.... im Interesse unseres Seeheeres, unserer Geschwader und Kriegsschiffe und im Interesse des Handels, sowie um die Meere von aller Seeräuberei zu säubern ....“[4] So waren alle seine Maßnahmen, die für die Kriegsmarine ergingen (und es sind ihrer sehr viele) in letztem

[1] Als Kompensation für diese Beschränkung erhielten die Kolonien gewisse Privilegien, z. B. das Monopol des Zuckerimportes.

[2] Isambert XIX, S. 93, S. 283.

[3] Isambert XVIII, S. 427.

[4] z. B. Isambert XIX, S. 114.

Ende auch der Handelsmarine in nicht geringem Grade förderlich — manche, wie z. B. die Vorschriften über den Kriegsdienst der Matrosen, dienten mehr noch den Interessen der Handelsmarine als der Kriegsflotte. Wir werden auf diese Vorschriften und speziell auf die Frage der Bemannung der Kriegs- und Handelsschiffe bei Besprechung der innern Schiffahrtspolitik näher eingehen müssen.

Das von Colbert inaugurierte System der Schiffahrtspolitik blieb in seinen Grundzügen bis zur großen Revolution bestehen. Hie und da nur wurden Modifikationen von im ganzen unwesentlicher Bedeutung vorgenommen. Die Merkantilisten des siebzehnten Jahrhunderts und Colbert hatten allzu einseitig Handel und Industrie begünstigt; die Physiokraten des achtzehnten Jahrhunderts verfielen in das andere Extrem der alleinigen Begünstigung der Landwirtschaft: Handel und Schiffahrt wurden vernachlässigt und gingen immer mehr zurück. Als die konstituierende Versammlung und der Konvent die Lage der französischen Schiffahrt untersuchen ließen, stellte es sich heraus, daß die französische Flagge am Seeverkehr des eigenen Landes mit 20%, England mit 40% und die übrigen seefahrenden Nationen gleichfalls mit 40% beteiligt waren.[1] Nach der Auffassung jener Zeit konnte nur ein Mittel die Lage retten: der völlige Ausschluß des fremden Wettbewerbs: „la meilleure protection c'est la prohibition.“ Zunächst verzichtete man auf die Anwendung dieses Mittels, da man diplomatische Verwickelungen befürchtete. Als aber der Konvent England und Holland den Krieg erklärt hatte, war eine Rücksichtnahme nicht mehr nötig: Am 21. September 1793[2] erließ Frankreich seine Navigationsakte, die ganz der englischen nachgebildet war: Nahrungsmittel, Rohprodukte und Fabrikate können nach Frankreich nur direkt[3] und nur auf

[1] Marèc, Bericht an den Konvent; Amé II, S. 160.

[2] Loi contenant l'Acte de navigation; Lois et actes du gouvernement VII, S. 409.

[3] Von dem Verbot indirekter Einfuhr ließ schon das Ausführungsgesetz vom 27. vendémiaire an II Ausnahmen zu. a. a. O. VII, S. 402, Art. I, II, III.

französischen Schiffen eingeführt werden; unter gewissen Bedingungen auch auf Schiffen des Warenursprungslandes.[1] Die französische Küstenfahrt (Transporte zwischen französischen Häfen) ist der französischen Flagge ausschließlich vorbehalten.[2] Als französisches Schiff ist grundsätzlich nur ein in Frankreich, den Kolonien oder französischen Besitzungen gebautes anzusehen, wenn es ganz im Eigentum von Franzosen steht, und wenn alle Offiziere und mindestens dreiviertel der Mannschaft französische Staatsangehörige sind.[3] Das aus Colberts Tagen noch bestehende Tonnengeld von 50 sous pro Ton Rauminhalt auf fremde Schiffe ist durch die Navigationsakte nicht aufgehoben worden; durch Artikel 33 des am 27. vendémiaire II erlassenen Ausführungsgesetzes zur Navigationsakte ist sein Fortbestehen ausdrücklich bestätigt. Zugleich wurde ein solches Tonnengeld[4] für die französischen Schiffe der Küstenfahrt[5] und des kolonialen Zwischenverkehrs,[6] dem der Verkehr zwischen den französischen Handelsniederlassungen Asiens, Afrikas und Amerikas und dem Mutterlande gleichgeachtet wurde, eingeführt, während die aus einem fremden Hafen kommenden französischen Schiffe von jeder Abgabe befreit blieben.[7]

Voraussetzung für die volle Durchführung dieser Gesetze

---

[1] Nav. Akte Art. III.

[2] Daselbst Art. IV.

[3] Daselbst Art. II. Das Ausführungsgesetz vom 27. vendémiaire II fügte dem hinzu, daß die französische Nationalität des Schiffes verloren geht, sobald im Auslande am Schiffskörper vorgenommene Dockungs- oder Ausbesserungsarbeiten mehr als auf sechs Franken pro Ton Rauminhalt zu stehen kommen.

[4] Art. XXIX des Ausführungsgesetzes hob alle bisherigen Gebühren, die in gleicher Weise von französischen und fremden Schiffen zu entrichten waren, auf, z. B. Ankergeld, Schleppgeld, Bojengeld, Feuerbraken u. a. An deren Stelle trat das einheitliche Tonnengeld.

[5] Vier sous bei Fahrten zwischen Mittelmeer und Ozean, drei sous bei Fahrten in nur einem dieser Meere. Art. XXX.

[6] Sechs sous, Art. XXXI.

[7] Art. XXXII. Desgleichen die französischen Kaperschiffe und die Seefischereifahrzeuge.

wäre gewesen, daß die französischen Schiffe frei und ungehindert sich auf dem Meere hätten bewegen können. Das war aber während der Kriegsjahre bis 1814 niemals der Fall. Das feindliche England beherrschte die Meere und kein französisches Schiff durfte sich blicken lassen. So sah man sich denn gezwungen, von einer strengen Beobachtung der Navigationsakte abzusehen. Die Forderung direkter Einfuhr aus dem Warenursprungslande unter dessen oder unter der französischen Flagge wurde zu Gunsten neutraler Mächte fallen gelassen und zeitweise sogar die Küstenfahrt freigegeben. Als die Restauration einsetzte, war die Navigationsakte de facto seit langem außer Anwendung.[1] Von dem vorgefundenen schiffahrtspolitischen Régime ließ die neue Regierung zu Gunsten der französischen Flagge den Vorbehalt der Küstenfahrt und das Monopol des kolonialen Zwischenverkehrs, sowie die Tonnengelder bestehen.[2] Aufgehoben wurde die bevorzugte Stellung der Flagge des Warenursprungslandes und der kategorische Ausschluß der dritten Flagge. So waren alle Flaggen wieder in den französischen Häfen zum Verkehr mit dem Auslande zugelassen; den nichtfranzösischen wurde der Wettbewerb nur erschwert. Dem dienten einmal die noch bestehenden Tonnengelder.[3] Da man aber diese nicht für wirksam genug hielt, schuf man (hauptsächlich auch noch aus finanzpolitischen Gründen) etwas (in seiner Verallgemeinerung) neues.

Das Zollgesetz vom 28. April 1816[4] setzte für den Import Zölle von verschiedener Höhe[5] fest, je nachdem die

---

[1] Amé II, S. 161.

[2] Amé II, 162/163.

[3] Auf Grund der Gesetze vom vendémiaire an VII und floréal an X wurden von den fremden Schiffen erhoben:

droit principal	2 frs 50	4 frs 25.
décime	0 „ 25	
demi-droit	1 „ 25	
décime	0 „ 25	

[4] Die vorhergehenden Zollgesetze vom 23. April und 17. Dezember 1814 hatten von vornherein nur provisorischen Charakter.

[5] droits différentiels.

Einfuhr auf französischen oder nichtfranzösischen Schiffen resp. zu Lande geschah: Waren, die auf nichtfranzösischen Schiffen oder auf dem Landwege eingeführt wurden, unterlagen einem höheren Zollsatze, als wenn sie auf französischen Schiffen eingebracht wurden. Durch den manchmal geradezu exorbitanten Unterschied in der Zollhöhe erreichte man de facto den Ausschluß der fremden Flaggen, der de jure aufgehoben war. Auch die gleichfalls aufgehobene direkte Einfuhr erreichte man wieder, insofern für die Einfuhr unter französischer Flagge die Zollsätze noch weiter differenziert waren, je nach der Herkunft. Ein Beispiel möge dies erläutern: die hundert Kilogramm Kaffee entrichteten[1] an Zoll:

A) bei der Einfuhr auf französischen Schiffen	1. aus den frz. Kolonien	a) jenseits des Kaps der guten Hoffnung . . .	50	frs
		b) diesseits des Kaps der guten Hoffnung . . .	60	„
	2. aus Indien		85	„
	3. aus andern außereuropäischen Ländern		95	„
	4. aus Niederlagen Europas oder der Mittelmeerländer		100	„
B) bei der Einfuhr auf fremden Schiffen			105	„

Solcher Differentialzölle waren etwa vierzig in den Tarif aufgenommen. Die so geschaffene Begünstigung der französischen Reederei wurde noch erheblich verstärkt,[2] als man in der Folgezeit wegen der allzuhohen Schutzzölle sich gezwungen sah, zur Aufrechterhaltung und Belebung des Exportes in ausgedehntem Maße die in gewißen Fabrikaten steckenden Rohstoffzölle bei der Ausfuhr dieser Fabrikate in Gestalt von festen Prämien zurückzuvergüten. Diese Prämien waren so berechnet, daß sie die Höhe des für die Einfuhr auf fremden Schiffen geltenden Zolles nicht erreichten; dagegen überschritten sie — z. T. ganz erheblich — den bei der Einfuhr auf französischen Schiffen geltenden Zollsatz; ganz besonders war dies natürlich bezüglich

---

[1] Bulletin des Lois 1816 II, S. 612.

[2] Lexis S. 99.

der Einfuhr aus den französischen Kolonien der Fall, die ja nur auf französischen Schiffen vor sich gehen konnte. Hatte der Fabrikant Material verwendet, das auf fremden Schiffen eingeführt war, so erhielt er bei der Ausfuhr seiner Fabrikate nicht den ganzen Zoll zurückvergütet, während er bei der Verwendung von Material, das auf französischen Schiffen eingeführt war, nicht nur den Zoll voll zurückbezahlt erhielt, sondern auch noch in den Genuß einer mehr oder minder reichlichen Prämie trat, je nachdem die Materialien mehr oder minder begünstigter Herkunft waren.

Für diejenigen Waren, die nicht mit einem differenzierten, sondern vielmehr mit einem einheitlichen Zollsatze (nur für die Einfuhr auf französischen Schiffen) belegt waren, sah das Zollgesetz vom 28. April 1816 [1] Zuschläge vor, wenn die Einfuhr auf nichtfranzösischen Schiffen erfolgte. Diese Flaggenzuschläge,[2] die im Grunde auf nichts anderes als auf Differentialzölle [3] hinauskamen, waren zunächst verhältnismäßig gering, stiegen aber bald enorm, ebenso wie die die fremden Schiffe treffenden Differentialzölle.[4] Beide Abgaben wirkten wegen ihrer Höhe prohibitiv und trafen in gleicher Weise alle nichtfranzösischen Flaggen, auch die des Warenursprungslandes, die sogar sowohl von der englischen als auch der französischen Schiffahrtsakte ausdrücklich zugelassen war. Das war ein Fehler: ein exportierendes Land, das eine eigene Handelsflotte besitzt, kann und wird niemals zugeben, daß seine Flotte vom Ver-

[1] Art. 7 des Zollgesetzes 28. IV. 1816.

[2] surtaxes de pavillon; das Gesetz von 1814 hatte ihre Höhe auf 10 frs (Waren aus Indien) und 5 frs (alle andern Waren) pro Doppelzentner festgesetzt; 1816 bestanden sie in einem bestimmten Prozentsatz des von den französischen Schiffen zu entrichtenden Zolles, der zu diesem Zolle zugeschlagen wurde.

[3] Bei den Differentialzöllen kann der abfertigende Zollbeamte den Zollsatz für französische und für fremde Schiffe aus dem Tarife entnehmen; bei den Flaggenzuschlägen ergibt sich der von dem fremden Schiffe geschuldete Zoll als die Summe aus dem vom französischen Schiff zu entrichtenden Zoll und dem Zuschlag, der vom Beamten zu errechnen ist.

[4] Gesetze 7. Juni 1820, 27. Juli 1822, 17. Mai 1826.

kehr mit den Absatzgebieten ausgeschlossen wird. In dieser Lage befanden sich die Vereinigten Staaten, die in jener Zeit unter anderm jährlich etwa 100 000 Ballen Rohbaumwolle nach Frankreich absetzten, und die nicht dulden wollten, daß deren Transport ausschließlich auf französischen Schiffen erfolge. Nachdem diplomatische Vorstellungen vergeblich gewesen waren, kam es zu einem scharfen Tarifkampfe, in welchem die Vereinigten Staaten schließlich Sieger blieben.[1] In dem Vertrage vom 24. Juni 1822 wurde ausgesprochen, daß Rohprodukte und Fabrikate der Union von jedem Zuschlage befreit sein sollten, sofern sie auf deren Schiffen in Frankreich eingingen. Das zugleich von 4 frs 25 auf 5 frs für amerikanische Schiffe erhöhte Tonnengeld[2] war eher eine Erleichterung als eine Erschwerung im Vergleiche zu den andern Flaggen, da sie dafür von allen allgemeinen und lokalen Gebühren[3] befreit waren. Im Verkehre mit Frankreich war so die amerikanische Flagge für den Transport *amerikanischer* Waren der französischen fast gleichgestellt.[4] Die völlige Gleichstellung erreichte England einige Jahre später[5], allerdings auch nur für die Einfuhr von Produkten des Reiches, die frei von Zuschlägen und frei von Tonnengeldern wie auf französischen Schiffen eingeführt werden konnten. Die andern seefahrenden Staaten folgten auf dieser Bahn: bis 1860 wurden rund dreißig solcher Verträge abgeschlossen, so daß die Zuschläge und Differentialzölle schließlich nur noch bei der indirekten Einfuhr zur Anwendung kamen, während für die direkte Einfuhr allmählich die gleiche Behandlung der Flaggen aller Nationen zur Regel geworden war.[6]

---

[1] Lagaillarde S. 36, 37. Amé II, S. 164, 165.

[2] Art. 5 Ord. 3 Sept. 1822.

[3] Hafen-, Lotsen-, Leuchtfeuer-, Makler- etc. Gebühren.

[4] Sie war ihr gleichgestellt, wenn man vom Tonnengeld absieht. Die französischen Schiffe waren davon befreit, die Schiffe der Union hatten ein solches von 5 frs zu entrichten, andererseits waren die amerikanischen Schiffe von den Gebühren befreit, die die französischen Schiffe tragen mußten.

[5] Im Vertrage vom 26. Januar 1826.

[6] Amé II, S. 166.

2. *Das System der Gleichstellung der Flaggen.*

In dieser Zeit gingen die großen Veränderungen und Umwälzungen vor sich, die das Wirtschaftsleben der Völker auf andere Grundlagen stellen sollten: die zunehmende Arbeitsteilung, die Zusammenballung großer Kapitalien und die Fortschritte der Technik. Außereuropäische Länder wie Amerika, Australien und Südafrika waren durch europäische Ansiedler wirtschaftlich erschlossen und warfen schon große Massen von Rohprodukten und Lebensmitteln auf die europäischen Märkte. Durch den Absatz des Überflusses stieg die eigene Kaufkraft für die industriellen Erzeugnisse der alten Welt, auf die sie noch ausschließlich angewiesen waren. Der Umfang des Verkehrs vervielfältigte sich, zumal als Eisen, Dampf und Schraube ihre Herrschaft antraten. Die Industrie wurde Exportindustrie; der Betrieb Großbetrieb; Handel und Verkehr Welthandel und Weltverkehr.

England hatte diese Änderung der wirtschaftlichen Verhältnisse zuerst erkannt und suchte durch eine neue Wirtschaftspolitik möglichst Vorteil daraus zu ziehen. Die Schiffahrtsakte, die während fast zweier Jahrhunderte Schutz und Stütze von Handel und Schiffahrt gewesen war, drohte unter den veränderten Verhältnissen eine Fessel zu werden und wurde daher aufgehoben (1849). An die Stelle völliger Absperrung trat die absolute Freiheit der Schiffahrt; die englischen Häfen wurden der freien Konkurrenz aller Flaggen geöffnet. Bald fielen auch die Zollschranken, der Freihandel triumphierte. Ließen sich die übrigen Nationen zunächst nicht, wie man gehofft hatte, dazu verleiten, dem Beispiele Englands zu folgen und nun auch ihrerseits zum Freihandel überzugehen, so erlangte die englische Politik doch Vergünstigungen für die Einfuhr englischer Produkte und für die englische Handelsschiffahrt auf Grund von Handelsverträgen, die mit einer Reihe von Staaten geschlossen wurden. Der erste derartige Vertrag kam am 23. Januar 1861 mit Frankreich zu Stande, wo die neue Regierung entschieden freihändlerisch gesinnt war. Für Frankreich war dieser Vertrag der erste Schritt auf der Bahn des Freihandels; er hatte allerdings nur zollpolitische, keine schiffahrtspolitischen Maßnahmen zur Folge. Doch ließen diese nicht lange auf sich warten. Schon am 3. Juli desselben Jahres erschütterte ein Gesetz die Monopolstellung der französischen Flagge in Ansehung des kolonialen Zwischenverkehrs. Die Bestimmung des Kolonialpaktes, welche die Kolonien für die Deckung ihrer Bedürfnisse auf den französischen Markt ausschließlich anwies, wurde aufgehoben:[1] Fortan können alle ausländischen Waren, deren Einfuhr nach Frankreich kein Einfuhrverbot entgegensteht, auch in die Kolonien eingeführt werden[2] und zwar unter jeder Flagge.[3] Die Kolonien können ihre Erzeugnisse unter jeder Flagge ausführen, sowohl nach andern Kolonien, als auch nach dem Festlande.[4] Das Gesetz über die Handelsmarine vom 19. Mai 1866 bildete den Schlußstein im Gebäude des Freihandels. Die Tonnengelder[5] und Flaggenzuschläge[6], die dadurch, daß sie tatsächlich die fremden Flaggen ausschlossen, den Schutz der heimischen Schiffahrt gebildet hatten, wurden aufgehoben. Die Einfuhr und Franzisierung fremder Schiffe wurde gegen eine Gebühr von 2 frs pro Registerton gestattet[7]. Damit war das System der Gleichstellung der Flaggen in Frankreichs äußerer Schiffahrtspolitik zur Geltung gelangt. Französische und fremde Flaggen waren für den Konkurrenzkampf in den französischen Häfen völlig gleichgestellt.[8]

Diese von freihändlerischen Ideen inspirierte Schiffahrtspolitik der französischen Regierung hat von vornherein heftige

[1] doch noch nicht für alle Kolonien.

[2] Art. 1 des Gesetzes.

[3] Artikel 3 des Gesetzes.

[4] Art. 7 des Gesetzes.

[5] Art. 4 des Gesetzes.

[6] Art. 5 des Gesetzes.

[7] Art. 3 des Gesetzes.

[8] Abgesehen von der Küstenfahrt, die der französischen Flagge ausschließlich vorbehalten blieb.

Gegner gefunden, die die Wirkung des Gesetzes von 1866, das in allen seinen Anordnungen erst 1869 ganz zur Geltung gelangen sollte, gar nicht erst abwarteten, sondern sofort eine maßlose Agitation ins Werk setzten. Voreingenommenheit der Schiffahrtskreise und der Krieg von 1870/71 hinderten die ruhige Entwickelung. Auf Thiers' Betreiben — er hatte bereits 1868 eine „Interpellation über die Folgen des neuen Systems“ eingebracht und begründet — wurde eine Kommission eingesetzt, die am 28. März 1870 eine Untersuchung eröffnete und zur Ansicht kam, das Gesetz von 1866 sei verderblich für die französische Handelsschiffahrt, die eines kräftigen Schutzes gegen die ausländische Konkurrenz nicht entraten könne, und die man außerdem durch innerpolitische Maßnahmen ermutigen müsse; vorgeschlagen wurde eine vollständige Revision der Marinegesetze; Erhebung von Zuschlägen und bedeutend erhöhten Franzisierungsgebühren für fremde Schiffe; Prämien für französische Schiffe. Zu positiven Gesetzesvorschlägen konnte die Kommission ihre Arbeiten wegen des ausbrechenden deutsch-französischen Krieges nicht mehr verdichten. Nach dem Kriege brauchte man Geld; den Gedanken an Prämien mußte man damit fürs erste fallen lassen. Zuschläge und erhöhte Franzisierungsgebühren stellten dagegen eine Einnahmequelle in Aussicht, und dieser fiskalische Gesichtspunkt wurde ausschlaggebend: das Gesetz vom 30. Januar 1872 brachte Flaggenzuschläge für die Einfuhr auf nichtfranzösischen Schiffen,[1] sowie Zwischenplatzzuschläge.[2] Die Franzisierungsgebühr für Schiffe ausländischen Ursprunges wurde bedeutend erhöht.[3]

---

[1] 0,75 fr bei Einfuhr aus Europa und den Mittelmeerländern, 1,50 fr aus nichteuropäischen Ländern diesseits Kap Horn und Kap der guten Hoffnung, 2 frs aus Ländern jenseits des Kaps (pro 100 kg).

[2] Surtaxes d'entrepôt: 3 frs die 100 kg für Waren außereuropäischen Ursprunges, die von einem Stapelplatze Europas kommen (auch für französische Schiffe).

[3] 40, 50, 60 frs pro Bruttoregisterton für Holz-, Komposit- und Eisenschiffe (statt 2 frs).

So war die Gleichstellung der Flaggen wieder aufgehoben und der französischen Schiffahrt ein Hochschutz von neuem gewährt. Aber schon wenige Tage nach der Promulgierung stellte sich die Unmöglichkeit heraus, das Gesetz anzuwenden. In einem Vertrage mit Österreich von 1866, der bis 1877 unkündbar war, hatte Frankreich sich verpflichtet, die österreichischen Schiffe wie französische zu behandeln. Vorher und nachher waren zwischen Frankreich und andern Staaten eine Reihe von Handelsverträgen auf der Grundlage der Meistbegünstigung abgeschlossen worden: die Schiffe dieser Länder traten somit ohne weiteres in den Genuß dieses Vorteiles. Die französische Regierung knüpfte mit der österreichischen Verhandlungen an, um diese gegen gewisse Vergünstigungen in der Mittelmeerfahrt zum Verzicht auf ihr Recht aus dem Vertrage zu bewegen. Bismarck wirkte im Interesse der deutschen Schiffahrt auf Österreich ein, so daß dieses auf Erfüllung des Vertrages bestand. Ein Versuch Frankreichs, die Verträge zu umgehen, wurde von den Vereinigten Staaten sofort mit Repressalien, von England mit Androhung solcher beantwortet. Es blieb nichts weiter übrig, als die Zuschläge am 28. Juli 1873 wieder aufzuheben.

Dies die Aufhebung aussprechende Gesetz setzte zugleich eine Kommission ein, die die Lage der Handelsflotte untersuchen, sowie Mittel und Wege, ihr wieder aufzuhelfen, ausfindig machen sollte. Aus ihren Arbeiten und Vorschlägen ist das erste Prämiengesetz von 1881 hervorgegangen, dem dann 1893, 1902 und 1906 weitere gefolgt sind.

b) Die innere Seeschiffahrtspolitik.

1. Die Zeit Colberts.

Wir beschränken uns in den folgenden Ausführungen ganz auf die Darlegung der französischen Verhältnisse, von denen wir auch nur diejenigen Maßnahmen etwas eingehender behandeln, die heute noch in Geltung sind und somit mit unserm eigentlichen Thema enger zusammenhängen. Wir haben bereits[1] die innere Seeschiffahrtspolitik eines Staates als die Summe der Maßnahmen definiert, die innerhalb seines Machtgebietes die Leistungsfähigkeit der nationalen Schiffahrt zu steigern und ihre Interessen in wirtschaftlicher und rechtlicher Beziehung zu wahren berufen sind. Dem Begründer der äußern Seeschiffahrtspolitik Frankreichs, Colbert, gebührt der Ruhm, auch für die innere Schiffahrtspolitik seines Landes die Grundlagen geschaffen zu haben.

Die hervorragende Bedeutung, die Colbert und die Merkantilisten dem auswärtigen Handel, der beim Fehlen eigener Goldfelder als einzige Quelle des nationalen Reichtums angesehen wurde, beimaßen, schuf eine vielseitige Handels- und Verkehrspolitik. Die Belebung des auswärtigen Handels, der fast ausschließlich Seehandel war, bedeutete eine Förderung der französischen Seeschiffahrt und dies um so sicherer, als ja der Wettbewerb nichtfranzösischer Flaggen durch Maßnahmen der äußern Schiffahrtspolitik beschränkt war. Der Förderung von Handel und Verkehr dienten (um einiges hervorzuheben): Reduzierung und Vereinheitlichung der Zollsätze für die Einfuhr von Rohprodukten und Halbfabrikaten,[2] Begünstigung der Aus- und Einfuhr durch Reduzierung der Zollsätze für die auf Schiffen der Kolonialgesellschaften verladenen Waren,[3] Zollrückvergütung bei der Wiederausfuhr,[4] Erklärung von Dünkirchen und Marseille zu Freihäfen,[5] Aufhebung der Zollschranken im Innern,[6] Reduzierung und Vereinheitlichung der Taxen im Binnenverkehr (insbesondere der Schiffahrtsabgaben),[7] Bau von Landstrassen,[8]

---

[1] Oben S. 1.
[2] Joubleau I, S. 377 f.
[3] Isambert XVII, S. 37.
[4] Joubleau I, S. 412.
[5] Joubleau I, S. 283 ff.
[6] Joubleau I, S. 265 ff. Diese Aufhebung ist übrigens Colbert nicht ganz gelungen.
[7] Joubleau I, S. 254 ff.
[8] Joubleau I, S. 270 ff.

Schiffbarmachung von Strömen und Flüssen,[1] Anlegung von Kanälen.[2]

Die Ordonnance du commerce vom März 1673[3] gab dem ganzen Reiche ein einheitliches Handelsrecht. Diese Vereinheitlichung, sowie die gewährleistete Rechtssicherheit und die Vereinfachung und Abkürzung des Verfahrens in Handelssachen, bildeten die festen Grundlagen, auf denen der Handel zu großer Blüte sich entwickelte.

Neben dieser indirekten Förderung der französischen Handelsschiffahrt und Handelsmarine durch innerpolitische Maßnahmen hat Colbert ihr aber auch seine direkte Unterstützung zuteil werden lassen.

Den heimischen Schiffbau, der zunächst den an ihn gestellten Anforderungen entfernt nicht genügen konnte, unterstützte er durch Heranziehen ausländischer Unternehmer und Arbeitskräfte und durch Geldzuwendungen. So wurde z. B. Dünkirchen 1662 zum Freihafen gemacht und den dort sich niederlassenden Fremden auf den Nachweis des festen Wohnsitzes das französische Bürgerrecht verliehen. Die Folge war, daß holländische Schiffszimmerer nach Dünkirchen übersiedelten und dort in den Werften und Arsenalen einen Stamm erprobter Arbeiter bildeten.[4] Die französischen Schiffbauunternehmer erhielten eine Prämie von 100 sous pro Registerton bei Bauten von über 100 Tons Rauminhalt.[5]

Die Reederei erfreute sich besonderer Begünstigung. Schon bald nachdem Colbert zur höchsten Stellung im Lande emporgestiegen war, erging am 5. Dezember 1664[6] ein Edikt, das dem Adel gestattete, ohne Nachteil für die Adelsqualität und unter Gewährleistung aller Standesvorrechte Seehandel

---

[1] Isambert XIX, S. 173. Seine, Marne, Aube.

[2] Canal de Loing, Isambert XIX, S. 187; canal du Languedoc, Joubleau I, S. 273 ff.; canal d'Orléans, Joubleau I, S. 283.

[3] Isambert XIX, S. 92 ff.; Joubleau I, S. 307.

[4] Joubleau I, S. 284; Lagaillarde S. 26.

[5] Verordnung vom 28. Okt. 1679, Daney S. 12; Lagaillarde S. 26.

[6] Joubleau I S. 300.

zu treiben. Durch dieses Edikt, das im August 1669[1] erneuert wurde,[2] wandten sich der Reederei und dem Seehandel energische, zielbewußte Unternehmer und reichliche Kapitalien zu. So sehr brach Colbert mit der überkommenen Tradition, die den Betrieb der Schiffahrt und des Handels als herabsetzend und schändend angesehen hatte, daß er die hervorragendsten Vertreter der Seeschiffahrt und des Großhandels in den Adelsstand erhob.[3]

Auf jede Weise suchte er die Anzahl der französischen Handelsschiffe zu vermehren. Der französische Käufer eines fremden Schiffes von mehr als 100 Tons erhielt zum Kaufpreise einen Zuschuß von 4 livres pro Ton; dieser Zuschuß wurde selbst bei Bestellung von Neubauten im Auslande gewährt.[4] Fremde Reeder, die sich in französischen Häfen zum Betrieb der Seeschiffahrt niederließen, erhielten Geldgeschenke.[5] Marseille wurde 1669[6] zum Freihafen gemacht, um ausländische Reedereien und Handelshäuser zu veranlassen, sich in der Stadt niederzulassen; durch Steuerbefreiung, Gewährleistung des Erbrechtes auch bezüglich ihrer nichtfranzösischen Rechtsnachfolger und ähnliche Maßnahmen suchte man die Niederlassung zu einer dauernden zu machen.

Unaufhörliche Sorgfalt widmete Colbert der Verbesserung und Erweiterung der vorhandenen Häfen, sowie der Anlegung von neuen,[7] wobei das Interesse der Kriegsflotte mit dem der Handelsmarine Hand in Hand ging.

Wie die Ordonnance du commerce ein monumentales Werk war, das für die Entwickelung des französischen Handels von hervorragender Bedeutung wurde, so auch die ordonnance de

[1] Joubleau I, S. 300; Isambert XVIII, S. 217.

[2] Inhaltlich auch in die Ordonnance de la Marine vom August 1681 aufgenommen, Buch II Titel VIII Art. I.

[3] Joubleau I, S. 298.

[4] Edikte vom Dezember 1664, von 1669, 28. Oktober 1679 und 1681, Lagaillarde S. 26; Daney S. 12 f.

[5] Daney S. 12.

[6] Isambert XVIII, S. 205—210.

[7] Joubleau I, S. 288.

la marine[1] für die Entwickelung des Seeverkehrs und der Handelsmarine. In klarer und eingehender Weise regelte sie einheitlich für das ganze Reich die Verhältnisse der Admiralitätsoffiziere und deren Gerichtsbarkeit, die rechtliche Lage der Seebevölkerung und die juristische Natur der Seefahrzeuge, die Seeverträge, die Hafen- und Küstenpolizei, sowie die Verhältnisse der Seefischerei, kurz alles was öffentlichrechtlich, verwaltungsrechtlich und privatrechtlich für die Handelsschiffahrt zur See von Belang war.

Und doch wären wohl alle Maßnahmen der Seeschiffahrtspolitik Colberts, der äußern wie der innern, zum größten Teile ohne Erfolg geblieben, wenn ihm nicht gleichzeitig die Lösung der Seearbeiterfrage geglückt wäre. Er fand diese Lösung in der „Einschreibung der Seeleute",[2] die heute noch besteht, und die zur Begründung der Bewilligung der heutigen Fahrtprämie in hervorragendem Maße herhalten mußte; wir müssen daher an dieser Stelle etwas näher darauf eingehen.

2. *Die eingetragenen Seeleute.*

Wie schon angedeutet, war das *„Institut der eingeschriebenen Seeleute"* die Lösung der Arbeiterfrage für die Handelsmarine; zugleich bildete es einen Rekrutierungsmodus für die Bemannung der Kriegsflotte. An den weitausgedehnten Küsten Frankreichs lebte eine zahlreiche seemännische Bevölkerung, und trotzdem fehlte der Handelsmarine die Bemannung. Das kam daher, daß man bei Bedarf von Mannschaften für die Kriegsschiffe die Handelshäfen schloß, die Handelsschiffe am Auslaufen hinderte und so viel Matrosen als man brauchte und als sich fassen ließen, aus den Häfen und von den Kauffahrteischiffen auf die Kriegsschiffe schleppte, wo sie ohne Rücksicht auf früher etwa schon geleistete Dienste, auf ihre Familienverhältnisse oder auf die Bedürfnisse der Handelsmarine für unbestimmte Zeit zum Dienste gezwungen wurden. Dies Verfahren

---

[1] Isambert XIX, S. 282 ff.; Lyon-Caen V, S. 22 ff.

[2] Régime des classes, inscription maritime.

— *die Presse* — schädigte den Handel schwer, legte die Handelsschiffahrt lahm und lieferte den Schiffen des Königs doch nur unzufriedene, erbitterte, ihrer Arbeit niemals froh werdende, stets auf Desertion bedachte Elemente. Leicht verständlich, daß diejenigen, die dem Schicksal gepreßt zu werden, entgangen, oder die wieder entlassen waren, es vorzogen, auf fremden Handelsschiffen Dienste zu nehmen, auf holländischen, englischen oder levantinischen Seglern, die französische Häfen nicht anliefen.[1]

An die Stelle dieser willkürlichen und brutalen Presse setzte Colbert die gesetzlich geregelte Aushebung nach Klassen auf der Grundlage der allgemeinen Wehrpflicht der Angehörigen des seemännischen Berufes. Die Seeleute wurden in den Hafenplätzen in Register[2] eingetragen und dabei in drei (resp. vier) Gruppen[3] eingeteilt. Jede Gruppe wurde alle drei Jahre in regelmäßigem Turnus am 1. Januar des Jahres zu einjähriger Dienstleistung bei der Kriegsflotte einberufen. Während der Dienstleistung auf den Kriegsschiffen oder in den Arsenalen erhielten die Einberufenen einen Sold. Kam es vor, daß sie aus irgend einem Grunde weder auf den Kriegsschiffen, noch in den Arsenalen Verwendung finden konnten, so mußten sie sich an einem bestimmten ihnen angewiesenen Platze zur Verfügung halten. Für die Dauer dieser „Disponibilität“[4] erhielten sie nur die Hälfte des Soldes, Halbsold.[5] In einem Lande, wo die Wehrpflicht noch nicht gleichmäßig für alle Staatsangehörigen, sondern

[1] Die Zahl dieser in ausländischen Diensten stehenden Matrosen wird von Colbert 1663 auf 6000 geschätzt, Joubleau II, S. 69.

[2] Rôles, enrôlement.

[3] Classes, régime des classes. Eine erste Verordnung, die einen Versuch für nur einige Häfen bedeutete, erging 1665; als dieser Versuch gelungen schien, folgte 1668 die Ausdehnung des Systems auf die ganze Küste Frankreichs.

[4] disponibilité. Der Seemann in Disponibilität konnte seinem Berufe nachgehen z. B. Küstenfahrt, Küstenfischerei treiben, auf Lotsenbooten etc. Stellung nehmen; er mußte nur jederzeit erreichbar sein.

[5] demi-solde.

nur für einen bestimmten Teil derselben durchgeführt war, bedeutete dies eine ungleiche Behandlung der Betroffenen im Verhältnis zu den Nichtwehrpflichtigen. Um die Härte, die darin lag, einigermaßen zu mildern, gewährte man der seemännischen Bevölkerung gewisse Vorteile von z. T. recht wertvoller Natur. So wurde z. B. den invaliden Seeleuten eine Pension in halber Höhe ihres bei der Kriegsflotte bezogenen Soldes bewilligt;[1] außerdem fanden kranke und invalide Seeleute Aufnahme im Invalidenhaus für Seeleute in Rochefort. Der im Dienste des Schiffes verwundete oder während der Reise erkrankte Seemann hatte Anspruch auf Heilung und Pflege auf Kosten des Schiffes sowie auf Auszahlung der vollen Gage.[2] Der Betrieb der Fischerei und Seefahrt wurde den Eingeschriebenen ausschließlich vorbehalten und war von jeder Abgabe befreit.

Das ist in großen Zügen die Schöpfung Colberts, die bis auf den heutigen Tag alle Umwälzungen der französischen Regierungsform überdauert hat. Über den Erfolg spricht sich Colbert selbst in der Einleitung zu einem Edikt vom Jahre 1673[3] folgendermaßen aus: „Die von uns angeordnete Einrichtung der allgemeinen Einschreibung der Seeleute hat den erhofften Erfolg in vollstem Maße gehabt. Unsere Kriegsschiffe finden mit Leichtigkeit ihre Bemannung, ohne daß es nötig wäre, die Häfen zu schließen und den Handel der Untertanen zu behindern.“ Nach einem Briefe Colberts[4] ergab die erste Zählung im Jahre 1670 36000 Mann, die sich zur Eintragung gemeldet hatten; ein zweiter Zensus des Jahres 1683 stellte fest, daß 77852 Mann eingetragen waren.

Grundlegende Änderungen und Erweiterungen des Institutes brachte die Ordonnance concernant les classes vom 31. Okt. 1784.[5]

[1] Pension de demi-solde. Ordonnance vom 23. September 1673 und vom 15. April 1689.

[2] ordonnance de la marine, Buch III, Titel IV, Art. 11 Isambert XIX, S. 319.

[3] Isambert XIX, S. 114.

[4] zitiert bei Lemée S. 25.

[5] Isambert XXVII, S. 483 ff.

Frühere Dienstleistungen der Eingetragenen und ihre bürgerlichen Verhältnisse wurden mehr als bisher berücksichtigt. An die Stelle der Gruppenaushebung, die eventuell mehr Leute lieferte, als die Flotte brauchte, und die die Fahrzeuge zu Jahresbeginn in französische Häfen zurückzukehren nötigte, trat die Aushebung auf Grund individueller Rollen.[1] Jedem Seemann wurde in dem Hafenorte, zu dem er gehörte,[2] eine Matrikel gehalten, in die alles Wissenswerte über seine Personal-, Dienst- und Familienverhältnisse eingetragen wurde. Der Inhalt dieser individuellen Rolle war für die Dienstpflicht maßgebend. Unverheiratete waren zu einem Drittel mehr an Dienstzeit verpflichtet als Verheiratete und als unabkömmliche Ernährer. Die Einberufung geschah nicht mehr gruppenweise zu Jahresbeginn, sondern nach Bedarf zu jeder Zeit. Ein Gesetz vom 3. brumaire an IV[3] sonderte alle Eingetragenen in vier Kategorien: Junggesellen, kinderlose Witwer, Ehemänner ohne Kinder und Familienväter. Die zweite, dritte und vierte Gruppe konnte nur ausgehoben werden, wenn die vorhergehende erschöpft war. Durch Zirkularverfügungen der Jahre 1835, 36 und 37 wurden die Kategorien wieder aufgehoben und an ihre Stelle die „levée permanente" gesetzt: der Eintritt zum Dienste erfolgte nun das ganze Jahr hindurch; der eingetragene Seemann wurde an seinem zwanzigsten Geburtstage gestellungspflichtig und hatte sich unaufgefordert zum Dienstantritt zu melden. Befand er sich auf Fahrt, so trat die Meldepflicht erst mit dem Tage der Rückkehr in einen französischen Hafen ein. Das ist der heute noch bestehende Zustand.[4]

Die Schiffahrtsakte vom 21. September 1793 bestimmte,[5] daß mindestens drei Viertel der Mannschaft und sämtliche Offiziere Franzosen sein müßten, sofern das Schiff die Vorteile

---

[1] rôles individuels.

[2] quartier maritime, Wehrbezirk.

[3] Lois et actes du gouvernement.

[4] Loi sur l'inscription maritime vom 24. XII. 1896.

[5] Art. 2.

der französischen Nationalität genießen wollte. Diese Bestimmung brachte den zur Zeit ihres Erlasses tatsächlich herrschenden Zustand zum Ausdruck und wäre eigentlich unnötig gewesen; man erließ sie als Präventivmaßregel, um diesen Zustand zu sanktionieren und für die Zukunft aufrecht zu erhalten. Dieser Artikel 2 bildete eine Bevorzugung der französischen Seearbeiter, denen er, zumal in Verbindung mit der allgemeinen Eintragung der Seeleute und mit dem Fahrtmonopol der französischen Schiffe, eine monopolartige Stellung verlieh. Für die französischen Reeder konnte dieses Monopol der Seearbeiter eine Belastung werden — und ist es in der Tat im Laufe des neunzehnten Jahrhunderts auch geworden.

Seit ungefähr der Mitte des neunzehnten Jahrhunderts ist die Inscription maritime sehr viel und sehr heftig angegriffen worden.[1] — Die Idee, die Colbert das Institut ins Leben hatte rufen lassen, war, dem Lande eine tüchtige, seemännische Bevölkerung zu erhalten und der Handelsmarine wie der Kriegsflotte das nötige seebefahrene Personal, das über nautische Kenntnisse und Fertigkeiten verfügte, zu sichern. Die Inscription maritime war auf dem Gedanken der Wehrpflicht der Seeleute[2] aufgebaut, die dafür durch Privilegien entschädigt wurden. Als dann zwei Jahrhunderte später die Wehrpflicht für alle Franzosen zur staatsbürgerlichen Pflicht wurde,[3] die ohne Entschädigung erfüllt werden mußte, erschienen die Seeleute, deren Privilegien bestehen blieben, als bevorzugt. Eine solche Bevorzugung war jetzt nicht mehr gerechtfertigt. Es kann keinem Zweifel unterliegen, daß es billig und vorteilhaft ist, wenn die seemännische Bevölkerung eines Landes

---

[1] Vergl. insb. die Abhandlung von H. Girard.

[2] Der Charakter der Einrichtung als einer Wehrpflicht prägte sich besonders scharf auch dadurch aus, als den Seeleuten unter schwerer (ja Todes-) Strafe verboten war, fremde Dienste zu nehmen, z. B. Verordnung von 1669.

[3] „Tout Français doit le service militaire personnel.“ Gesetz vom 27. Juli 1872.

ihrer Wehrpflicht im Dienst der Kriegsflotte genügt. Das läßt sich aber auch auf andere Weise als durch die Inscription mit ihren Privilegien erreichen. Als Gegner der Eintragung treten besonders die Reeder, sowie höhere Offiziere und Admiräle auf, das heißt also gerade die Leute, die in den Tagen Colberts im Verein mit den Seearbeitern die Gründung des Institutes am lebhaftesten begrüßt hatten. Die Reeder sehen in der Eintragung nur noch eine Belastung; die Militärs behaupten, daß man auf diesen, mit erheblichen finanziellen Lasten und Opfern[1] verbundenen, Rekrutierungsmodus ohne Schädigung der militärischen Interessen sehr wohl verzichten könne. *Niemals, zu keiner Zeit, wurden die Mannschaften der Kriegsschiffe ausschließlich aus Eingetragenen zusammengestellt;* die Anwerbung von Freiwilligen und später die Überweisung von Verpflichteten aus dem Landheere traten ergänzend hinzu und lieferten einen steigenden Prozentsatz der kriegsschifflichen Bemannung. Zu Colberts Zeiten betrug das eingetragene Kontingent auf den Kriegsschiffen 75% der Besatzungen;[2] dasselbe sank in den sechziger Jahren des neunzehnten Jahrhunderts auf durchschnittlich 57%,[3] um im ersten Jahrzehnt des neuen Jahrhunderts auf 59% sich wieder zu heben.[4] Solange die Handelsmarine und die Kriegsflotte beide nur aus Segelschiffen bestanden, war das seemännische Personal ein einheitliches: Matrosen und Steuerleute mit einheitlichen nautischen Kenntnissen und Fertigkeiten. Der Seemann, der zum Kriegsdienste auf einem Staatsschiffe eingezogen wurde, brachte Kenntnisse und Fertigkeiten mit, die er auf den Handelsschiffen sich angeeignet hatte, und die ihn in den Stand setzten, den vom Kriegsdienste an ihn gestellten Forderungen sofort vollauf zu genügen. Heute ist dies bei den meisten Seeleuten nicht mehr der Fall, da ihre Mehrzahl

[1] Les inscrits accomplissent le service militaire .... dans l'armée de mer et sont exempts de tout autre service public. Insbesondere bezahlen sie keine Gewerbesteuer. Art. 4, 48, 49, 50. Ges. 24. XII. 1896.

[2] Girard S. 13.

[3] Girard S. 39.

[4] Girard S. 63.

von Seglern kommt und die Kriegsflotte sich ausschließlich aus Dampfern zusammensetzt. Im Jahre 1907 betrug die Bemannung der mit Franzisierungsurkunde[1] ausgestatteten Kauffahrteischiffe 99 716 Mann, wovon 73 174 auf Seglern und 26 542 auf Dampfern.[2] Von den Eingetragenen bringen also 72,4 % zum Dienste bei der Kriegsflotte keinen weiteren Vorzug mit, als daß sie seefest sind. Selbst diese Eigenschaft wird einem großen Teil derselben abgesprochen unter Hinweis darauf, daß über 53 000 (72,6 %) der von Segelschiffen kommenden Leute ausschließlich aus der Küstenfischerei stammen und zur Ausübung dieses Berufes bei nur einigermaßen bewegter See nicht auszufahren pflegen. Von der Dampferbemannung sind 10 363 als Heizer und Maschinisten tätig (10,3 % der Gesamtzahl), die neben der Seefestigkeit noch Vertrautheit mit den Schiffsmaschinen und deren Bedienung aufweisen. Unter 7761 Mann Maschinenpersonal, die 1907 auf Kriegsschiffen eingestellt wurden, waren 825 eingetragen, das sind 10,6 %,[3] während die übrigen 89,4 % aus technischen Betrieben des Binnenlandes kamen! Im Jahre 1909 waren an Bord der Kriegsfahrzeuge insgesamt 12 706 Eingeschriebene, die zu 46 monatlicher Dienstzeit verpflichtet waren, außerdem 8130, die nach abgelaufener Dienstzeit kapituliert hatten; die Nichteingeschriebenen stellten 20 574 Mann, die sich für fünf Jahre, und 3101, die sich nach Ablauf dieser Zeit wieder verpflichtet hatten![4]

Es liegt uns ferne in dieser Abhandlung eine Lanze für oder wider das Institut der eingetragenen Seeleute brechen zu wollen; wir haben uns an die Tatsachen zu halten! Und da müssen wir, um das Bild zu vervollständigen, noch hervorheben, daß die Schulbildung der Eingeschriebenen durchaus mangelhaft ist. Dies ist eine Folgeerscheinung der Eintragung.

---

[1] Die nicht mit dieser Urkunde ausgestatteten Schiffe haben zumeist auch keine Eingetragenen an Bord. Ges. v. 24. XII. 1896 Art. 3; Ges. v. 14. Juli 1908 Art. 3, Art. 35. Block, Art. navigation maritime II, S. 1968 f.

[2] Tableau 1908 II, S. 417.

[3] Girard S. 61.

[4] Bénazet als Berichterstatter zum Marinebudget 1911 (9. III.) Journ. off., chambre, débats 1911, S. 1023.

Die „vorläufig"[1] eingetragenen Jungen sind auf Grund einer vom commissaire de l'inscription maritime ausgestellten Bescheinigung, daß sie in eine Schiffsrolle eingetragen sind, jährlich für drei Monate (außer den Ferien) auf Antrag vom Schulbesuche zu befreien.[2] Wie weit die Unkenntnis der jungen Leute geht, ist aus den Feststellungen Vallaux' ersichtlich, der als Lehrer an Bord des Schulschiffes „Borda" es erleben mußte, daß unter den 100 ihm 1906/07 zugewiesenen Matrosen 32, 1907/08 unter 86 gar 34 mit ungenügender Schulbildung waren! das sind 32 % und 37 %.[3] Für die Mannschaften der Kriegsmarine stehen uns leider nur etwas weiter zurückliegende Zahlen zur Verfügung: ein Bericht des Marineministers an den Präsidenten der Republik vom 1. Oktober 1872 enthält folgende Tabelle:[4]

Von 100 Mann waren Analphabeten oder von durchaus ungenügender Bildung:

	Quartiermeister		Matrosen	
	Analphabeten	Ungebildet	Analphabeten	Ungebildet
Deckmannschaft	8	30	19	46
Marineartillerie	4	23	6	34
Marineinfanterie	2	16	16	55
Technisches Personal (Maschinisten, Heizer u. a.)	1	1	4	20
Steuerleute	—	4	—	2
Zimmerer	5	25	9	46
Kalfaterer	14	49	13	49

[1] Das Gesetz (24. XII. 1896) unterscheidet: 1. vorläufig Eingetragene, 2. endgültig Eingetragene und 3. Eingetragene außer Dienst. Vorläufig einzutragen ist der Franzose, der sich dem Erwerbe durch die Seeschiffahrt hingeben will, vor Antritt seiner ersten Fahrt. Um endgültig eingetragen zu werden, muß der vorläufig Eingetragene mit seinem 18. Lebensjahre achtzehn Monate Fahrt hinter sich haben und die Erklärung abgeben, daß er auch weiterhin sich dem Seemannsberufe widmen wolle (Art. 9, 10, 11). „Außer Dienst" sind diejenigen Eingetragenen, die das 50. Lebensjahr erreicht haben. Art. 19.

[2] Seilhac, S. 225.

[3] Zitiert bei Daney, S. 111.

[4] Girard, S. 41, Anm.

Nach derselben Quelle konnten von den zum Dienstantritt sich meldenden Jungen 34% nicht lesen und 11% nicht schreiben.

3. *Vom Erlaß der Navigationsakte bis zum Ablauf der Freihandelsperiode.*

Wie die Zeit nach Colbert für dessen äußere Schiffahrtspolitik kein Verständnis hatte, so auch nicht für seine innere. Erst die Navigationsakte vom Jahre 1793 wandte sich auch wieder der inneren Schiffahrtspolitik zu. Zwar die Reederei hielt man durch die Maßnahmen der äußern Schiffahrtspolitik (Ausschluß der dritten Flagge, Monopol der Küstenfahrt, Kolonialpakt, Verbot indirekter Einfuhr) für dermaßen geschützt, daß man auf innere Maßnahmen verzichten zu können glaubte. Den Schiffbauunternehmern gab die Akte[1] das Monopol für den Bau französischer Schiffe, das im Ausführungsgesetz[2] durch das Monopol für alle größeren Dockungen und Reparaturen französischer Schiffe erweitert wurde. Ähnlich wie die Seeleute hatten auch die Werftarbeiter ein Monopol. Durch eine Ordonnanz vom 27. September 1776[3] war angeordnet, daß die schiffbautechnischen Handwerker und Arbeiter in Listen einzutragen und in Klassen einzuteilen seien. Dieses eingetragene Personal wurde nach Bedarf klassenweise zum Bau von Kriegsschiffen und sonstigen Fahrzeugen des Staates herangezogen. Den privaten Werften war verboten, andere als eingetragene Arbeiter zu beschäftigen[4]. Unter diesem Régime standen die französischen Schiffbauer bis in die sechziger Jahre des neunzehnten Jahrhunderts, zunächst ohne sich beschwert zu fühlen. Erst als gegen die vierziger Jahre die industrielle Umwälzung ihren Einfluß auch auf die Arbeitsmethoden und Arbeitsbedingungen in den Werften ausübte, als der kleine Handwerker

[1] Art. 2 des Gesetzes, oben S. 8.

[2] vom 27. vendémiaire, oben S. 8, Anm. 3

[3] Isambert XXIV, S. 141 ff., Art. 55 u. 173.

[4] Amé II, S. 167 f.

der Küstenstriche den Anforderungen nicht mehr genügte und bessere Arbeitskräfte aus den großen Industriezentren hervorgingen, da erst empfand der französische Schiffbauunternehmer die Belastung, die darin lag, daß er sich in der Auswahl seiner Arbeiter aus den sich anbietenden Kräften auf einen Teil beschränkt sah, der naturgemäß technisch weit weniger fortgeschritten war. Allerdings wurde das Gesetz nicht immer in seiner vollen Strenge angewandt; die Marineverwaltung drückte manchmal ein Auge zu, wenn die Arme fehlten und die Unternehmer Nichteingeschriebene als Arbeiter einstellten.[1]

Seit anfangs der fünfziger Jahre konnten englische Werften aus verschiedenen Gründen (u. a. infolge ausgedehnter Arbeitsteilung, Zollfreiheit für Rohmaterial) Schiffe zu einem Preise anbieten, der fühlbar unter den von französischen Firmen geforderten Preisen stand. Diese Tatsache berührte den französischen Schiffbauer zunächst gar wenig, er hatte ja sein Monopol! Als dann bald die Operationen des Krimkrieges das Unvermögen der französischen Reederei, die Truppen- und Materialtransporte nach dem Kriegsschauplatz zu übernehmen, sowie das Unvermögen der französischen Werften, der heimischen Reederei rasch über die Kalamität hinwegzuhelfen, dartaten, erging unterm 17. Oktober 1855 ein Dekret, das das Monopol der französischen Werften auf die Dauer von drei Jahren suspendierte; die Franzisierung von Schiffen fremden Ursprunges war während dieser Zeiten gegen einen Wertzoll von 10 % gestattet; zugleich wurde den französischen Werften Zollfreiheit für ausländisches Schiffbaumaterial[2] gewährt.

Bei der Vorbereitung der freihändlerischen Reformen Ende der fünfziger und anfangs der sechziger Jahre erstrebten die Schiffbauer völlige Aufhebung der Zölle auf Schiffbaumaterial

[1] Amé II, S. 168, Anm.

[2] Unter Schiffbaumaterial verstehen wir in dieser Arbeit alle Rohprodukte und Fabrikate, die im Schiffbau Verwendung finden, also auch halbfertige und fertige Gegenstände für Takelung, Ausrüstung (Fittings) usw. der Schiffe.

neben ihrem beizubehaltenden Monopol und Unbeschränktheit in der Zusammenstellung ihres Arbeiterpersonals; die Reeder bestanden darauf, daß ihnen der Kauf und die Franzisierung fremder und auf fremden Werften gebauter Schiffe freistehen solle: also Aufhebung des Monopols der französischen Werften. Zunächst wurde durch Gesetz vom 4. Juni 1864 die zweite Forderung der Schiffbauer erfüllt: die Eintragung der Werft- und Arsenalarbeiter wurde aufgehoben. Das freihändlerische Gesetz über die Handelsmarine vom 19. Mai 1866 gestand den Schiffbauunternehmern dann auch die gewünschte Zollfreiheit für Schiffbaumaterial zu, suchte aber auch der Reederei gerecht zu werden, indem es das Monopol der französischen Werften aufhob und die Einfuhr sowie Franzisierung von Schiffen fremden Ursprungs gegen einen Zoll von 2 frs[1] pro Registerton freigab.

Schon früher — seit Mitte der dreißiger Jahre — hatte man Mittel gefunden, die Wirkung der hohen Schutzzölle im Interesse der französischen Industrie abzuschwächen (zeitweilige Zulassung im Veredelungsverkehr,[2] Prämien u. a.); auch Schiffbau und Reederei traten in den Genuß derartiger Vergünstigungen; im folgenden Kapitel, das einen Überblick über die Prämienentwickelung im System der französischen Zollpolitik gibt, werden wir darüber im Zusammenhang sprechen.

Der Grundgedanke der freihändlerischen Seeschiffahrtspolitik war, der heimischen Produktion und Konsumtion möglichst gute und billige Seetransportgelegenheit zu verschaffen. Daher mußten in der äußern Schiffahrtspolitik alle Schranken fallen, die die Transportmöglichkeit minderten resp. die Transporte verteuerten d. h. *die fremde Flagge mußte der heimischen gleichgestellt werden.* Aufgabe der innern Schiffahrtspolitik war es dann logischerweise, alle Hemmnisse zu beseitigen, die der heimischen Flagge die Konkurrenz mit

---

[1] Franzisierungsgebühr.

[2] Admission temporaire.

der ausländischen erschweren konnten; es mußte daher in erster Linie dafür gesorgt werden, daß der französische Reeder unter denselben Bedingungen wie sein ausländischer Konkurrent arbeiten konnte, wozu insbesondere gehörte, daß er seine Schiffe ebenso billig sich beschaffen konnte.

Die Reaktion und der deutsch-französische Krieg haben verhindert, daß die freihändlerische Idee ihre Berechtigung oder Nichtberechtigung, beziehungsweise ihre Anwendbarkeit oder Nichtanwendbarkeit in der Wirklichkeit dartun konnte.

4. Das Gesetz von 1872 und die Zeit bis zum Erlaß des ersten Prämiengesetzes 1881.

Das Abschwenken der französischen Wirtschaftspolitik von der freihändlerischen und das Wiedereinlenken in protektionistische Bahnen fand seinen Ausdruck für die Seeschiffahrtspolitik im Gesetz über die Handelsmarine vom 30. Januar 1872.[1] Wie wenig Glück dabei die äußere Schiffahrtspolilik mit der Wiedereinführung der Flaggenzuschläge gehabt hat, haben wir bereits ausgeführt. Als innerpolitische Maßnahmen brachte das Gesetz die Aufhebung der Zollfreiheit für Schiffbaumaterial, sowie eine bedeutende Erhöhung des Zolles auf die Erzeugnisse des ausländischen Schiffbaues. Statt 2 frs pro Registerton[2] waren nun zu entrichten: für fremde Segler, betakelt und ausgerüstet: aus Holz 40 frs; aus Eisen 60 frs; aus Holz und Eisen 50 frs. Für ausgerüstete Dampfer kamen dieselben Sätze in Anwendung, vermehrt um den Zoll für die Schiffsmaschinen.[3] Schiffsrümpfe wurden um 10 frs pro Registerton niedriger taxiert, also 30, 50, 40 frs.

Dieser gewaltige Schutz der französischen Werften — *für einen eisernen Segler von 2000 Tons z. B. waren 120 000 frs Zoll zu eutrichten!* — ließ sich verstehen, wenn und solange

---

[1] S. 15 f.

[2] Art. 3 des Gesetzes vom 19. Mai 1866.

[3] Art. 5 des Gesetzes vom 30. Januar 1872.

gleichzeitig die heimische Reederei gegen die Konkurrenz der fremden Flaggen ausreichend geschützt war. Die Flaggenzuschläge des Gesetzes von 1872 hatten diesen Schutz dargestellt. Mit ihrer Aufhebung hätte logischerweise wie im Jahre 1866[1] auch jede Beschränkung der französischen Reederei — also der Zoll auf ausländische Schiffe und Schiffsrümpfe — beseitigt werden müssen. Dies geschah aber nicht, und diese Inkonsequenz hat schwerwiegende Folgen gehabt: die Ankäufe von Schiffen fremden Ursprungs für Rechnung der französischen Reederei, die im Jahre 1872 auf 35 Tausend Nettotons sich belaufen hatten, betrugen 1876 nur 15 Tausend, 1877 nur 13 Tausend und 1878 19 Tausend Tons. Zugleich stieg infolge des Schutzzolles der Inlandspreis, so daß dem französischen Reeder mit seinem teueren Schiff die Konkurrenz auf dem internationalen Frachtenmarkt sehr erschwert war. Er hatte demgemäß auch wenig Interesse im Inlande zu kaufen: im Jahre 1872 hatten die französischen Werften der Landesreederei über 50 Tausend Nettotons geliefert, 1878 nur noch 21!

Der Preis, den man bei den Ankäufen im Auslande anlegte, konnte kein hoher sein, da man den Zoll zu berücksichtigen hatte: man kaufte möglichst billig, erhielt natürlich auch die entsprechende Ware, alte und veraltete Schiffe, welche die ausländischen Reedereien abstoßen zu können froh waren, und die sie zu jedem Preis losschlugen. So wurden 1872/78 insgesamt 138 058 Nettotons alte Schiffe (darunter 51 070 Tons Dampfer) im Auslande gekauft und in die französische Handelsmarine eingestellt. —

Die Kommission von 1873 hatte ihre Arbeiten noch nicht beendet; da aber die Zustände unhaltbar erschienen, sah man sich zu dem Gesetze vom 17. März 1879 veranlaßt, das die zollfreie Einfuhr von Schiffbaumaterial wieder gestattete[2] und die Franzisierungsgebühr für im Auslande gekaufte Schiffe auf

[1] Oben S. 30.

[2] Art. 2 des Gesetzes v. 17. März 1879. Art. 1 des Gesetzes v. 19. Mai 1866. Dekrete v. 18. März 1879 und 8. Juni 1866.

2 frs pro Registerton wieder herabsetzte.[1] Die französische Reederei benützte diese Erleichterung sofort. Allerdings stehen die Franzisierungen der beiden Jahre 1879 und 1880, während welcher das Gesetz in Geltung war, mit durchschnittlich 44 Tausend Nettotons hinter dem jährlichen Durchschnitt von 55 Tausend der Jahre 1872/78 zurück. Aber während die Zahl der von 1872 bis 78 franzisierten Dampfertons durchschnittlich 16 Tausend jährlich betrug, belief sie sich in den beiden Jahren 1879 und 80 auf durchschnittlich 27 Tausend. Man fing an, dem Dampferbetrieb den Vorzug zu geben, die Handelsmarine modernisierte sich! Trotz des Rückganges der jährlichen Einstellungen in die Handelsmarine steigerte sich die Leistungsfähigkeit von 1468 Tausend Tons (i. J. 1878) auf 1475 Tausend (1880).[2]

Der Bestand der französischen Handelsmarine belief sich 1875 auf 1036 Tausend Tons netto und fiel auf 919 Tausend im Jahre 1880;[3] trotzdem war wegen des Überganges zum Dampferbetrieb die Leistungsfähigkeit von 1446 auf 1475 Tausend Tons gestiegen.

Ende der sechziger und während der siebziger Jahre begannen die größeren Handelsmarinen unter Reduzierung ihres Seglerbestandes zum Dampferbetrieb überzugehen: in Frankreich wurden 1879 zum ersten Male mehr Dampfer als Segler in die Handelsmarine eingestellt, 22 Tausend Tons Dampfer gegen 20 Tausend Tons Segler, (1878: 22 Tausend Tons Segler und 18 Tausend Tons Dampfer). Diese Umgestaltung des Betriebes verlangte eine größere Konzentrierung von Kapital in Händen der Unternehmer. Einige finanzpolitische Maßnahmen wurden als Hindernis für die notwendige Kapitalzusammenballung emp-

[1] Art. 1 des Gesetzes vom 17. März 1879. Art. 3 des Gesetzes vom 19. Mai 1866; nur bei der Einfuhr aus Vertragsstaaten.

[2] Die Leistungsfähigkeit wird durch Seglertons ausgedrückt, wobei die Nettodampferton gleich 3 Seglertons angenommen wird. Für die Zeit 1895/1905 ist eine Dampferton gleich 3,5, seit 1905 gleich 4 Seglertons zu setzen (Haarmann, S. 61).

[3] S. Anhang.

funden. So gab die Gewerbesteuer Anlaß zur Kritik.[1] Zwar nicht ihre allgemeine Erhöhung: nach dem unglücklichen Kriege haben alle Kreise in patriotischer Opferwilligkeit die stark erhöhten Lasten ohne weiteres auf sich genommen; wohl aber die weitere Bestimmung, daß der Sozius des Reeders die halbe Gewerbesteuer schulde. Der Berichterstatter[2] der Kommission[3] führt einen Fall an, wo eine Reederei mit demselben Kapital, demselben Material, demselben Direktor, nur mit anderen Teilhabern sich rekonstituierte und für diese Umwandlung über 100 000 frs an Gewerbesteuer zu bezahlen hatte. Die Besitzwechselsteuer beim Eigentumsübergang von Schiffen wurde gleichfalls als eine starke Belastung empfunden. Die Artikel 56 und 64 des Zollgesetzes vom 21. April 1818 hatten die Erhebung einer festen Gebühr von 1 fr bei der Eigentumsübertragung von Schiffen vorgesehen.[4] Im Interesse der Staatskasse wurde durch Artikel 5 des Gesetzes vom 28. Februar 1872 dieser feste Satz aufgehoben und durch die allgemeinen Proportionalsätze ersetzt: es waren nunmehr auch gelegentlich der Eigentumsveränderung von Schiffen 2,4 % des Wertes zu entrichten. Unzweifelhaft war das eine Belastung der französischen Reederei, die ihre Konkurrenzfähigkeit dem Auslande gegenüber stark herabdrückte. Französische Schriftsteller[5] machen nun folgende Aufstellung: Ein Schiff von 1000 Tons, Wert 500 000 frs, kommt den französischen Käufer, wenn er im Inlande kauft, auf 12 000 frs Besitzwechselsteuer (2,4 %) zu stehen. Kauft er im Auslande, so zahlt er nur 2000 frs Franzisierungsgebühr (2 frs pro Registerton). Diese Schriftsteller schließen dann hieraus, daß in diesem Unterschiede ein Anreiz für den französischen Reeder gelegen habe im Auslande zu kaufen. Die Aufstellung entspricht den Tatsachen nicht.

---

[1] Le Roux de Bretagne S. 51, 52.

[2] Dupuy de Lôme.

[3] von 1873.

[4] Durch Art. 8 des Gesetzes vom 18. Mai 1850 auf 2 frs erhöht. Garnier IV, Nr. 11 650.

[5] z. B. Le Roux de Bretagne S. 51.

Denn einmal waren die längste Zeit hindurch — 1872 bis 79 — für im Auslande gekaufte Schiffe nicht 2 sondern 40, 60, 50 frs Franzisierungsgebühr zu entrichten, nur 1879 und 80 betrug sie 2 frs. Und dann ist stets auch bei Ankäufen im Auslande die Besitzwechselsteuer in ihrer vollen Höhe beim französischen Käufer erhoben worden.[1] Die Rechnung stellt sich also folgendermaßen für obigen eisernen Segler:

Ankauf im	Inland:		Besitzwechselsteuer	12 000	12 000 frs
	Ausland	vor 1879:	Franzisierung	12 000	
			Besitzwechsel	60 000	
					72 000 frs
		ab 1879:	Franzisierung	2 000	
			Besitzwechsel	12 000	
					14 000 frs

Die in der Besitzwechselsteuer liegende Belastung der französischen Reederei wurde 1881 — um dies gleich vorweg zu nehmen — durch das erste Prämiengesetz aufgehoben und durch Artikel 3 wieder ein fester Satz von 3 frs eingeführt.

[1] Garnier IV, Nr. 11 656.

II. Kapitel.
Die Prämien im System der französischen Handelspolitik.[1]
(1816—1881).

Nach den langen und schweren politischen Kämpfen der Revolutions- und Kaiserzeit machte sich die Restauration daran, durch die Finanzgesetze[2] und das Zollgesetz vom 28. April 1816 die Finanzen des Landes neu zu ordnen. Die leitenden Staatsmänner der damaligen Zeit waren im Prinzip Anhänger eines mäßigen Zollschutzes; sie mußten aber bald den Forderungen der Produzenten auf hohen Zollschutz nachgeben.

Um die Wende des achtzehnten Jahrhunderts war England, wie für den europäischen Kontinent überhaupt, so auch für Frankreich der Lieferant industrieller Produkte. Die von Napoleon I. gegen die englische Ausfuhr gerichtete Kontinentalsperre legte in Frankreich mit den Grund zum Entstehen verschiedener Industriezweige. Unter dem Schutze des durch die Sperre geschaffenen Monopols entfalteten sich diese neuen, wie auch die vorhandenen alten Industrien, zu großer Blüte und fingen viel zu produzieren an. Da die englische Konkurrenz ausgeschaltet war und eine andere nicht bestand, erzielten die Unternehmer hohe Preise für ihre Produkte. Als dann mit Aufhebung der Sperre der französische Markt für die englische Konkurrenz wieder offen stand, war die Monopolstellung der französischen Industriellen auf dem heimischen Markt in Frage

---

[1] Wir folgen in der Darstellung dieser Entwickelung vornehmlich den Ausführungen von Lexis S. 60ff.

[2] Lois sur les finances (Enregistrement und indirekte Steuern).

gestellt, die Monopolpreise ließen sich nicht halten und die Wertminderung der in Frankreich lagernden Vorräte war unausbleiblich. Um diesen Preissturz hintanzuhalten und um ihre Monopolstellung einigermaßen wenigstens zu retten, schrieen die industriellen Unternehmer nach Hochschutzzöllen.

In ähnlicher Lage befanden sich die landwirtschaftlichen Grundbesitzer: Während des Hungerjahres 1817 hatten sie eminent hohe Preise für ihre Produkte erzielt. Sie strebten danach, dieselben auf dieser Höhe zu halten und bezeichneten die wieder normal werdenden Preise als ruinierend. „Schutzzoll" war auch ihr Notschrei und zwar Hochschutzzoll für alle landwirtschaftlichen Produkte. Da aber die durch den Schutzzoll eintretende Verteuerung der landwirtschaftlichen Produkte für die Industrie eine Verschlechterung der Produktionsbedingungen bedeutet hätte, suchte man einen Ausgleich zwischen den beiderseitigen Interessen und fand ihn schließlich im „System der protektionistischen Interessen", in das man dann auch bald die Kolonien und die Reederei aufnahm. „Schutz der nationalen Arbeit" war die Losung zum Zweck der Aussöhnung widerstreitender Interessen sämtlicher beteiligten Kreise. Die Verständigung ergab sich auf folgende Weise: Die Produkte der französischen Kolonien wurden aus finanzpolitischen Gründen mit hohen Zöllen belegt; dafür wurde ihnen durch noch höhere Belastung der Produkte fremder Kolonien eine Vorzugsstellung für den Import nach dem Mutterlande eingeräumt. Die Interessen der nationalen Handelsschiffahrt wurden durch Differentialzölle und Flaggenzuschläge [1] bei der Einfuhr auf nichtfranzösischen Schiffen wahrgenommen. Die Landwirtschaft erhielt Schutzzölle, die in ihrer Höhe die Einfuhr fremder Produkte erschwerten und hinderten. Die Industrie erhielt gleichfalls Hochschutzzölle auf ausländische Fabrikate. Das Problem des gleichzeitigen Schutzes kommerzieller, landwirtschaftlicher und industrieller Arbeit war gelöst — allerdings

[1] oben S. 9ff.

lag die Gefahr der völligen Isolierung des französischen Wirtschaftsgebietes von der Außenwelt nahe. Um dieser Gefahr entgegenzutreten und der Industrie die Absatzmöglichkeit ihrer Produkte auch nach dem Auslande offen zu halten, bediente man sich insbesondere dreier Regulatoren: Zeitweilige Zulassung,[1] Zollager[2] und Prämien.[3] Auf die zeitweilige Zulassung und die Zollager brauchen wir hier nicht einzugehen.

Die Prämien der Restaurationszeit sind wesentlich Rückvergütungen von Zöllen,[4] inländischen Steuern oder Verbrauchsabgaben,[5] die bei der Ausfuhr von Produkten gewährt werden, um die Konkurrenzfähigkeit heimischer Produzenten auf dem Weltmarkte, die infolge der Zölle bezw. inländischen Abgaben in Frage gestellt ist, herzustellen. Diesen Restitutionsprämien ist immer eine äquivalente Geldleistung (bezahlter Zoll, inländische Steuer oder Verbrauchsabgabe) der Empfänger vorangegangen.

Eine andere Art von Prämien, die wir am treffendsten vielleicht mit dem Namen von „Erziehungsprämien“[6] belegen, sind jene staatlichen Unterstützungen, die in Aussicht gestellt und gewährt werden, um zur Gründung oder Weiterführung von Unternehmungen anzureizen, an deren Bestehen ein gemeinwirtschaftliches Interesse vorhanden ist, die aber an sich einen privatwirtschaftlichen Nutzen entweder gar nicht bringen oder nicht in billiger Weise zu bringen oder noch nicht zu bringen vermögen. Wie beim List'chen Schutzzoll, soweit er Erziehungszoll ist,[7] ist letztes Ziel dieser Erziehungsprämien sich selbst überflüssig zu machen. Eine Berechtigung haben sie nur, sofern das finanzielle Opfer wirklich einen Nutzen

---

[1] Admission temporaire, Veredelungsverkehr.

[2] entrepôt.

[3] primes.

[4] Zollrückvergütung, Drawback.

[5] Steuerrückvergütung, Bonifikation.

[6] Ermutigungsprämie, encouragement.

[7] Helfferich, S. 75/76.

für die Gesamtheit verspricht, und wenn durch diese Prämien die Erziehung nationaler produktiver Kräfte erreicht werden kann. Für letzteres ist Voraussetzung, daß die natürlichen Bedingungen für die Herbeiführung bezw. Steigerung der Produktivität und für die Entwickelung der Konkurrenzfähigkeit im Lande vorhanden sind.[1] Ein ungenauer Sprachgebrauch nennt diese Erziehungsprämien oft gratifikatorische. Rein gratifikatorische Prämien d. h. reine Geldgeschenke ohne Äquivalent in wirtschaftlichen Werten kamen und kommen vor, sind aber natürlich wirtschaftlich unberechtigt: der Staat darf nur in der Erwartung eines Nutzens für das Gesamtwohl solche Zuwendungen machen; es haftet sonst der Zuwendung das Odium der Liebesgabe an. Das Bestreben des Prämienempfängers ist darauf gerichtet, wenigstens einen Teil der Prämie zur Liebesgabe zu machen. Das kommt z. B. bei Rückvergütungen vor, wenn bei der Berechnung des zurückzubezahlenden Betrages gesetzlich ein bestimmtes Ausbeuteverhältnis zu Grunde gelegt wird. Gelingt es dem Prämienempfänger mehr herauszuwirtschaften wie das Gesetz als Norm des Ausbeuteverhältnisses annimmt, so erhält er mehr herausbezahlt, als er an Zoll oder Steuer entrichtet hat; er erhält eine Übervergütung. Es ist nicht gesagt, daß das immer gegen den Willen und gegen die Absicht des Gesetzgebers geschieht. Dieser will vielleicht mit der Rückvergütung noch eine Erziehungsprämie verbinden: letztere liegt dann in der Übervergütung. Dies ist tatsächlich vorgekommen. Aber auch der andere Fall ist eingetreten, daß eine Übervergütung zu Stande kam, ohne Wissen und gegen den Willen des Gesetzgebers; in einem solchen Falle kann man von einer Gratifikation reden, wenn ein Nutzen für die Gesamtheit nicht eintritt.

Die Restitutionsprämien waren mit dem absoluten Schutzzollsystem der Restauration eng verknüpft. Sie dienten dazu, die Konkurrenzfähigkeit der französischen Unternehmer auf

---

[1] Helfferich, S. 75 bezüglich des Erziehungszolles.

den außerfranzösischen Märkten, die bei den hohen Zöllen in Frage gestellt war, aufrecht zu erhalten und kamen demgemäß nur bei der Ausfuhr zur Anwendung; beim Absatze ins Inland waren sie ausgeschlossen.

Solange die vom Zolle betroffenen inländischen Produzenten nur unter sich auf dem inländischen Markte in Wettbewerb treten, ist die im Zolle liegende Preissteigerung für sie von geringer Bedeutung, da sie alle in gleicher Weise davon betroffen werden und den Zoll auf die Konsumenten abwälzen können: ihre Produkte steigen im Preis, stehen eventuell um den Zollbetrag über dem Weltmarktpreise. Sollen ihre Produkte auf dem Weltmarkte mit gleichartigen, abei nicht durch Schutzzölle verteuerten Produkten anderer Länder den Wettbewerb aufnehmen können, so muß die durch den Schutzzoll verursachte Preissteigerung neutralisiert werden: dies geschieht durch die Zollrückvergütung. Das Funktionieren des gesamten Mechanismus ist klar bei allen Unternehmungen, die sich mit dem Umsatze von Waren und Produkten befassen. Wie aber ist es mit den schiffahrttreibenden Kreisen, deren Tätigkeit nicht auf solchen Umsatz gerichtet ist? Unzweifelhaft erhöhen die Schutzzölle auf Schiffbaumaterial (und fertige Schiffe [1]) die Gestehungskosten des Schiffes. Der Reeder behält aber sein Schiff: er ist Konsument in dieser Beziehung; seine Tätigkeit ist nicht auf Umsatz, sondern auf Transport gerichtet; sein Markt ist der Frachtenmarkt. Eine Zollrückvergütung wird nicht gewährt, da ja ein Absatz nicht stattfindet. Hat er einen inländischen Frachtenmarkt, als welcher jede der heimischen Flagge vorbehaltene Schiffahrt (Küstenfahrt, Kolonialfahrt, Kolonialküstenfahrt) anzusehen ist, dann ist auch für ihn die Verteuerung des Schiffes von geringer Bedeutung, da er durch entsprechende Frachterhöhung sich schadlos halten kann, freilich mit der Einschränkung, daß nicht bei der Küstenfahrt Landverkehrsmittel, wie Eisenbahnen oder Kanäle, störend einwirken. Alle Reeder, die diesen inländischen Frachtenmarkt

---

[1] Fertige Schiffe kommen bis zur Freihandelsperiode nicht in Betracht.

versorgen, werden in gleicher Weise von den die Gestehungskosten des Schiffes erhöhenden Zöllen getroffen. Für sie gilt das oben für den inländischen Produzenten Gesagte: die Preissteigerung ist für sie z. T. ohne Belang, sie halten sich am Konsumenten schadlos. Anders wird die Sache, sobald der Reeder mit seinem verteuerten Schiff auf dem ausländischen Frachtenmarkt auftritt. Die ihm entgegentretenden Konkurrenten verfügen über gleichwertiges, aber billigeres Schiffsmaterial und können daher unter sonst gleichen Verhältnissen billiger arbeiten, d. h. sich mit geringeren Frachtsätzen begnügen als unser Reeder, um denselben Gewinn zu erzielen. Letzterer arbeitet vielleicht schon mit Verlust bei Frachtsätzen, bei denen seine Konkurrenten noch mit Gewinn arbeiten. Seine Konkurrenzfähigkeit ist wegen der höhern Gestehungskosten des Schiffes beschränkt, eventl. unmöglich. Will ein Staat seiner so belasteten heimischen Reederei die Möglichkeit geben, mit der ausländischen erfolgreich in Wettbewerb zu treten, so bleibt ihm nichts übrig als die Zollfreiheit für Schiffbaumaterial (und Schiffe)[1] auszusprechen. Er kann dies in einem zollamtlichen Vormerkverkehr[2] erreichen, bei dem die Materialien, die als zum Schiffbau bestimmt deklariert werden, vorläufig zollfrei unter Vormerkung des eventuell geschuldeten Zollbetrages eingelassen werden und die definitive Zollbefreiung stattfindet, wenn innerhalb bestimmter Frist (z. B. eines Jahres) die tatsächliche Verwendung im Schiffbau nachgewiesen wird.

---

[1] S. Anm. 1, S. 40.

[2] Die deutsche Zollbehörde kennt einen zollamtlichen Vormerkverkehr nur beim Veredelungsverkehr, um bei der Wiedereinfuhr des veredelten Gegenstandes (passiver Veredelungsverkehr) oder bei seiner Wiederausfuhr (aktiver Veredelungsverkehr) die nötigen Grundlagen für die zu gewährende Zollbefreiung bezw. eventuelle Nachverzollung zu besitzen. Wir akzeptieren die Bezeichnung, weil das Verfahren in unserm Falle ganz analog ist, nur daß die zollbefreiende Wirkung nicht mit der Wiederausfuhr oder Wiedereinfuhr, sondern mit der sogen. Schlußprüfung, die die Verwendung der Materialien im Schiffbau dartut, eintritt, und weil wir einen treffenderen Ausdruck nicht finden. S. unten Kap. VII.

Auf den ersten Blick scheint es, als ob bei diesem Verfahren der heimische Schiffbauunternehmer nun seine Schiffe gerade so billig herstellen und verkaufen könne wie der ausländische, auf dessen Material kein Zoll lastet. Das ist aber nur scheinbar: Es kommt nämlich sehr darauf an, wie die Zollbehörde bei der Feststellung, ob das vorgemerkte Material im Schiffbau Verwendung gefunden hat, verfährt. Berücksichtigt sie nur die wirklich eingebauten Mengen,[1] so müssen die festgesetzten Fehlmengen nachträglich verzollt werden, also auch alle Abfälle. Was das heißt, davon kann man sich einen Begriff machen, wenn man bedenkt, daß bei der Herstellung mancher Teile über 50 % des zur Herstellung dienenden Materiales als Abfälle wegfallen. Die nachträgliche Zollbefreiung ist in diesem Falle eine nur teilweise, und der Zweck, den der Gesetzgeber verfolgt hatte, ist nicht erreicht. Bei diesem Verfahren (zollamtlichem Vormerkverkehr) treten noch eine Reihe unangenehmer und nicht gewollter Begleiterscheinungen auf. Die Beschränkung der Zollbefreiung, insofern innerhalb einer bestimmten Frist (z. B. eines Jahres) der Nachweis erbracht werden muß, daß das eingeführte Material auch wirklich im Schiffbau Verwendung gefunden hat, zwingt den Unternehmer[2] nur so viel Material einzuführen und zu lagern, als er innerhalb dieser Frist zu verarbeiten meint; günstige Konjunkturen für den Ankauf von Schiffbaumaterial kann er daher gar nicht oder nur sehr spärlich ausnützen. Außerdem sind statt eines großen Massentransportes, zu dem eventl. ein oder mehrere Dampfer gechartert werden könnten, mehrere kleinere Transporte erforderlich, was natürlich die Transportkosten vermehrt. Es wird ferner alles daran gesetzt werden, möglichst vom g a n z e n Zoll befreit zu werden; dies gelingt um so vollkommener, je weniger Abfälle bei der definitiven Zollabfertigung festgestellt werden. Der Unter-

---

[1] sei es auf Grund ausführungsgesetzlicher Vorschrift oder sei es auf Grund der Dienstanweisung, die sie als Behörde ihren Beamten gibt.

[2] Das können Schiffbauunternehmer sein, aber auch Fitting etc. Fabrikanten.

nehmer wird umsoweniger Abfälle zu verzollen haben, je weiter vorgeschritten in der Bearbeitung die von ihm verwendeten Schiffbaumaterialien sind.[1] Die meisten Abfälle ergeben sich bei der Verarbeitung von Rohstoffen, weniger, wenn Halbfabrikate, gar keine, wenn Fertigfabrikate verwendet werden. Die verderbliche Wirkung eines dergestalt gehandhabten zollamtlichen Vormerkverkehrs ist einleuchtend: der Schiffbauer sieht sich veranlaßt, was er braucht, als Fertigfabrikate aus dem Auslande zu beziehen, zum Nachteile derjenigen heimischen Hilfsindustrien, die bis dahin in der Herstellung dieser Fertigfabrikate aus ausländischen Rohstoffen oder Halbfabrikaten einen Erwerb fanden, und zum Nachteile der Werften selbst, die oft in ausgedehntem Maße die Produktion solcher Fabrikate in eigenen Betrieben vornehmen. Die Hilfsindustrien finden in den Werften keine Abnehmer mehr und gehen zum Teil ganz ein; die Tätigkeit der Werften wird auf ein bloßes Zusammensetzen von im Auslande bezogenen fertigen Teilen zurückgesetzt; die technische Ausbildung der Werftarbeiter bleibt stationär, liegt brach und geht schließlich verloren. Dieser Ausschluß der heimischen Industrien von der Herstellung der Schiffbaumaterialien ist aber noch umfassender: bisher haben wir nur die Verarbeitung ausländischer Rohstoffe und Halbfabrikate im Auge gehabt. Wie steht es nun mit der Verarbeitung dieser Produkte, wenn sie inländischen Ursprungs sind? Zunächst machen wir darauf aufmerksam, daß die Materialien, die im Schiffbau verwendet werden, nicht ausschließlich und nur darin Verwendung finden:[2] sie werden auch noch in einer

---

[1] Ein vom Auslande bezogener fertiger Anker von 4000 kg ist zollfrei, wenn seine Verwendung im Seeschiffbau nachgewiesen wird. Hat der inländische Fabrikant einen solchen Anker von 4000 kg aus eingeführtem Material, sagen wir 6000 kg, hergestellt, so ist für 2000 kg Rohmaterial der Zoll nachträglich zu entrichten.

[2] Quadrat-, Rund-, Flacheisen; Winkel; Platten; Wellen, Pleuelstangen, Kolbenstangen, Schrauben, Muttern, Nieten, Röhren, Kondensatorrohre, Siederohre, Dampfkessel, Winden usw.

ganzen Reihe anderer Industrien verarbeitet. Soweit sie aus dem Auslande kommen und nicht im Schiffbau Verwendung finden, unterliegen diese Materialien dem Zoll. Die Folge ist, daß die inländischen Produkte und Fabrikate gleicher Art die Tendenz haben um die Zollhöhe etwa über dem Weltmarktpreis zu stehen. Kauft nun der Schiffbauunternehmer im Auslande, so bezahlt er nur den Weltmarktpreis und eventl. einen Teil des Zolles (für Abfälle); kauft er im Inlande, so bezahlt er Weltmarktpreis plus Preiserhöhung wegen des Zolles; niemals bezahlt er den Weltmarktpreis allein, sehr oft aber eine Preiserhöhung in Gestalt des vollen Zolles dazu. Daß der Schiffbauer unter diesen Verhältnissen den Kauf im Auslande vorzieht, liegt auf der Hand; gar nicht des Umstandes zu gedenken, daß die Anfuhren des ausländischen Materials an die Werft fast ausschließlich auf dem billigen Seewege vor sich gehen, während die Zufuhren aus dem Innern regelmäßig des Landweges sich bedienen müssen. Auf diese Weise ist also auch die Verarbeitung inländischen Materiales durch die heimische Industrie für die Zwecke des heimischen Schiffbaus ausgeschlossen — und zwar sowohl für die Werften als auch für die Hilfsindustrien.

Wir kommen zu dem Schluß, daß ein so gearteter zollamtlicher Vormerkverkehr aus sich allein niemals ein taugliches Mittel abgeben wird, um ohne schwere Schädigung eigener Industriezweige die Vergünstigung der Zollfreiheit für gewisse Materialien im Interesse eines bestimmten Industriezweiges herbeizuführen. So brillant und so verführerisch-unfehlbar die Idee auf den ersten Blick sich darstellt, so gewiß ist ihr unheilvoller Einfluß. Sie, die einen Regulator darstellt für durch die Schutzzölle geschaffene Unzuträglichkeiten bedarf selbst und in noch höherem Maße der Regulatoren gegen ihre eigenen nachteiligen Folgen.

Zweimal ist im französischen Zollsystem die Zollfreiheit in Ansehung der Schiffbaumaterialien auf der Grundlage des geschilderten zollamtlichen Vormerkverkehrs in Geltung gewesen, in dem Zeitraum von 1866 bis 1872 und in den Jahren

1879 und 1880.[1] Die Folgen für die französische Schiffbauindustrie und ihre Hilfsindustrien waren die oben geschilderten. Sie waren in ihrer Wirkung um so unheilvoller, als sie gerade in der Zeit eintraten, zu der die gleichen Industrien des Auslandes, insbesondere Großbritanniens, die tiefgreifenden betriebs- und organisationstechnischen Umwandlungen ihrer Betriebe vornahmen, welche die so eminente Steigerung ihrer Leistungsfähigkeit begründet und zur Folge gehabt haben. Die französischen einschlägigen Industrien sind in einem für die Organisation und technische Betriebsweise außerordentlich wichtigem Momente stehen geblieben, ja zurückgegangen und haben seitdem, trotz aller staatlichen Unterstützung die Scharte nicht auszuwetzen, den kolossalen Vorsprung des Auslandes nicht einzuholen vermocht. Die protektionistischen Gegner des Freihandels haben dem liberalen System alle Schuld an dem Zurückbleiben und Darniederliegen der französischen Schiffbauindustrien in die Schuhe geschoben. Diese Auffassung ist auch in die französische Literatur übergegangen. Die Vertreter der liberalen Richtung treten dem nur mit der Erklärung entgegen, daß das liberale System nie eine längere Zeit hindurch und nie ohne heftige Störungen habe wirken können. Gemeinhin wird übersehen, daß nicht dem System an sich, das doch anderwärts gute und die gewünschten Erfolge gehabt hat und heute noch hat, ein Vorwurf zu machen ist, sondern allein der verunglückten Art der Umsetzung seiner Ideen in die Praxis. Nur vereinzelt findet sich die vage Ahnung, daß doch vielleicht ein Teil wenigstens der Schuld der engherzigen Art und Weise beizumessen sei, auf die man der gesunden und berechtigten Forderung nach Zollfreiheit durch einen solchen zollamtlichen Vormerkverkehr gerecht zu werden meinte.

Die Zollfreiheit für Schiffbaumaterial kann außer im zollamtlichen Vormerkverkehr auch durch Gewährung einer Prämie

[1] Art. 1 des Ges. vom 19. Mai mit Ausführungsdekret vom 8. Juni 1866; Art. 2 des Ges. vom 17. März mit Ausführungsdekret vom 18. März 1879.

herbeigeführt werden. Dies Verfahren weist zwar einerseits den Vorzug großer Einfachheit auf, kann aber andererseits auch gewisse Gefahren in sich bergen. Die Zollfreiheit durch eine Prämie wird gewöhnlich so erreicht, daß für im Inlande gebaute Seeschiffe pro Registerton ein festbestimmter Betrag aus der Staatskasse an den Ersteller des Schiffes gezahlt wird. Soll diese Prämie vom ganzen Zoll und nur von ihm befreien, so ist sie so zu berechnen und festzusetzen, daß sie dem Zollbetrage gleichkommt, der erfahrungsgemäß für das zu einer Registerton verarbeitete Material zu zahlen ist, wenn ausschließlich ausländisches verwendet wird. Angenommen, die Berechnung stimme, Zollbetrag und Prämie seien gleich, so ist klar, daß in der Prämienzahlung bezüglich des ausländischen Materiales eine Zurückbezahlung des schon entrichteten Zolles (Rückzahlung), bezüglich des inländischen Materiales ein Ausgleich für die durch den Zoll geschaffene Preiserhöhung (Äquivalent) zu erblicken ist. Der große Unterschied zur nachträglichen Zollbefreiung im zollamtlichen Vormerkverkehr liegt darin, daß die heimischen Industrien durch Rückzahlung und Äquivalent bezüglich des im Schiffbau verwendeten Materiales mit dem Auslande auf völlig gleichen Fuß gestellt sind. Da die Preiserhöhung des inländischen Materiales gewöhnlich dem vollen Zollbetrage nicht gleichkommt, sondern mehr oder weniger darunter bleibt, die Prämie aber stets gleichbleibt, so liegt evtl. schon hier eine nur den Inlandsindustrien zu Gute kommende Gratifikation vor. Diese Gratifikation kann sich noch höher stellen, wenn das Verhältnis zwischen Gewichtsmenge des Baumateriales und Registerton, das der Prämienberechnung zu Grunde liegt, sich ändert: gelingt es, eine Registerton mit weniger Material herzustellen, so ergibt sich ein Unterschied zwischen der sich gleich bleibenden Prämie und dem in Wirklichkeit in der Registerton steckenden Zoll- resp. Preiserhöhung! Dieser Unterschied stellt gleichfalls eine Gratifikation dar. Eine solche Änderung des Verhältnisses kann zwar außer durch technische Fortschritte auch durch leichtfertige Bauweise herbeigeführt werden, doch stehen dieser das Interesse des Reeders an einem seetüchtigen Schiff, die Anforderungen der Klassifikationsgesellschaften und deren Einfluß auf die Versicherungsprämien, in neuerer Zeit auch die Gesetzgebung entgegen.

Einen bemerkenswerten Unterschied, der sich ergibt, je nachdem ausländisches oder inländisches Material verwendet wird, haben wir hier noch kurz hervorzuheben. Der Weltmarktpreis für das zu einer Registerton gebrauchte Material sei — willkürlich angenommen — 1000, Zoll und Prämie dafür 50. Der Unternehmer hat also 1050 zu bezahlen, sowohl bei der Verwendung ausländischen, als auch bei der inländischen Materiales. Die aus der Staatskasse gezahlte Prämie von 50 bewirkt, daß ihn die Registerton an Material schließlich doch nur zum Weltmarktpreise zu stehen kommt. Aber bei der Verwendung ausländischen Materiales sind diese 50 als Zoll schon vorher in die Staatskasse geflossen; diese zahlt an den Schiffbauer nur heraus, was sie schon vorher empfangen hat und schließt so mit $\pm$ 0 ab. Bei der Verwendung inländischen Materiales liegt keine solche Geldleistung an die Staatskasse vor; sie vermag die 50 nur als Ausgabe zu buchen und schließt mit — 50 ab. Als Rückzahlung fließt die Prämie in die Kasse der Schiffbauer und Fittingfabrikanten; als Äquivalent fließt sie durch diese Kassen in die der Eisen- und Bergwerke. Nun sind aber die Unternehmer dieser Eisen- und Montanindustrie schon durch den Zoll geschützt; sie erhalten also noch eine Gratifikation in Höhe oder annähernd in Höhe des Zolles, die wir als Liebesgabe qualifizieren müßten, wenn sie von der Regierung gekannt und beabsichtigt wäre.

Verhältnismäßig früh schon, nämlich durch Gesetz vom 6. Mai 1841, ist eine solche Prämie der französischen Schiffsmaschinenindustrie gewährt worden; sie blieb allerdings eine vorübergehende Einzelerscheinung.

Auf Grund des Gesetzes vom 5. Juli 1836[1] hatte eine

---

[1] Art. 5.

Ordonnanz vom 30. Mai 1839[1] für im Seeschiffbau Verwendung findende Schiffsmaschinen von über hundert Pferdekräften bestimmt, daß die Zollbelastung des verwendeten ausländischen Roheisens durch eine feste Prämie ausgeglichen werden sollte. Als festes Ausbeuteverhältnis war zu Grunde gelegt, daß zur Herstellung einer Pferdekraft 500 kg Rohmaterial nötig seien. Die Prämie war auf 6 frs 40 pro 100 kg festgesetzt, was somit eine Prämie von 32 frs pro Pferdekraft ergab. Bedingung für die Gewährung der Prämie war, daß die Maschine im Inlande gebaut war und daß sie als neue Maschine in ein Seeschiff eingebaut wurde. Ferner war am Nachweis der Nämlichkeit[2] des verwendeten Materiales festgehalten. Abfälle waren durch das Ausbeuteverhältnis berücksichtigt. Diese Prämie stellte eine nachträgliche Zollbefreiung dar in einem Verfahren, das als eine Abart des oben geschilderten Vormerkverkehrs anzusprechen ist. Sie hatte die dort geschilderten Nebenerscheinungen, insbesondere mußte die schlechtere Stellung der aus französischem Material hergestellten Maschinen auffallen. Das oben bereits angeführte Zollgesetz von 1841[3] brachte daraufhin auch den französischen Fabrikanten von Dampfmaschinen, die inländisches Material zur Herstellung ihrer Fabrikate verwendeten, Genugtuung. Nach diesem Gesetz waren alle Dampfmaschinen, die auf französischen, dem internationalen Verkehr dienenden, Dampfern eingebaut wurden, begünstigt, und zwar waren mit dieser Zweckbestimmung aus dem Auslande eingeführte fertige Maschinen zollfrei, während dieselben Maschinen inländischen Ursprungs in den Genuß einer Prämie von 33% des Wertes gleichartiger unverzollter ausländischer traten. Die Abschätzung des Wertes erfolgte durch das Comité consultatif des arts et manufactures. Diese Prämie ersetzte nach Lexis[4] die Restitution des Roheisenzolles zu Gunsten der

[1] Bulletin des lois 1839 I, S. 394.

[2] Identität.

[3] Bulletin des Lois 1841 I, S. 629.

[4] Lexis, S. 80.

Fabrikanten von Schiffsmaschinen. Sie bedeutete aber noch mehr: sie glich auch die Preissteigerung aus, die auf dem inländischen Material lastete. Ihr Zweck war, die französische Reederei anzureizen zum Dampferbetrieb überzugehen und ihr diesen Übergang zu erleichtern.

Den Prämien — und zwar sowohl den Restitutions- als auch den Erziehungsprämien — ist charakteristisch, daß sie prinzipiell und ohne Ausnahme an alle Vertreter des begünstigten Produktionszweiges gewährt werden, sofern bestimmte Vorbedingungen erfüllt sind. Diese Bedingungen sind nun aber keineswegs als Gegenleistungen für die Geldleistungen des Staates anzusehen — bei den Restitutionsprämien kann das überhaupt gar nicht in Frage kommen —, sondern lediglich als Sicherungsmaßnahmen dafür, daß die Geldzuwendungen des Staates auch wirklich so verteilt werden, daß in letztem Ende ein Nutzen für die Gesamtheit zu erwarten ist. — Nun gibt es aber Verhältnisse, unter denen es dem Staate zweckmäßiger und vorteilhafter erscheinen muß, nur ein einziges (oder wenige einzelne) Unternehmen zu einer ganz besondern Tätigkeit zu ermuntern. Für die Gestaltung derartiger Verhältnisse können die verschiedensten Ursachen und Rücksichten ausschlaggebend sein, auf die wir hier nicht einzugehen brauchen. In solchem Falle greift der Staat zur „Subvention." Die Bezeichnung „Subvention" ist irreführend: unterstützt wird niemand. Vielmehr stehen Staat und Unternehmer rein privatrechtlich als Vertragschließende gegenüber und verpflichten sich als solche zu Leistung und Gegenleistung. Die Unterschiede der Subvention zur Prämie sind ganz klar, wenn man sich folgendes vor Augen hält: bei der Subvention hat der Staat einen Anspruch auf Erfüllung der vertragsmäßig festgelegten Leistungen; die Nichterfüllung oder nicht gehörige Erfüllung seitens des kontrahierenden Unternehmers zieht den Verfall der regelmäßig stipulierten Vertragsstrafe nach sich und gibt (streng genommen) dem Staate alle Ansprüche, die privatrechtlich aus der Nichterfüllung bezw. nicht gehörigen Erfüllung der Vertragspflichten sich ergeben, also insbesondere

Schadenersatzanspruch und Rücktrittsrecht; seinerseits ist der Staat zur Bewirkung der Geldleistung verpflichtet. Bei den Prämien dagegen hat der Staat keinen Anspruch auf Erfüllung; es ist in das Belieben des Unternehmers gestellt, die Bedingungen, die zum Prämiengenuß berechtigen, zu erfüllen oder nicht; die Beziehungen zwischen Staat und Unternehmer sind rein öffentlich-rechtlicher Natur.

Ihre vornehmlichste Anwendung haben die Subventionen im modernen Staat in der Seeschiffahrt gefunden, zur Gründung und Unterhaltung bestimmter regelmäßiger Dampferlinien. Sie greifen in der Regel dort Platz, „wo sich das Bedürfnis eigener regelmäßiger Dampferverbindungen zugunsten des überseeischen Handels- und Postverkehrs oder zugunsten der Kolonien eines Staates geltend macht, ohne daß die heimische Schiffahrt imstande ist, diesem Bedürfnis abzuhelfen. Die Dampfersubvention hat mithin den Zweck, ein an sich nicht rentierendes, aber dem Staate aus wirtschaftlichen oder sonstigen Gründen erwünschtes Schiffahrtsunternehmen rentabel zu gestalten.“ [1] In dem auf Grund eines Gesetzes zwischen Fiskus und Reeder abgeschlossenen Vertrage übernimmt letzterer gegen Bezahlung (Subvention) die Verpflichtung zur Einrichtung einer oder mehrerer regelmäßiger Dampferlinien, zur Innehaltung eines bestimmten Fahrplanes und gewisser Minimalgeschwindigkeiten, zur Verwendung bestimmter Schiffstypen, die Verpflichtung Regierungsvertreter, Truppen, Material und Postsachen, kostenfrei oder nach einem ermäßigten Spezialtarif zu befördern und zu a. m. Das ist ein subventioniertes Schiffahrts*unternehmen*; eine subventionierte *Linie* ist eine solche, für die eine Gesellschaft Subvention erhält, während sie daneben auch Schiffe in nichtsubventionierter Fahrt laufen lassen kann, für die sie eventl. Anspruch auf Fahrtprämien hat. Prämien und Subvention werden regelmäßig nicht kumuliert; unterstützt ein Staat seine gesamte Handelsmarine durch Prämien, so pflegen die subventionierten Linien vom Prämiengenuß ausgeschlossen zu werden.

[1] Jaensch, S. 5.

III. Kapitel.

Das Gesetz über die Handelsmarine vom 29. I. 1881.

(Erstes Prämiengesetz).

Die 1873 begonnenen Untersuchungen über die Lage der französischen Handelsmarine und die Beratungen in den verschiedenen engeren und weiteren Kommissionen über die Mittel ihr zu Hilfe zu kommen, zogen sich über mehr als sieben Jahre hin. Die Ansicht, daß man nur durch Prämien das Ziel erreichen könne, fand schließlich weder in der öffentlichen Meinung, noch in den Kammern, noch bei der Regierung einen nennenswerten Widerspruch, und so kam am 29. Januar 1881 das erste Prämiengesetz für die Handelsmarine zu Stande, das an Seeschiffbau und Seeschiffahrt[1] bestimmte Geldzuwendungen (Prämien) bewilligte. Von vornherein legte man sich auf das Prinzip fest, an dem man während der ganzen Kommissions- und Parlamentsverhandlungen strikte festhielt, und dem man auch im Gesetze selbst Ausdruck verlieh,[2] daß diese Prämien nur einen Ausgleich für gewisse Belastungen bilden sollten, die für die Seeschiffahrtsindustrien in der französischen Gesetzgebung, (namentlich im Zolltarif und einzelnen Gesetzen seerechtlichen Inhalts) begründet waren, und die, insofern diese Mehrbelastungen bei den konkurrierenden Nationen nicht vorhanden sind, eine Minderung der Konkurrenzfähigkeit der franzö-

[1] Keine direkte Geldzuwendung erhielten also die Hilfsindustrien (Fabrikanten von Schiffsmaschinen und Fittings).

[2] In letzter Stunde hat man dann in Ansehung der Fahrtprämien doch noch das Prinzip verlassen und hat der Schiffahrt neben der Vergütung für bestimmte Lasten eine reichlich bemessene Ermutigung bewilligt s. unten, S. 57 ff.

sischen Unternehmer den ausländischen gegenüber bedeuten. Zwischen den Interessen der Schiffbauunternehmer und denen der Reedereien nahm das Gesetz eine reinliche Scheidung vor, indem es erstere durch Bauprämien, letztere durch Fahrtprämien auf gleichen Fuß mit dem Auslande zu stellen suchte; als „konkurrierendes" Ausland kam und kommt für die französische Schiffbauindustrie nur England in Betracht, dessen Schiffbau infolge des Freihandels und anderer Ursachen[1] eine Vorzugsstellung innehat, und der deswegen, sowie wegen seines bedeutenden Umfanges[2] und wegen seiner Leistungsfähigkeit den Markt beherrscht, während für die Reederei „konkurrierendes Ausland" gleichbedeutend ist mit allen Reedereien der Welthandelsflotte.

a) Die Gesetzesbestimmungen.

1. Die Schiffbauprämien.

Artikel 4 und 5 des Prämiengesetzes vom 29. I. 1881 bestimmen: „Zum Ausgleich der durch den Zolltarif den Seeschiffbauunternehmern erstehenden Lasten werden diesen die folgenden Zuwendungen pro Bruttoregisterton bewilligt:

60 frs für Eisen- oder Stahlschiffe,

20 frs für Holzschiffe von 200 Tons und darüber,

10 frs für Holzschiffe von weniger als 200 Tons,

40 frs für Kompositschiffe.[3] [4]

---

[1] S. unten S. 54.

[2] Durchschnittlich betrug der englische Schiffbau 1873/79 **48** %, 1880/85 **56** %, 1895/1900 **64,2** %, 1905/10 **62** % des Weltschiffbaus. Schwarz, v. Halle I, S. 139, Nauticus seit 1900.

[3] Navires mixtes, navires composites sind definiert als Schiffe mit Holzwandung, mit Rippen und Spanten ausschließlich aus Stahl oder Eisen. Art. 4, Abs. 2 des Gesetzes.

[4] Für die Feststellung des Rauminhaltes ist die Vermessungsordnung für Kauffahrteischiffe, Dekret vom 24. Mai 1873 maßgebend (Art. 1 Ausf. Dekr. vom 17. Aug. 1881).

Außerdem sind für Schiffantriebs- und andere Maschinen (wie Motore, Spills, Winden, mechanisch bewegte Ventilatoren), sowie für die zu diesen Maschinen gehörigen Kessel nebst Rohrleitungen 12 frs pro 100 kg ausgeworfen. Umbauten, die zum Zwecke der Vergrößerung eines Schiffes vorgenommen werden, geben Anspruch auf die Prämie im Verhältnis der Vergrößerung des Raumgehaltes. Bei Kesselerneuerung erhält der Schiffseigentümer eine Kompensation von 8 frs pro 100 kg, wenn die aufgestellten Kessel neu und französischen Ursprungs sind. Dieser Festsetzung der Höhe der Prämiensätze fügt dann Artikel 6 noch die Bestimmung hinzu, daß die Gesamtbeträge nach Behändigung der Franzisierungsurkunde bezw. nach Vorlegung einer beglaubigten Abschrift derselben[1] ausbezahlt werden. Das geltende Régime der nachträglichen Zollbefreiung im zollamtlichen Vormerkverkehr wird durch Art. 7 aufgehoben; das ausländische Baumaterial ist also bei der Einfuhr zu verzollen.

Der Bericht Dupuy de Lôme's,[2] auf dem in der Hauptsache die Kommissionen nicht nur des Gesetzes von 1881, sondern auch die der drei spätern basieren, geht von der noch in Geltung befindlichen nachträglichen Zollbefreiung im zollamtlichen Vormerkverkehre aus. Auf Grund langjähriger Erfahrung und eingehender Berechnungen, deren Richtigkeit zu bezweifeln kein Grund vorliegt, kommt Dupuy de Lôme zu dem Ergebnis, daß auf den im französischen Schiffbau verwendeten Materialien eine Zollbelastung von durchschnittlich 8 frs pro 100 kg Metallstücke und von 12 frs pro 100 kg Maschinen und Kessel ruht, die die englischen Werften

[1] Bei Kesselerneuerung und Schiffsvergrößerung. Art. 38 des Ausführungsdekretes vom 17. August 1881.

[2] Von Beruf Marinebauingenieur bekleidete Dupuy de Lôme damals die Vizepräsidentenstelle der bedeutenden Werft „Forges et Chantiers de la Méditerrannée"; 1877 wurde er Senator auf Lebenszeit.

nicht kennen. Für eine Registerton, zu deren Herstellung damals erfahrungsgemäß 640 kg Metall nötig waren, wenn es sich um Eisen- oder Stahlschiffe, 240 kg, wenn es sich um Holzschiffe handelt, betrug sonach die Zollbelastung 51 frs 20 bezw. 19 frs 20. Wie Dupuy de Lôme klarlegt, ist aber der Zoll nicht die einzige Ursache, daß das Schiffbaumaterial die französischen Werften teurer zu stehen kommt als die englischen: die Transportkosten vom Produktionsorte der Schiffbaumaterialien nach den französischen Werften sind in jedem Falle bedeutend höher als nach den englischen, welch' letztere auch in dieser Hinsicht eine Vorzugsstellung innehaben. In England ist bei der glücklichen Verteilung der Landesbodenschätze und bei der günstigen Küstengestaltung die Anlage von Werften in unmittelbarer Nähe der Produktionszentren der Schiffbaumaterialien das Gegebene. In Frankreich[1] liegen die Produktionszentren für Schiffbaumaterial im Innern, oft weit im Innern des Landes: Transporte von Schiffbaumaterial nach der Werft sind fast ausschließlich auf den gerade in Frankreich teuern Landweg angewiesen. Nicht ganz so kostspielig wie diese Transporte vom französischen Produktionszentrum nach der französischen Werft, aber immer noch teurer als die Transporte vom englischen Produktionszentrum nach der englischen Werft, sind die Transporte vom englischen Produktionszentrum nach der französischen Werft. Dupuy de Lôme nimmt den Betrag von 2 frs pro 100 kg Metall an als Durchschnittssatz, um den die französischen Schiffbauunternehmer bezüglich der Transportkosten schlechter gestellt sind als ihre englischen Konkurrenten.[2] Als Gesamtmehrbelastung — Zoll plus Transport — der französischen Schiffbauer gegenüber den englischen kommen so 10 frs pro 100 kg Metall, 14 frs pro

---

[1] Ebenso in Deutschland.

[2] Das Verhältnis verschob sich noch mehr zu Ungunsten der französischen Produktionszentren, als gerade in den achtziger Jahren die Seefrachtsätze erheblich zu sinken begannen, während die Frachtsätze auf dem Landwege sich gleich oder fast gleich blieben.

100 kg Kessel und Maschinen und 64 frs pro Registerton (Eisen- oder Stahlschiff), bezw. 24 frs (Holzschiff) heraus.

Wäre keine Rücksicht auf die im internationalen Wettbewerbe stehende Reederei zu nehmen, handelte es sich nur und ausschließlich darum, den französischen Schiffbau zu schützen, und wollte man diesen Schutz durch Zölle herbeiführen, so wären pro Registerton der eingeführten ausländischen Eisenschiffe 64 frs, Holzschiffe 24 frs und pro 100 kg Maschinen und Kessel 14 frs an Zoll zu erheben. Tatsächlich werden aber damals von der Registerton jeder Art nur 2 frs,[1] von Maschinen und Kesseln gar nichts erhoben. An dieser Anomalie, die darin besteht, daß die Einfuhr eines fertigen Produktes, des Schiffes, gegen Entrichtung eines verhältnismäßig minimalen Zolles möglich ist, während auf den zu seiner Herstellung benötigten Materialien ein ungleich höherer Zoll ruht, hat die Zollrückvergütung für Schiffbaumaterial wegen des fehlerhaften amtlichen Vormerkverkehrs nicht viel zu ändern vermocht. Die Zollfreiheit[2] war weit davon entfernt eine vollständige zu sein. Dupuy de Lôme berechnet die schließlich eintretende tatsächliche Befreiung auf 3 frs 45 die 100 kg Metallstücke. Nicht vergütet blieb also bei 100 kg Metall ein Betrag von 4 frs 55, d. h. bei einer Registerton Eisen- oder Stahlschiff 29 frs 12, Holzschiff 10 frs 92 oder rund 57 %. Durch diesen Mißerfolg war der zollamtliche Vormerkverkehr derart in Mißkredit geraten, daß kein Mensch darüber nachdachte, ob er nicht verbesserungsfähig und eventuell beizubehalten sei. Die Auffassung, daß er aufgehoben und die Zollfreiheit durch ein anderes System herbeigeführt werden müsse, war allgemein. Den Ersatz fand man in dem von Dupuy de Lôme vorgeschlagenen Prämiensystem.

---

[1] Auch diese 2 frs kommen kaum in Betracht, da das Schiff bei der Überfahrt nach seinem Bestimmungsorte gleich Ladung nehmen und die Summe verdienen kann.

[2] S. oben S. 41 ff.

Die Berechnungen Dupuy de Lôme's berücksichtigten nur die durch Zoll und Transport hervorgerufene Preiserhöhung der französischen Bauten. Die Regierung ging noch weiter und wollte den Preisunterschied zwischen englischen und französischen Bauten überhaupt ausgleichen. Auf Veranlassung des Handelsministers stellte daher eine Verwaltungskommission fest, daß, um dies zu erreichen, folgende Zuwendungen zu machen wären:

13 frs für 100 kg netto Maschinen,

77 frs für die Bruttoregisterton eiserner oder stählerner Segler,

70 frs für die Bruttoregisterton eiserner oder stählerner Dampfer,

40 frs für die Bruttoregisterton Kompositschiffe,

30 frs für die Bruttoregisterton Holzschiffe.

Dafür verhielt sich aber die Regierung gegenüber den von Dupuy de Lôme und der Kommission vorgeschlagenen Fahrtprämien zunächst ablehnend, weil sie die Konkurrenzfähigkeit der französischen Reederei hergestellt zu haben glaubte, sobald sie ihr die Möglichkeit verschafft habe, ihre Schiffe zu demselben niedern Preise zu erstehen, wie sie der ausländischen Konkurrenz zur Verfügung sind.

Das Regierungsprojekt sah für die Schiffbauunternehmer neben den Prämien für Neubauten bezw. Schiffsvergrößerungen auch eine Vergütung für Schiffsreparaturen vor, und zwar sollte unter Berücksichtigung von 15 % Abfällen ein Betrag in Höhe des auf dem Baumaterial lastenden Zolles vergütet werden, ohne Prüfung, ob das verwendete Material heimischen oder fremden Ursprunges sei. Dieser Teil des Projektes wurde jedoch wieder fallen gelassen, weil man eine zu starke Belastung des Budgets befürchtete. Es war dies eine der Inkonsequenzen, an denen die Geschichte der Seeschiffahrtspolitik Frankreichs so reich ist; denn so gut wie das zu Neubauten und Vergrößerungen verwendete Baumaterial infolge des Zolles und des Transportes verteuert wird, so gut wird auch das zu Reparaturen verwendete verteuert. Was diese Inkonsequenz in ihren Folgen noch schwerwiegender macht und sie uns ganz unbegreiflich erscheinen läßt, ist die Tatsache, daß Artikel 2 des Dekretes vom 27. vendémiaire an II, der den französischen Werften das Monopol für größere Reparaturen französischer Schiffe vorbehält,[1] noch immer in Geltung ist.

2. *Die Schiffahrtprämien.*

Die Fahrtprämien des 1881 er Gesetzes beruhen auf Artikel 9: „Zum Ausgleich der Lasten, die der Handelsschiffahrt durch die Aushebung der Bemannungen zum Dienste auf der Kriegsflotte entstehen, wird den französischen Dampf- und Segelschiffen auf die Dauer von zehn Jahren vom Tage der Veröffentlichung des Gesetzes an eine Fahrtprämie bewilligt, die für die Schiffe französischen Ursprunges 1 fr 50 pro Nettoregisterton und pro Tausend zurückgelegte Meilen beträgt; dieser Einheitssatz wird alljährlich verringert, und zwar um 0 fr 05 für Eisen- und um 0 fr 075 für Holz- und Kompositschiffe. Französische Schiffe fremden Ursprunges erhalten die Hälfte dss Betrages, der einem gleichen Schiffe französischen Ursprunges zustehen würde.[2] Die Fahrtprämie wird ausschließlich für große Fahrt[3] gewährt; ausdrücklich ausgenommen sind die in der Hochsee-

[1] S. oben S. 8 Anm. 3.

[2] Demiprime = Halbprämie. Doch wurden die vor der Promulgierung des Gesetzes franzisierten fremden Schiffe wie Schiffe französischen Ursprunges behandelt, erhielten also die volle Prämie.

[3] Was unter „großer Fahrt" zu verstehen ist, ist gesetzlich festgelegt in Art. 377 des C. Com.: „Reisen in großer Fahrt" sind solche, die folgende Grenzen überschreiten:
nach Süden den 30.° nördl. Breite,
nach Norden den 72.° nördl. Breite,
nach Westen den 15. Längengrad des Meridians von Paris,
nach Osten den 44. Längengrad des Meridians von Paris.
(Ausf.-Dekr. vom 17. August 1881 Art. 18.)

und Küstenfischerei beschäftigten Schiffe, die in den subventionierten Linien eingestellten und die Luxusfahrzeuge.

Für Dampfschiffe, deren Baupläne dem Marineministerium vorgelegen haben und von diesem gutgeheißen wurden, wird die Fahrtprämie um 15% erhöht[1] und das Requisitionsrecht des Staates im Kriegsfalle auf die Handelsschiffe erstreckt.“[2]

Auch die Fahrtprämie dankt ihre Entstehung dem Kommissionsberichterstatter Dupuy de Lôme, wenn sie ihm auch in anderer Gestalt vorgeschwebt hat. Die Notwendigkeit der Fahrtprämie war nicht so einfach zu begründen und ihre Bewilligung nicht so leicht zu rechtfertigen, wie die der Bauprämien, die ja schließlich zum größten Teile nur eine Zollrückvergütung bezw. ein Äquivalent (für Verteuerung durch Zoll usw.) darstellen. Folgendes sind die Erwägungen, welche die Rechtfertigung der Fahrtprämien bilden: die Handelsmarine ist eine Ausbildungsanstalt für die Bemannung der Kriegsflotte. Auf Grund der Inscription maritime werden ihr andauernd wertvolle Kräfte entzogen und ihr Beschränkungen auferlegt, die ihre Konkurrenzfähigkeit mindern. In früheren Zeiten genoß die Handelsmarine verschiedene Privilegien und Bevorzugungen, die in etwas wenigstens als eine Gegenleistung des Staates für ihre Leistungen angesehen werden konnten: so Kolonialpakt und Tonnengeld unter Colbert; später kam die Monopol- und monopolartige Stellung dazu, die für die französische Schiffahrt aus der Navigationsakte sich ergab; unter der Restauration und der darauffolgenden Zeit außerdem die Flaggenzuschläge und die Zwischenplatzzuschläge. Wenn man alle diese Maßnahmen innerer und äußerer Schiffahrtspolitik des französischen Staates als Entgelt, als Bezahlung für Dienste,

---

[1] Prime militaire, surprime, Kriegszuschlag.

[2] Das Gesetz betreffend die Requisitionen der Militärbehörden vom 3. Juli 1877 (mit Ausf.-Dekr. vom 2. August 1877) unterwarf in Art. 5 alle auf Flüssen, Bächen, Seen und Kanälen befindlichen Fahrzeuge dem Requirierungsrecht der Militärbehörden, schwieg sich aber über die Seeschiffe aus. Diese Lücke wurde durch Art. 9 Abs. VIII des Gesetzes von 1881 ausgefüllt.

die die Handelsmarine der Kriegsflotte leistet, ansehen will, so sind tatsächlich seit den sechziger Jahren des neunzehnten Jahrhunderts diese Dienste ohne Entgelt geleistet worden, von jener Zeit an, als mit der Anerkennung der Gleichberechtigung aller Flaggen die Bevorzugungen der französischen Handelsmarine aufgegeben wurden und nichts neues an ihre Stelle trat. Die Kommission von 1874 ist der Ansicht, im Interesse der Konkurrenzfähigkeit der französischen Schiffahrtskreise sei es nicht angängig, und es könne auch der Handelsmarine nicht zugemutet werden, daß die der Kriegsflotte im Interesse der Gesamtheit geleisteten Dienste ausschließlich zu Lasten der Reedereien seien: diese Lasten müßten der Gesamtheit auferlegt werden; den einfachsten Weg sieht man in der Vergütung durch Geld, ein Gedanke, der ja, nachdem man sich eben über eine Bauprämie schlüssig geworden, ziemlich naheliegend war. So sind die Fahrtprämien entstanden, die zunächst nichts weiter sein sollten als ein neues System, um für die von der Handelsmarine der Kriegsflotte geleisteten Dienste eine Vergütung herbeizuführen, die man früher durch das System der Flaggenzuschläge erreicht hatte.

Zunächst untersuchte die Kommission von 1874 (Dupuy de Lôme), auf Grund welchen Einheitssatzes das in den Flaggenzuschlägen liegende Äquivalent restlos in eine Geldzuwendung umgewandelt werden könne. Sie ging dabei von der Voraussetzung aus, daß die Flaggenzuschläge in der Höhe, wie sie zuletzt angewandt worden waren, die genaue Vergütung für die Leistungen der Handelsmarine gebildet hatten — nicht mehr und nicht weniger —, und vermied so die Schwierigkeit, die leicht zu einer Klippe werden konnte, den Wert der Leistung der Handelsmarine in einer runden Geldsumme ermitteln und ausdrücken zu müssen. Die Kommission kam zum Ergebnis, daß das durch die Flaggenzuschläge der Reederei gebotene Äquivalent auf rund 600 frs pro eingetragenen Seemann zu veranschlagen sei. Ein etwas anderes Ergebnis — 400 frs — hatte die Berechnung, wieviel der Hochseefischerei pro Eingetragenen vergütet wird.[1] Waren früher, unter der Herrschaft der Flaggenzuschläge, jene 600 frs vielleicht die genaue und gerechte Vergütung (nach oben und nach unten) für die Leistung der Handelsmarine, so waren sie jetzt unter verbesserten Bedingungen, insbesondere auch für die Zukunft, falls die Bauprämie bewilligt wurde, zu hoch. Dupuy de Lôme sieht in einem „Betriebszuschuß" von 1 fr pro Eingetragenen und pro Tag seiner Beschäftigung an Bord eine angemessene Vergütung für die Leistungen der Handelsmarine, das sind 300 frs jährlich pro Eingetragenen, unter der (hochgegriffenen) Annahme, daß an 300 Tagen des Jahres das Schiff sich im Zustande des armement administratif[2] befindet. Dieser von Dupuy de Lôme vorgeschlagene Betriebszuschuß hat auf den ersten Blick etwas Bestechendes an sich, insofern er auf derselben Einheit aufgebaut ist, die auch seine Existenz begründet: auf dem Eingetragenen für die Dauer seiner Beschäftigung an Bord. Die spätern Kommissionen lehnten samt und sonders diesen Betriebszuschuß ab unter folgenden Erwägungen:[3]

1. Wie das bei den Prämien der Hochseefischerei der Fall war, würden die Seearbeiter diesen Zuschuß als ihnen zukommend ansehen und in Lohnbewegungen eintreten.

2. Ein Zuschuß, der ausschließlich an die Bedingung der „Beschäftigung an Bord" geknüpft sei, — ohne Rücksicht darauf, ob das Schiff Fahrt mache oder nicht — würde zu langem Verweilen des ausgerüsteten Schiffes in den Häfen anreizen.

3. Bei unterschiedsloser Behandlung alter und neuer Schiffe läge die Gefahr nahe, daß gewisse Unternehmer mit wenig

---

[1] Diese Vergütung setzt sich zusammen aus einem Zuschuß (Prämie) von 50 frs pro Eingetragenen an Bord, einer Prämie von 16 bezw. 20 frs pro 100 kg gefangenen Fisch und einem Zollschutz von 48 frs pro 100 kg auf die eingeführten Erträge fremder Fischerei.

[2] Ein Schiff ist im armement administratif vom Tage der Anmusterung bis zu dem der Abmusterung seiner vollen Bemannung.

[3] hierzu insbes. Le Roux de Bretagne S. 119 ff.

Geld alte Schiffe kaufen, sie ausrüsten und ohne Fahrten zu machen, Gewinn erzielen könnten.

Unzweifelhaft waren diese Befürchtungen gerechtfertigt und gründeten sich zum Teil auf Erfahrungen, die man mit den Fischereiprämien gemacht hatte. Trug man nun diesen Erwägungen Rechnung, beugte man dem Einreißen derartiger Verhältnisse vor, so ging man über das Prinzip der reinen und bloßen Vergütung gewisser Leistungen hinaus: man dehnte den Zweck des staatlichen Eingreifens dahin aus, die Entwickelung und Tätigkeit der Handelsmarine in bestimmte Bahnen zu lenken. Dies ist geschehen: die Fahrtunterstützung nimmt so neben ihrem Vergütungscharakter noch den Charakter einer „Ermutigung“ an. Man hielt diese Ermutigungsprämie [1] für nötig, um durch sie zur Einstellung neuer Schiffe und großer Einheiten, unter Bevorzugung des Dampferbetriebs, sowie zu intensiver Betätigung im Seetransportgeschäft anzureizen. Bei der Form, in der schließlich die Schiffahrtprämie im Gesetze Aufnahme fand, sind die neuen Schiffe dadurch begünstigt, daß auf sie der Höchstsatz von 1 fr 50 Anwendung findet; die Dampfer, daß für sie die jährliche Minderung des Grundbetrages der Prämie geringer ist; [2] auf die intensive Betätigung soll die Maßnahme belebend einwirken, die den Gesamtbetrag der Prämien mit der Gesamtzahl der zurückgelegten Seemeilen in Verbin-

[1] Im Gesetze selbst ist die Terminologie nicht immer folgerichtig durchgeführt; doch nennt es zumeist die dem Schiffbau gemachten Zuwendungen „compensations“ oder „allocations“, während es die der Schiffahrt bewilligten stets als „primes de navigation“ bezeichnet.

[2] Bei genügend langer Geltung des Gesetzes würde ein Segler nach 20, ein Dampfer nach 30 Jahren nichts mehr erhalten; übrigens ist es nicht ganz richtig hier von Dampfern und Seglern so schlechthin zu sprechen: das Gesetz unterscheidet nur zwischen Eisenschiffen einerseits und Holz- sowie Kompositschiffen andererseits (in Anlehnung an die Bauprämie, bei der diese Unterscheidung durch den verschiedenen Zoll auf Eisen und Holz gegeben ist). Es gibt Dampfer, die Holz oder Kompositschiffe sind; es gibt vor allem eiserne Segler: Dampfer ist also keineswegs identisch mit Eisenschiff (in damaliger Zeit) und Segler nicht mit Holzschiff.

dung bringt, derart, daß mit der Meilenzahl auch der Prämienbetrag sich erhöht. Keinen Einfluß dagegen, zum mindesten keinen direkten, hatte die Fahrtprämie auf die Schiffsgrößen.

Um uns schließlich noch einen Begriff von dem Unterschiede zwischen dem Betrage des Dupuy de Lôme'schen Betriebszuschusses und der ins Gesetz übergegangenen Fahrtprämie zu machen, nehmen wir als willkürliches Beispiel einen Frachtdampfer von 1000 Tons netto, der[1] durchschnittlich an 300 Tagen des Jahres 36 Tausend Seemeilen[2] zurücklegt und (hochgegriffen) 20 Eingetragene an Bord hat. Auf Grund des von Dupuy de Lôme vorgeschlagenen Betriebszuschusses würde dieser Dampfer 20 × 300 = 6000 frs jährlich erhalten haben; auf Grund der Fahrtprämie erhält er aber im ersten Jahre 1,50 × 1000 × 36 = 54000 frs (27000 frs),[3] im zweiten 52200 frs (26100), im dritten 50400 frs (25200), usw. in jedem Jahre 1800 frs (900) weniger als im vorhergehenden, wobei allerdings vorausgesetzt ist, daß in jedem Jahre gleich viel Meilen zurückgelegt werden. Doch kommt dies bei unserm Vergleiche kaum in Betracht, da mit zunehmendem Alter, infolge der sich häufenden Reparaturen und Dockungen, die Anzahl der Tage, welche die Eingeschriebenen an Bord sind, im selben Verhältnis wie die zurückgelegte Meilenzahl sich verringert.

Die Fassung, in der das Gesetz aus den Verhandlungen der Kammer hervorging und an den Senat gelangte, machte für die Gewährung der Schiffahrtprämie keinen Unterschied zwischen Schiffen französischen und solchen fremden Ursprunges. Das war nur folgerichtig, nachdem man die Fahrtprämie als Vergütung für die durch die Aushebung und den Kriegsdienst entstehenden Lasten der Handelsmarine bezeichnet hatte, und diese Lasten alle französischen Schiffe, fremden wie heimischen Ursprunges, in gleichem Maße treffen.

[1] Nach allgemeiner, feststehender Annahme.

[2] Die französische Seemeile zu 1851 m 85.

[3] Die eingeklammerten Zahlen bedeuten die Beträge, auf die derselbe Dampfer Anspruch hat, wenn er fremder Konstruktion ist.

Der Senat fürchtete, daß die Reedereien überwiegend oder gar ausschließlich[1] ihre Schiffe im Auslande bestellen würden, wenn nicht mit dem Bezuge von den französischen Werften Vorteile verknüpft würden, die beim Bezuge von fremder Werft wegfallen. Er sah diesen Vorteil in der Halbprämie, die durch ihn ins Gesetz aufgenommen wurde. Aus dem oben angeführten Beispiele ist ersichtlich, daß auch in den „nur" als Halbprämie gezahlten Beträgen noch ein gut Teil Ermutigungsprämie steckt (im ersten Jahre in unserm Beispiel 21 000 frs), und es wäre der Sachlage entsprechender gewesen, wenn man die Bezeichnung „Prämie" für die den Schiffen ausländischen Ursprunges gewährten Gelder vorbehalten hätte, während man dann die den Schiffen französischen Ursprunges bewilligten mit dem Namen „Doppelprämien" hätte belegen können. Für die französische Schiffbauindustrie bedeutete diese unterschiedliche Behandlung französischer und fremder Bauten fraglos eine Begünstigung, deren Wert man zwar nicht in einer runden Summe ausdrücken kann, die man aber doch bei der Würdigung der Bauprämie in Anschlag bringen muß. Auch der französischen Schiffbauindustrie hat so das Gesetz mehr gebracht, als einen bloßen Ausgleich für bestimmte Lasten. Ja, es konnte eventuell in dieser Doppelprämie der Keim zu einem neuen Monopol der französischen Schiffbauunternehmer liegen, oder besser gesagt: die Doppelprämie konnte dahin führen, daß den französischen Werften die Deckung des gesamten Schiffsbedarfes der eigenen Handelsmarine übertragen wurde; daß dies nicht eintraf, hat seine eigenen Gründe, worauf wir unten näher eingehen werden.

Mit dieser Betrachtung der Halbprämie sind wir bereits in die Würdigung der Gesetzesbestimmungen eingetreten. Eine allgemein gehaltene Würdigung der Prämiengesetze überhaupt behalten wir uns für das Schlußkapitel vor; hier sollen nur die Detailbestimmungen einer Kritik unterzogen werden.

[1] Journ. off. ann. Sénat 1881, S. 13085.

b) Kritische Betrachtung der einzelnen Gesetzesbestimmungen.

1. Die Unterstützung des Schiffbaues.

Die Bauprämie ist so berechnet, daß sie eine reine Rückvergütung darstellt. Anlaß zur Kritik bietet die Tatsache, daß die Bauprämie bei Reparaturen nicht gezahlt wird. Wir können auf das hierüber oben[1] Gesagte verweisen. Auch bezüglich der weiteren Begünstigung des französischen Schiffbaus durch die doppelte Fahrtprämie haben wir hier dem oben[2] Gesagten nichts weiter hinzuzufügen; dagegen müssen wir uns mit der Bestimmung des Art. 6 des Gesetzes „daß die Gesamtbeträge der Bauprämie nach Behändigung der Franzisierungsurkunde[3] ausbezahlt werden“ etwas eingehender beschäftigen. Diese Bestimmung ist zunächst als die Festlegung eines Zahlungstermins anzusprechen: die Bauprämie kann erst fällig werden, nachdem das Schiff mit einer Franzisierungsurkunde versehen ist, d. h. bei einem größern Schiff $1^1/_2$ bis 2 Jahre nach Beginn des Baues. Da der Schiffbauunternehmer den Zoll bei der Einfuhr des Schiffbaumaterials entrichten muß, bezw. (bei der Verwendung inländischen Materials) den durch den Zoll erhöhten Inlandspreis sofort oder längstens mit 3 Monaten Ziel zu erlegen hat, den als Zoll oder Preiserhöhung hingegebenen Betrag aber erst nach $1^1/_2$ bis 2 Jahren in Gestalt der Bauprämie zurückvergütet erhält, so ist es klar, daß seinem Produktionsprozeß Geldkapital in Höhe der bezahlten Beträge entzogen wird. Dieser entzogene Betrag ist ein zinsloses Zwangsdarlehen; die Dauer, für die es gewährt werden muß, kann eventuell ganz erheblich sein, wenn der Schiffbauunternehmer bei günstiger Konjunktur z. B. sich auf Jahre mit Schiffbaumaterial versorgt. Kann der Unternehmer dieses Geldkapital in seinem Produktionsprozesse nicht entbehren,

---

[1] S. 56 f.

[2] S. 63.

[3] bezw. nach Vorlegung einer beglaubigten Abschrift. S. oben S. 53.

so wird er gezwungen sein, sich einen gleich hohen Betrag zu leihen, natürlich gegen Zinsen eventl. auch Kommissionsgebühren. Nehmen wir als Beispiel aus seinem Produktionsprozesse den Bau eines eisernen Seglers von 4000 Tons brutto isoliert heraus, so hat er für Zoll bezw. Preiserhöhung des Baumaterials 240000 frs zu bezahlen. Angenommen, der Zinsfuß, zu dem er sich Geld verschaffen kann, beträgt 5 %, und die Zeit von der Verzollung des Materiales bis zur Liquidierung der Prämie (Franzisierung des Schiffes) 18 Monate, so ergibt sich ein Betrag von 18000 frs, den er zur Beschaffung des ihm entzogenen Betrages aufzuwenden gezwungen ist, und den er von der Bauprämie absetzen kann. Wir sehen also, daß auch bei dem neuen System, durch das das Gesetz von 1881 die Zollfreiheit erreichen will, diese nicht erreicht wird. Die Art der Liquidierung der Bauprämie trägt wieder eine Belastung in sich, die allerdings in einfacher Weise ausgeglichen werden könnte, indem man bei der Auszahlung der Bauprämie diese um einen Betrag erhöhte, der als Verzinsung des Prämienbetrages vom Tage der nachgewiesenen Verzollung des ausländischen Baumateriales bezw. der nachgewiesenen Bezahlung des inländischen Baumaterials bis zum Tage der Liquidierung der Bauprämie unter Zugrundelegung eines angemessenen Zinsfußes zu errechnen wäre. Auch hierbei würden sich wieder Unzuträglichkeiten ergeben, insbesondere bei der Beantwortung der Frage, welcher Zinsfuß als „angemessen" zu erachten sei. Und selbst wenn diese Frage befriedigend gelöst wäre, so bliebe noch die Frage offen, ob auch wirklich der Schiffbauunternehmer gerade zu diesem Zinsfuße sich Kapital verschaffen kann und sich verschafft. Gelingt es ihm, Kapital zu einem niedrigeren Zinsfuße zu erhalten, so erhält er eine Übervergütung und zwar nicht etwa auf Grund der Veränderung eines Ausbeuteverhältnisses infolge technischen Fortschritts, sondern auf Grund reiner Spekulation. Muß er einen höhern Zins zahlen, so erhält er weniger vergütet als er geben mußte, und die Bestimmung hat wiederum zum Teil ihren Zweck verfehlt. Klar ist, daß diese Unzuträglichkeiten wegfallen in einem System, bei dem eine Zollzahlung und eine Rückzahlung überhaupt nicht stattfinden, wie im zollamtlichen Vormerkverkehr; wir werden darauf noch im siebenten Kapitel zu sprechen kommen.

Die Bestimmung des Artikels 6, die uns zu diesen Feststellungen und Erörterungen führte, bedeutet aber noch mehr als die Festlegung eines Zahlungstermines: da eine *Franzisierungs*urkunde verlangt wird, sind auf Grund dieser Vorschrift alle Schiffe vom Genuß der Bauprämie ausgeschlossen, die keine solche Urkunde besitzen, d. h. alle auf französischen Werften für ausländische Rechnung gebauten Schiffe. Diese Vorschrift schlägt der geläufigen Auffassung vom Exportgeschäft geradezu ins Gesicht und ist schlechterdings unverständlich, wenn man sich vergegenwärtigt, daß die Bauprämie im Prinzip nichts weiter darstellt als eine Zollrückvergütung bezw. ein Äquivalent. Ist es doch Prinzip in der modernen Volkswirtschaft, durch den Zoll nur den inländischen Konsum zu treffen und befolgt man daher den Grundsatz, bei der Produktion für das Ausland, d. h. bei der Ausfuhr von Produkten, den auf ihnen ruhenden Zoll zurückzuvergüten. Hier finden wir gerade das Umgekehrte: Zollfreiheit beim Absatz ins Inland und Zollbelastung beim Absatz ins Ausland! — Allerdings war, seitdem Dampf und Eisen ihre Herrschaft angetreten hatten, auf französischen Werften für ausländische Rechnung nicht mehr gebaut worden; die französischen Werften lagen eben darnieder; die Rückvergütung in Gestalt der Bauprämien soll ihnen wieder aufhelfen; die Bestimmung des Artikels 6 entzieht ihnen von vornherein das ganze Auslandsgeschäft, und dies umso sicherer, als das konkurrierende Ausland (England) sowieso schon in mehr wie einer Hinsicht in einer günstigern Lage sich befindet, und die französischen Werften daher auch nicht durch Reduzierung ihres Gewinnes den Preis ihrer Produkte dem der englischen anpassen können. Hinter dieser Vorschrift des Artikels 6 steckt schon, wenn auch noch halb unbewußt, die Furcht vor der prime à l'étranger, die in der Folgezeit bei den Verhandlungen zu den spätern Gesetzen die Geister heftig aufeinander platzen ließ —.

Die Bauprämie für Maschinen und Kessel wurde bei Neubauten an die Schiffbauunternehmer[1], bei Erneuerung an die Schiffseigentümer[2] ausbezahlt. Inwieweit es den Fabrikanten von Schiffsmaschinen und Kesseln gelungen ist, sich in den Genuß der eigentlich ihnen zukommenden Vergütung zu setzen, ist niemals festgestellt worden. Da Klagen der Maschinenbauer nie laut geworden sind, und da sie in der Bestimmung des Artikels 2 des Ausführungsdekretes vom 17. August 1881, der die Ausbezahlung der Bauprämien für Maschinen und Kessel an die Schiffbauer von einer formellen Erklärung der Maschinenfabrikanten abhängig macht, eine Handhabe hatten, um einen Druck auf die Schiffbauunternehmer auszuüben, kann angenommen werden, daß es den Maschinenfabrikanten gelungen ist, sich in den Besitz des ihnen zukommenden Teiles der Bauprämien zu setzen.

Eine zeitliche Begrenzung ist für die Bauprämie im Gesetz nirgends ausgesprochen. Aus ihrem Wesen als einer Zollrückvergütung, sowie daraus, daß die Fahrtprämien begrenzt wurden, kann man schließen, daß sie mit dem Zolltarife, auf dem sie aufgebaut waren, stehen und fallen sollten.

2. *Die Unterstützung der Schiffahrt.*

Die Höhe der Fahrtprämien kann nicht kritisiert werden, da für die Höhe einer Ermutigung in letztem Ende nur budgetäre Rücksichten, sowie die Bedürftigkeit und Würdigkeit der zu ermutigenden Betriebe ausschlaggebend sind: das französische Budget konnte die Belastung ertragen, ohne andere wichtige Aufgaben zurückstellen zu müssen; die Bedürftigkeit stand außer Frage; und wenn über die Notwendigkeit einer

[1] Art. 4, Abs. 1, oben S. 52.
[2] Art. 5, Abs. III, oben S. 53.

Handelsmarine für eine Volkswirtschaft mit bedeutendem Kolonialbesitz, die zugleich ein stark importierendes, auch exportierendes Land[1] ist, Zweifel überhaupt beständen, so müßten sie verschwinden im Hinblick auf die kriegsmaritimen Interessen, die Frankreich als Großmacht sowohl in den Kolonien als auch in Europa zu verteidigen hat.

Die weitere Begründung der meisten französischen Schriftsteller, daß das Land jährlich etwa 300 Millionen an das Ausland für Seefracht bezahle, kann ernstlich kaum in Betracht gezogen werden, da nicht feststeht, ob der französische Importeur die Fracht auch wirklich zu tragen hat, oder ob er sie nur auslegt.[2]

Der Berechnung der Fahrtprämie war die Nettoregisterton zu Grunde gelegt. Man wollte auf diese Weise den Prämienbetrag zu den wirtschaftlichen Leistungen, die nur in den Nettotons bewirkt werden können, in Beziehung setzen. Geschickt gewählt war dieser Weg nicht; die wirtschaftlichen Leistungen eines Schiffes bestehen eben nicht in dem Zurverfügunghaben eines bestimmten nutzbaren Raumes, sondern im Transportieren von Personen und Gütern. Der Gedanke, Prämie und wirtschaftliche Leistung zu einander in Beziehung zu bringen, ist an sich gesund und berechtigt; die Ausführung, die er im Gesetze von 1881 fand, war unzweckmäßig.

Eine Folge der Zugrundelegung der Nettoregisterton ist z. B. die, daß der Seglerbetrieb im Vergleich zum Dampfer bevorzugt erscheint. Es verhält sich nämlich die Gesamtzahl der Bruttoregistertons zu der der Nettoregistertons (ungefähr) wie 100 zu 56[3] bei einem Dampfer und wie 100 zu 89 bei einem Segler. Dies Mißverhältnis war im 81er Gesetze einigermaßen ausgeglichen, einmal durch die stärkere jährliche Minderung, die die Fahrtprämie für die Holzschiffe[4] erfuhr,

---

[1] Die Fracht wird (in erster Linie) auf Grund der bewegten (Gewichts-) Tonnenzahl berechnet: 1909 wurden befördert in 1000 Tonnen (zu 1000 kg): Import 23027; Export 6265; insges. 29292. Tableau 1909 II, 64 ff.

[2] Sartorius Frhr. v. Waltershausen.

[3] 56 bis 60.

[4] S. oben Anm. 2 zu S. 61.

dann auch durch die Bestimmung des Absatz VII des Artikels 9, der bei der Festsetzung der zurückgelegten Meilenzahl stets nur die direkte gerade Verbindungslinie zwischen Abgangs- und Ankunftspunkt zu Grunde zu legen vorschreibt. Die so gesetzlich festgelegte Meilenzahl ist die untere Grenze: weniger Meilen zurückzulegen ist nicht möglich, wohl aber mehr und zwar um so mehr, je stärker das Schiff vom geraden Kurse abweicht. Dies ist für einen Segler in ungleich höherem Maße der Fall als für einen Dampfer, da die Fahrtrichtung des ersteren durch Wind- und Meeresströmungen sehr oft und in bedeutendem Maße beeinflußt wird. Wohlgemerkt, auf einer bestimmten Strecke wird Dampfern und Seglern dieselbe Meilenzahl für die Berechnung der Fahrtprämie zu Grunde gelegt, aber während die von einem Dampfer wirklich zurückgelegte Meilenzahl in der Regel nicht oder nicht wesentlich höher ist als die gesetzliche, ist der Unterschied bei einem Segler meist recht bedeutend: dieser — abweichend vom Dampfer — ist gezwungen eine große Zahl von Meilen zurückzulegen, für die er die Fahrtprämie nicht erhält. Auch die dem Segler eigene mindere Geschwindigkeit, die zu der des Dampfers sich durchschnittlich wie 1 zu 2 verhält, trägt zum Ausgleich bei.

Eine bedenkliche Folgeerscheinung der Zugrundelegung der Nettoregisterton ist ferner die, daß damit ein außerordentlicher Anreiz gegeben ist, die Zahl der Nettotons eines gegebenen Schiffes möglichst groß zu gestalten. Die Bruttoregistertons eines Schiffes sind der ganze in ihm enthaltene Raum; die Nettotons sind der gesamte zu wirtschaftlichen Leistungen — Transporten von Gütern und Personen — zur Verfügung stehende Raum; indem man von den Bruttoregistertons den Rauminhalt der nicht solchen Zwecken dienenden Räumlichkeiten (Maschinenhaus, Kohlenbunker, Navigationszimmer, Mannschaftsräume etc.) subtrahiert, erhält man die Nettoregistertons. Es ist klar, daß man stets bestrebt ist, die Anzahl der Nettotons aus Gründen der Rentabilität möglichst groß zu gestalten. Durch den Anreiz, welcher in der auf der

Nettoton basierten Fahrtprämie beruht, geschieht diese Vermehrung in anormaler Weise auf Kosten insbesondere einmal des Maschinenhauses, in welchem der den Heizern und Trimmern für die Verrichtung ihrer Arbeit zur Verfügung stehende Raum auf ein Minimum reduziert wird, und dann auf Kosten der Unterkunftsräume für die Besatzung und der sanitären Anlagen, die, an sich schon beschränkt, nun noch aufs äußerste eingeengt werden. Das ist umso schlimmer, wenn weder Unfallverhütungsvorschriften noch andere soziale Gesetze die Handhabe bieten, eine untere Grenze zu ziehen. Die in solcher Weise auf der Nettoton begründete Fahrtprämie ist geradezu eine Prämie für das unsoziale Verhalten der Unternehmer.

Und weiter: Unter sonst gleichen Verhältnissen sind zur Erreichung größerer Schnelligkeiten sehr viel größere und leistungsfähigere Maschinen erforderlich; mit diesen Anforderungen wächst aber auch die Größe des Maschinenhauses, der Kohlenbunker, sowie des Gesamtmannschaftsraumes, mit andern Worten, fällt der Nettogehalt des Schiffes. Bei Zugrundelegung der Nettoton ergibt sich demgemäß, daß diese leistungsfähigeren Schiffe im Verhältnis zu den weniger leistungsfähigen benachteiligt sind, was umso empfindlicher für sie ist, als dem geringern Prämienbetrag erhebliche Mehrausgaben an Anschaffungs- und Unterhaltungskosten, an Betriebsmaterial, sowie für Heuern gegenüberstehen.

Nicht minder Anlaß zur Kritik bietet die Vorschrift des Absatz II des Artikels 9, die die Fahrtprämien den Schiffen in großer Fahrt ausschließlich vorbehält. Daß man die Luxusfahrt von der Fahrtprämie ausschließt, erscheint nur richtig; Luxusfahrzeuge sind weder Kauffahrtei- noch Fischereischiffe, gehören überhaupt nicht zur Handelsmarine [1] und dienen nicht der Befriedigung wirtschaftlicher Bedürfnisse. Die Fahrzeuge der Seefischerei (Hochsee- und Küstenfischerei), die in den subventionierten Linien eingestellten, sowie die in der fran-

[1] Sie sind nicht „Seeerwerbsschiffe" H. G. B. 474.

zösischen Küstenfahrt beschäftigten sind gleichfalls vom Genuß der Prämien ausgeschlossen, weil sie durch anderweite Unterstützung bezw. durch Monopolstellung hinreichend begünstigt erscheinen. Auch das ist durchaus konsequent und gerechtfertigt. Nun gibt es aber noch eine ganze Kategorie von Schiffen, von denen das Gesetz von 1881 nicht spricht: das sind jene französischen Schiffe, die dem Verkehre dienen, der zwischen einem französischen und nichtfranzösischen Hafen, oder zwischen zwei nichtfranzösischen Häfen statthat[1] innerhalb jener Grenzen,[2] hinter denen die große Fahrt beginnt. Diesen Schiffen die Fahrtprämie vorzuenthalten liegt kein Grund vor: die Belastung durch die Inscription maritime trifft sie in genau demselben Maße wie die andern, und daß diese Fahrt geringere Anforderungen an die Ausbildung und Tüchtigkeit der in ihr beschäftigten Seeleute stelle, widerspricht den tatsächlichen Verhältnissen. Einrichtung und Betrieb dieser Schiffe sind genau dieselben wie auf den Überseeschiffen,[3] denen sie im allgemeinen auch an Größe gleichkommen.[4] Die Maßregel ist hervorgegangen aus der von früher übernommenen Anschauung (die auch der Navigationsakte von 1793 ihren Stempel aufgedrückt hat), daß die Überseefahrten als besonders lukrativ ganz speziell zu begünstigen seien. Da ein großer Teil der in der internationalen Küstenfahrt verwendeten Schiffe große und wohlgebaute Einheiten darstellen, die sehr wohl zu Überseefahrten benutzt werden können, so mußte die unausbleibliche Folge ihrer Nichtprämiierung die sein, daß die Unternehmer diese Schiffe, wenn irgend angängig aus der internationalen Küstenfahrt herauszogen und sie fortan in der Überseefahrt laufen ließen. Im Jahre 1885 betrug die von allen — fremden und französischen — Flaggen zu Überseefahrten von und nach französischen Häfen zur Verfügung gestellte Schiffsräumte (in 1000 Tons): 4166, und im Jahre

[1] cabotage européen, cabotage international.
[2] S. oben Anm. 2 S. 57.
[3] Überseeschiffe, longs courriers, Schiffe in großer Fahrt.
[4] abgesehen von den atlantischen Ozeandampfern.

1890: 4926. Von dem Mehr von 760 kommen auf die französische Flagge 755, auf die nichtfranzösischen 5. Dagegen haben in der internationalen Küstenfahrt die französischen Schiffe 400 Tausend Tonnen weniger, die fremden aber 1600 Tausend Tonnen mehr befördert.[1]

Die Beschränkung der Geltungsdauer des Gesetzes bezüglich der Fahrtprämien auf zehn Jahre vom Promulgierungstage an bedeutete, daß ein 1881 franzisiertes Schiff zehn Jahre lang des Prämiengenusses sich erfreuen kann, während einem 1890 eingestellten Fahrzeug kaum ein Jahr, evtl. kaum einen Monat lang die Prämie in Aussicht steht. Hierin liegt ein Anreiz, Schiffe möglichst in der ersten Zeit der Geltung des Gesetzes anzuschaffen, und es liegt die Gefahr nahe, daß anfangs über den augenblicklichen Bedarf Fahrzeuge eingestellt werden, was wiederum, wenn die Bestellung der Schiffe bei heimischen Werften erfolgt, anfangs Überbeschäftigung der Werften zur Folge hat, der dann nach einiger Zeit eine fortschreitende Abnahme der Beschäftigung folgt. Haben die Schiffbauunternehmer durch die fetten Jahre der künstlich hervorgerufenen Hochkonjunktur sich zur Vermehrung ihrer Produktionsmittel verleiten lassen, haben sie insbesondere Einrichtungen getroffen, vermöge welcher sie mehr und rascher produzieren können, so wird in den Tagen geminderter Beschäftigung ihre Lage noch schlimmer. Die Prorogation des Gesetzes bis 1893 hat daran nichts geändert.

Als die für die Gewährung der Fahrtprämien festgelegte Periode von zehn Jahren ihrem Ende sich zuneigte, stand gerade das neue Zolltarifgesetz[2] zur Diskussion. Wenn, was voraussichtlich der Fall war, die Zölle auf Schiffbaumaterial eine Erhöhung erfuhren, mußten auch die Schiffbauprämien modifiziert werden, sofern man konsequent bleiben wollte. Die Beratungen über den neuen Zolltarif zogen sich immer

[1] Le Roux de Bretagne S. 154/156.

[2] nachmals Zolltarifgesetz vom 11. 1. 1892.

länger hin und bald sah man ein, daß sie vor Ablauf des 1881er Gesetzes überhaupt nicht mehr zum Abschlusse kommen würden. Um nun die Schiffahrt von Ende Januar 1891 bis zum Ergehen eines neuen Prämiengesetzes, das wegen der Bauprämien erst nach Verabschiedung des neuen Zolltarifs erlassen werden konnte, nicht wieder ganz ohne Unterstützung zu lassen, prorogierte man zweimal das erste Prämiengesetz, so daß es in Wirklichkeit bis zum 29. 1. 1893 (zwölf Jahre statt zehn) in Geltung war. Die erste Verlängerung wurde durch Gesetz vom 31. Juli 1890 ausgesprochen (Art. 1). In einem Artikel 2 gelang es dabei den Schiffbauinteressenten durchzusetzen, daß „während der Prorogation die Schiffe fremden Ursprunges, die nach dem 29. 1. 1891 franzisiert werden, keine (Halb)prämie mehr nach Art. 9 des Gesetzes von 1881 erhalten" sollten. Eingeschüchtert durch das Schlagwort von der „prime à l'étranger", mit dem eine interessierte Gruppe von Schiffbauunternehmern geschickt operierte, haben Regierung, Kammer und Senat sich mit der Anschauung des Gesetzgebers von 1881 in Widerspruch gesetzt und die Inkonsequenz begangen, einer ganzen Kategorie französischer Schiffe die Unterstützung zu entziehen, aus dem einzigen Grunde, weil sie fremder Herkunft sind. Daß diese Schiffe die französische Flagge tragen, so gut wie die im Lande erstellten, daß auch sie im Dienste französischen Unternehmungsgeistes stehen, daß sie dieselben Lasten zu tragen haben, wie die Schiffe französischer Herkunft, das sah man nicht oder wollte man nicht sehen — ebensowenig wie das, daß man die halbmonopolartige Stellung der französischen Schiffbauer, die diese auf Grund der Halbprämie hatten, nun in ein völliges Monopol umwandelte: Bei der Höhe der Fahrtprämie, die jetzt ausschließlich für Schiffe französischer Herkunft gewährt wurde, mußten den französischen Werften alle Bestellungen der französischen Reeder zufließen, wenn sie eben nicht im Hinblick auf die ihnen geschaffene Monopolstellung auch Monopolpreise verlangt hätten (30 bis 50 % mehr als die englischen Werften!). Auf diese Weise mußte den bei inländischen Werften bestellenden französischen Reedern oft ein sehr erheblicher Teil der ihnen eventuell zustehenden Fahrtprämien entgehen. Die Kalkulation, die der Reeder, der doch auch zu rechnen versteht, nun anstellt, ist folgende: die Fahrtprämie entgeht mir in jedem Falle, ob ich im Auslande oder im Inlande mein Schiff kaufe; im ersteren Falle infolge Gesetzesvorschrift, im zweiten infolge der exorbitanten Preise, die ich den heimischen Werften bezahlen muß. Kaufe ich im Inlande, so muß ich für Amortisation, Zinsen und Versicherung höhere Beträge aufwenden, als wenn ich im Ausland kaufe; ich stehe mich also besser, wenn ich auf die Fahrtprämie verzichte und mich ans Ausland wende. Einen klaren Überblick darüber, wieviel von der Fahrtprämie dem Reeder schließlich noch verblieb, soll eine Tabelle geben, die von einem Vertreter der Schiffbauindustrie (Duprat) einer außerparlamentarischen Kommission vorgelegt wurde, und die von den französischen Schriftstellern unverändert gebracht wird,[1] mit dem Bemerken, daß „ihre Richtigkeit nie bestritten worden sei und nicht bestritten werden könne". Und doch bestreiten wir die Richtigkeit. Der Aufstellung ist ein Dampfer von 3000 Bruttotons französischer Konstruktion zu Grunde gelegt, sein normaler (englischer) Preis mit 1 000 000 frs angenommen. Legt er während zehn Jahren durchschnittlich jährlich 35 000 Meilen zurück, so erhält er eine Fahrtprämie von insgesamt 927 360 frs; Amortisation, Zins, Versicherung sind mit einem Prozentsatz von 17,75 jährlich[2] in Ansatz gebracht. Beträgt der Preisunterschied 20 %, so hat der Reeder an die französische Werft 1 200 000 frs zu erlegen, d. s. 200 000 mehr als an die englische; außerdem hat er infolge dieses Preisunterschiedes ein Mehr an Zinsen, Amortisation und Versicherung zu zahlen, was bei 17,75 % in zehn Jahren 355 000 frs aus-

---

[1] z. B. Béroud S. 163 und viele andere; auch die jüngere Veröffentlichung (1912) von Morael S. 120.

[2] Im Durchschnitt der zehn Jahre — Amortisation 10 %, Zinsen 5 %, Versicherung 2,75 %.

macht. Der Reeder bezahlt also in diesem Falle sein Anrecht auf die Fahrtprämie mit 200 000 (Preisunterschied) + 355 000 (Zins etc.) = 555 000 frs; um diese Summe verringert sich für ihn die Fahrtprämie. Er erhält also statt 927 360 frs nur 372 360 frs d. s. 40,2 % der Prämie, der Schiffbauunternehmer 200 000 frs d. s. 21,6 %: Der Rest von 38,2 % (355 000 frs) fließt in die Kassen der Geldverleiher und Versicherungsgesellschaften. Wir bringen hierunter die Tabelle Duprat's zur Darstellung; sie bringt einerseits den Preisunterschied in den Gestehungskosten des Schiffes von der Fahrtprämie nicht in Abzug, andererseits schiebt sie dem Schiffbau einen allzugroßen Prozentsatz an den Fahrtprämien zu, indem sie übersieht, daß der Löwenanteil für die Geldverleiher und Versicherungsgesellschaften abfällt.

Preis	Mehrausgaben des Reeders aus dem Preis unterschied	Prämienanspruch	Dem Reeder verbleiben	In % erhält von der Prämie	
				der Reeder	der Schiffbauer
1 000 000 frs normal	keine	927 360	927 360	100	0
1 200 000 frs (20 % Pr. U.[1])	355 000 frs[2]	„	572 360	62	38
1 300 000 frs (30 % Pr. U.)	532 500 „	„	394 860	42	58
1 400 000 frs (40 % Pr. U.)	710 000 „	„	217 360	23	77
1 500 000 frs (50 % Pr. U.)	887 500 „	„	39 860	4	96

[1] Pr(eis) U(nterschied).

[2] $\frac{17,75 \times 10 \times 200\,000}{100}$.

Um zutreffend zu sein, müßte die Tabelle folgendermaßen sich gestalten:

Preis	Prämienanspruch	Mehrausgaben des Reeders aus		Dem Reeder verbleiben	In % erhalten von der Prämie		
		Preisunterschied an Werft	Amortisation usw. an Geldverleiher		die Werft	der Reeder	der Geldverleiher
1 000 000 frs (normal)	927 360	keine	keine	927 360	0	100	0
1 200 000 „	„	200 000	355 000	372 360	22	40	38
1 300 000 „	„	300 000	532 500	94 860	32	10	58
1 334 184 „	„	334 184[1]	593 176	0	36	0	64

Das ist ein ganz anderes Bild! Während Duprat zu dem Resultate kommt, daß der Reeder bei einem Preisunterschied von 50 % immerhin noch 4 % der Prämie behält, gelangen wir zu dem Ergebnis, daß er bereits bei einem Preisunterschied von 33,4 % überhaupt nichts mehr behält! Es ist dies der Grenzfall, wo der Reeder seine Mehrkosten durch die Prämie gerade decken kann. Ist der Preisunterschied größer als 33,4 % und kauft der Reeder dessenungeachtet im Inlande, so fährt er trotz der Fahrtprämie ungünstiger als wenn er im Auslande kauft, da der Mehrbetrag für Anschaffung des Schiffes und Verzinsung usw. des höheren Kapitalaufwandes den Prämienbetrag übersteigt.

c. Die Wirkung des Gesetzes.

Auf Grund des 1881er Gesetzes wurden für die französische Handelsmarine vom 29. I. 81 bis 29. I. 93 insgesamt 122 715 719 frs an Prämien ausbezahlt.

Davon waren:

31 676 281 frs Bauprämien und
91 039 438 frs Fahrtprämien.

[1] $X + \frac{177,5 \times X}{100} = 927\,360.$

1. Die Seeschiffahrt.

Von den 91 Millionen Fahrtprämien wurden 17 523 536 als Halbprämien an Schiffe fremden Ursprunges gezahlt, während auf die Schiffe französischen Ursprunges 71 667 222 entfallen. Der große Unterschied zwischen den beiden Beträgen erklärt sich daraus, daß nach Absatz V, Artikel 9 des Gesetzes die vor dem 29. I. 81 franzisierten fremden Schiffe wie solche französischen Ursprunges behandelt wurden d. h. die volle Prämie erhielten.[1] Wie sich die Prämien auf die einzelnen Jahre verteilen, ergibt sich aus folgender Tabelle:

Die Fahrtprämien 1881—92:

Jahr:	An Schiffe franz. Ursprunges:	An Schiffe fremden Ursprunges (Halbprämien):	Insgesamt:
1881	2 851 480 frs	129 415 frs	2 980 895 frs
1882	5 616 212 „	842 305 „	6 458 517 „
1883	6 734 744 „	1 730 548 „	8 465 292 „
1884	7 010 402 „	1 578 931 „	8 589 333 „
1885	6 211 696 „	1 355 586 „	7 567 282 „
1886	6 220 211 „	1 358 139 „	7 578 350 „
1887	6 689 702 „	1 348 082 „	8 213 483 „
1888	6 689 702 „	1 501 761 „	8 191 403 „
1889	6 791 428 „	1 695 103 „	8 486 531 „
1890	6 102 231 „	1 916 359 „	8 018 590 „
1891	5 276 534 „	2 086 093 „	7 362 627 „
1892	5 297 182 „	1 981 214 „	7 278 396 „
1893 (1 Monat)			1 848 680 „
Summe:	71 667 222 frs	17 523 536 frs	91 039 438 frs

Eine Vermehrung der Gesamttonnage der französischen Handelsmarine haben die Prämien nicht zur Folge gehabt,[2] und die in dieser Richtung gehegten Hoffnungen sind enttäuscht worden. Ein Vergleich der Bestände Ende 1880 und Ende 1892 ergibt sogar einen leichten Rückgang, von

[1] Oben S. 57, Anm. 2.

[2] S. Anhang.

919 Tausend auf 906 Tausend Tons. Doch hat sich trotz dieses Rückganges der Tonnage die Transportleistungsfähigkeit ganz erheblich gesteigert: von 1475 Tausend Seglertons auf 1904 Tausend,[1] das ist ein Mehr von 429 Tausend Tons! Während 100 Tons der Tonnage 1880 eine Leistungsfähigkeit von 160,5 Seglertons aufweisen, steigerte sich dieselbe auf 210 im Jahre 1892[2]. Die Vermehrung der Dampfer, die diese Steigerung der Leistungsfähigkeit hervorrief, erfolgte von 278 Tausend auf 499 Tausend Tons, d. i. eine Vermehrung der Leistungsfähigkeit um 663 Tausend Tons; in demselben Zeitabschnitt sank allerdings die Gesamttonnage der Segler von 641 Tausend Tons auf 407 Tausend; doch vermochte dieser Abgang von 234 Tausend Tons nicht das Mehr von 663 Tausend Leistungsfähigkeit der Dampfer aufzuheben. Das ist die eine Folge des Prämiengesetzes von 1881: die absolute Zunahme der Transportleistungsfähigkeit der Handelsmarine um fast eine halbe Million Registertons! Dieser Effekt wurde sehr rasch gleich in den ersten Jahren erzielt. Auch relativ ist die Leistungsfähigkeit gestiegen, insofern 100 Tons der Tonnage eine größere Leistungsfähigkeit am Ende als am Anfang der Periode besaßen. 100 Tons Tonnage entsprachen nämlich einer Leistungsfähigkeit von Seglertons:

1875: 140	1881: 168	1887: 204
1876: 141	1882: 185	1888: 206
1877: 147	1883: 193	1889: 206
1878: 151	1884: 199	1890: 206
1879: 155	1885: 198	1891: 210
1880: 160	1886: 201	1892: 210

Diese Steigerung der Leistungsfähigkeit, wie sie in obigen Zahlen zum Ausdruck kommt, ist durch den Übergang vom

---

[1] 1884 betrug sie 2 055 Tausend Tons.

[2] Die durchschnittliche Leistungsfähigkeit von 100 Tons Tonnage betrug 149 Seglertons in der Periode 1873/80 und 199 in der Zeit 1881/92. In England betrug die Leistungsfähigkeit von 100 Tons Tonnage: 1880: 167 Seglertons, 1890: 267; in Frankreich in denselben Jahren 160 und 206; in Deutschland 135 und 195.

Seglerbetrieb zum vorwiegenden Dampferbetrieb hervorgerufen: das erste Prämiengesetz hat diesen Übergang zweifellos beschleunigt. Wie stark die Veränderung in Frankreich vor sich gegangen ist, erhellt aus folgender Zusammenstellung der Indexnummern für die Dampfertonnage in Beziehung auf die Tonnage 100 der Segler der Handelsmarinen Englands, der Vereinigten Staaten, Deutschlands und Frankreichs für die Jahre 1873, 80 und 90.[1]

Auf 100 Tons Segler kamen Tons Dampfer:

in	im Jahre 1873:	1880:	1890:
England	32	51	138
Vereinigte Staaten . .	43	19	26
Deutschland	16	21	90
Frankreich	26	51	**160**

Frankreich war also in jener Zeit den andern schiffahrttreibenden Nationen bei weitem voraus. Ob und inwiefern das Verlassen des Seglerbetriebs und der Übergang zum vorwiegenden Dampferbetrieb für eine bestimmte Handelsmarine ökonomisch richtig und wünschenswert ist, ist eine Frage, die sich ohne weiteres nicht beantworten läßt. In Betracht zu ziehen sind dabei insbesondere die wirtschaftlichen Verhältnisse des Landes, speziell die Art und die Menge seines Ein- und Ausfuhrgutes, die Rolle, welche die Handelsmarine im Zwischenhandel anderer Länder zu spielen berufen ist oder zu spielen sich vorgenommen hat, sowie die privatwirtschaftlichen Verhältnisse der schiffahrttreibenden Kreise. Doch können wir aus der Tatsache, daß die Tendenz der Bevorzugung des Dampferbetriebs in der französischen Handelsmarine schon vorher unter den ungünstigen Verhältnissen der Periode 1872/80 ziemlich stark sich bemerkbar machte, sowie aus der ferneren Tatsache, daß aus der veränderten Betriebsform sich Mißstände nicht ergeben haben, schließen, daß der Übergang von dem einen Betriebsmittel zum andern in den

[1] Berechnet aus dem von Bureau Veritas veröffentlichten Zahlenmaterial, das nur Schiffe von über 50 Tons berücksichtigt. Le Roux de Bretagne, S. 153.

wirtschaftlichen Verhältnissen begründet war und darum gerechtfertigt erscheint.

Unter der Herrschaft des ersten Prämiengesetzes wurden insgesamt 723 Tausend Tons netto franzisiert. Der jährliche Durchschnitt mit etwas über 60 200 Tons stand nicht so sehr viel über dem jährlichen Durchschnitt von 52 000 Tons der Periode 1872/80. Aber — und das ist ein weiterer großer Erfolg des Gesetzes — die Franzisierungen der Jahre 1881/92 betrafen durchweg neue, bei ausländischen oder inländischen Werften bestellte Schiffe, während ein ganz großer Prozentsatz der Franzisierungen von 1872/80 sich auf alte, von ausländischen Reedereien gekaufte Schiffe bezog.[1] Angereizt durch die Prämien haben die französischen Reeder ihr Schiffsmaterial verjüngt. In welch' umfassendem Maße dies geschah, erhellt daraus, daß trotz der Neueinstellung von 723 Tausend Tons die Gesamttonnage von 919 auf 906 Tausend zurückgegangen ist, ohne daß außerordentliche Verluste durch Unfälle zu verzeichnen gewesen wären. Nicht zu übersehen ist ferner die gelegentlich dieser Neueinstellungen vorgenommene Änderung des Betriebes durch die Vermehrung der größern Schiffseinheiten. Im Jahre 1881 wies der Schiffsbestand an Dampfern von 1000 und mehr Tons 117 Stück mit insgesamt 182 981 Tons auf; 1892 war der Bestand an Schiffen derselben Kategorie auf 183 mit 352 213 Tons gestiegen, d. i. eine absolute Zunahme der Fahrzeuge um 66 und der Tonnage um 169 232! Aus diesen Zahlen geht des weitern hervor, daß auch die Durchschnittsgröße der einzelnen Dampfer dieser Kategorie sich nicht unwesentlich gehoben hat, von 1563,9 auf 1924,7 Tons!

Das sind die großen Veränderungen, die unter der Geltung des ersten Prämiengesetzes im Material der französischen Handelsmarine eintraten, und die man dem Einflusse der Prämien zuschreiben kann. Die Ansichten der französischen Sehriftsteller und Politiker sind geteilt: die

---

[1] S. oben S. 32.

einen behaupten, auch ohne die Prämien würden die geschilderten Umwandlungen, als im Zuge der Zeit liegend und der notwendigen Entwickelung entsprechend, eingetreten sein und erklären darum die Fahrtprämien für überflüssig[1]; andere glauben, daß die französischen schiffahrttreibenden Kreise ohne die Fahrtprämien nicht imstande gewesen wären ihr Material zu verjüngen und zu modernisieren; diese letzteren loben daher die Fahrtprämien als das richtige Mittel, das zu richtiger Stunde angewandt wurde. Wir sind der Ansicht, daß infolge der Prämien die Entwickelung, die wohl auch ohne sie sich eingestellt hätte, wesentlich beschleunigt und in wesentlich stärkerem Maße herbeigeführt wurde.

Soviel über den Schiffsbestand der französischen Handelsmarine und über die durch das Prämiengesetz hervorgerufenen Veränderungen! Welches war nun der Einfluß des Gesetzes auf die Tätigkeit der derartig unterstützten Handelsmarine, auf die Handelsschiffahrt? Zweckmäßiger Weise unterscheiden wir in dieser vornehmlich statistischen Untersuchung Schiffsverkehr und Warenverkehr zur See.[2]

---

[1] So insbesondere Caillaux.

[2] Der Schiffsverkehr beobachtet den Gesamtrauminhalt (netto) der beladenen Schiffe, die in französischen Häfen ein- und ausgehen; die Zahlen des Warenverkehrs geben die Gewichtstonnen der auf diesen Schiffen bewegten Waren an. Aus beiden Zahlen läßt sich ein genaues Bild von der wirtschaftlichen Tätigkeit der Schiffe nicht erzielen: es läßt sich insbesondere nicht ersehen, wieweit der nutzbare Raum des Schiffes ausgenützt ist, ob dieses ganz oder nur teilweise beladen ankommt oder in See geht; ferner bleibt die Entfernung, auf welche die Beförderung der Güter erfolgt (Tonnenkilometer), völlig außer Betracht; es entzieht sich außerdem jeder Beobachtung, was das Schiff im internationalen Zwischenverkehr (zwischen nichtfranzösischen Häfen) befördert hat. Die offizielle Statistik Frankreichs (Direction générale des douanes: Tableau général du commerce et de la navigation, 2 Bde. jährlich) befaßte sich bis 1896 bezüglich des Warenverkehrs nur mit dem Werte der beförderten Güter, nicht mit den Gewichtstonnen; erst von 1896 ab sind die Gewichtstonnen und der auf die einzelnen Flaggen entfallende Teil statistisch erfaßt. Wie wesentlich es ist, nicht nur den Schiffsverkehr, sondern auch den

Einzelne französische Schriftsteller haben ihren Untersuchungen über den Schiffsverkehr den Gesamtschiffsverkehr in den französischen Häfen zu Grunde gelegt. Wir halten dies — im Verein mit andern — nicht für richtig; da nämlich diese Untersuchung festzustellen haben wird, welches die Anteilnahme der französischen und welches die der fremden Flaggen war, sind alle Fahrten aus der Betrachtung auszuschalten, in denen die fremde Flagge ausgeschlossen ist. Das sind für die ganze Periode des Prämiengesetzes insbesondere die französische Küstenfahrt und die Hochseefischereifahrten,[1] wozu gegen Ende der Periode noch die der Küstenfahrt gleichgeachtete Fahrt zwischen Algerien[2] und dem Mutter-

---

Warenverkehr nach Gewichtsmengen zu berücksichtigen, geht aus folgendem Beispiel hervor: von zwei Dampfern A und B habe ersterer 1000, letzterer 2000 Tons Gehalt. Jeder mache dieselbe Fahrt: A mit voller Ladung, B mit $^1/_4$ Ladung: im Schiffsverkehr figuriert A mit 1000, B mit 2000. Beträgt das eine Registerton füllende Gewicht 800 kg, so erscheint A im Warenverkehr mit 800 000, B mit 400 000. Im ersten Falle (Schiffsverkehr) verhält sich A : B = 1 : 2; im zweiten (Warenverkehr), wie 2 : 1. Gerade so ist die Sache, wenn wir statt des Schiffes A die französische Flagge setzen und statt B eine oder alle fremden. In diesem Falle wird das Bild der Wirklichkeit noch viel entsprechender, weil die fremden Schiffe fast nur Teilladungen nach Frankreich bringen oder (mehr noch) dort holen. Schließlich verdient noch hervorgehoben zu werden, daß die im Gesamt*schiffs*verkehr figurierenden Zahlen von nur relativem Werte sind. Eine internationale Regelung des Schiffsvermessungsverfahrens ist bislang nicht erfolgt; doch werden die Meßbriefe der einzelnen Staaten bei verbürgter Gegenseitigkeit ohne weiteres anerkannt: das muß Unstimmigkeiten zur Folge haben, wenn, was wirklich der Fall ist, die Meßverfahren voneinander abweichen. Die Zahlen des Warenverkehrs, die auf dem Gewicht der beförderten Güter basieren, unterliegen einer solchen Fehlerquelle nicht.

[1] Von der Hochseefischerei sind fremde Flaggen de facto ausgeschlossen wegen der den heimischen Fischereidampfern gezahlten Prämien, sowie wegen des hohen Zolles auf fremde Fischereiprodukte, s. oben S. 60, Anm. 1.

[2] Gesetz vom 2. IV. 1889. Zu voller Wirkung kam dies Gesetz erst vom 4. Oktober 1893 ab, da bis zu diesem Tage noch die Handelsverträge mit Spanien und Belgien liefen, und die andern Staaten auf Grund der

lande, sowie die Fahrt von Tunis[1] nach Frankreich kam. Schaltet man diese direkt oder indirekt der französischen Flagge vorbehaltenen Fahrten aus, so erhält man den „Schiffsverkehr in internationaler Konkurrenz." In der uns interessierenden Zeit von 1875 bis 1892 zeigt dieser Schiffsverkehr im wesentlichen steigende Tendenz.[2] Die Rückgänge der Jahre 1884, 1885 und 1889 sind auf die wirtschaftlichen Depressionen dieser Jahre zurückzuführen, während der außergewöhnliche Hochstand des Jahres 1891 durch das Streben der französischen Importeure hervorgerufen ist, vor Inkrafttreten des neuen hochschutzzöllnerischen Tarifs von 1892 noch zu den niedrigeren alten Sätzen sich auf längere Zeit zu versehen; diesem Hochstand mußte notwendigerweise im folgenden Jahre 1892 ein Sinken folgen.

An der allgemeinen Steigerung des Schiffsverkehrs hat die französische Flagge teilgenommen. Ihre durchschnittliche prozentuale Anteilnahme ist von 27,5 der Periode 1875/80 auf 31,17 in der Periode 1881/92 gestiegen.[3] Dies fällt umsomehr ins Gewicht, als eine Menge französischer Schiffe aus der

---

Meistbegünstigung das Recht der Fahrt zwischen Frankreich und Algerien mitgenossen. — Übrigens hat man sich im Hinblick auf die in den letzten Jahren häufigen Streiks der Seeleute genötigt gesehen, die Regierung durch Gesetz vom 22. Juli 1909 zu ermächtigen, zeitweise die Anwendung dieses Gesetzes vom 2. IV. 1889 zu suspendieren (wie auch die des Gesetzes vom 19. Juli 1890. S. Anm. 2). Caillaux hat darauf hingewiesen (Verhandlungen der Deputiertenkammer vom 10. XII. 1901), daß die algerischen Frühfrüchte und Gemüse jetzt vornehmlich auf nichtfranzösischen Schiffen nach London und von da nach Paris geschafft werden!

[1] Der Ausschluß der fremden (selbst der tunesischen!) Flaggen bei der Fahrt von Tunis nach Frankreich ist durch zolltarifarische Maßnahmen erreicht. Das Gesetz vom 19. Juli 1890 (modifiziert 19. Juli 1904) gewährt den hauptsächlichsten tunesischen Landesprodukten Zollfreiheit und garantiert den minder wichtigen den niedrigsten Zollsatz, wenn die Einfuhr direkt aus einem von zehn bestimmten Häfen und auf französischen Schiffen erfolgt.

[2] S. Anhang

[3] S. Anhang.

internationalen Küstenfahrt gezogen und in die Überseefahrt eingestellt wurden und somit viel weniger oft in französischen Häfen erscheinen konnten (während sie unterdessen nichtsdestoweniger vielleicht größere, wichtigere und rentablere Transporte bewirkten als die an ihre Stelle getretenen fremden Schiffe). Oben[1] bei der Kritik der Fahrtprämien haben wir diesen Punkt schon berührt und mit Zahlen belegt und können daher auf das dort Gesagte verweisen.

Im Schiffsverkehr Frankreichs verhalten sich die fremden Flaggen zur französischen durchschnittlich bei der Einfuhr wie 2 : 1 (auch wie 3 : 1), bei der Ausfuhr wie 1 : 1. Da nun im französischen Warenverkehr zur See die Gewichtsmengen bei der Einfuhr zu denen der Ausfuhr sich wie[2] 4 : 1 verhalten, so ist es klar, daß die fremden Flaggen einen erheblichern Teil der französischen Transporte besorgten als die heimische Flagge. Es ist die Flagge des Warenursprungslandes, die sich nicht verdrängen läßt. Das liegt einmal daran, daß der fremde Exporteur naturgemäß die Flagge seines Landes bevorzugt, hat aber auch noch andere Gründe, auf die wir erst an anderer Stelle eingehen können.

Mehr als alles statistische Zahlenmaterial, das für diese Periode doch nur unvollkommen ist, illustriert die Wirkung des Prämiengesetzes von 1881 auf die französische Schiffahrt die Tatsache, daß es im Jahre 1881 in Frankreich nur zwei nichtsubventionierte regelmäßige Dampferlinien gab, während 1891 es deren 19[3] waren.

2. *Der Schiffbau.*

In der Zeit von 1872 bis 1880 (inkl.) wurden 470 Tausend Tons in Frankreich nationalisiert; davon waren auf franzö-

[1] S. 71/72.

[2] durchschnittlich.

[3] Fünf Linien nach Brasilien und dem La Plata, je drei nach New-York und dem Senegal, zwei nach der Westküste Afrikas, je eine nach Tonkin, Chile-Peru, Réunion-Tamatave-Mauritius, Neuorléans, Mexiko und den Antillen, sowie nach Columbia.

sischen Werften gebaut 281 Tausend, auf ausländischen 189 Tausend. Unter der Geltung des ersten Prämiengesetzes wurden insgesamt 733 Tausend Tons dem französischen Schiffsbestand einverleibt; davon erstellten die französischen Werften[1] 363 Tausend Tons, die ausländischen[2] 370 Tausend. Die Fahrtprämien haben also den erstrebten Erfolg, die Reedereien anzureizen, ihren Bedarf vornehmlich beim französischen Schiffbauer zu decken, nicht gehabt, insbesondere hat auch die ganz speziell diesem Zwecke dienende Doppelprämie versagt. Im Vergleich zur Periode 1872/80 ist die prozentuale Anteilnahme der französischen Werften an den Lieferungen für die heimische Handelsmarine um 10,3 (von 59,8 % auf 49,5 %) zurückgegangen. Noch ungünstiger wird das Bild für die französischen Werften, wenn man die Dampfer der subventionierten Linien — insgesamt 124 Tausend Tons —, die in Frankreich gebaut werden müssen,[3] außer Betracht läßt. In diesem Falle stehen den ausländischen 370 Tausend Tons nur 239 Tausend französische gegenüber; die prozentuale Anteilnahme der französischen Werften beträgt dann 32,6, gegen die vorhergehende Periode ein Rückgang um 20,3! Dieses Vorgehen, das Ausschalten der subventionierten Dampfer, halten wir nicht für berechtigt, da es schließlich ganz gleichgültig ist, aus welchem Motiv der Besteller sich an eine französische Werft wendet, ob aus freien Stücken oder weil er sich vorher vertraglich dazu verpflichtet hat; ferner werden die Bauprämien ja auch für diese Schiffe gewährt und dürfte es kaum angehen, Schiffe von der Betrachtung auszuschalten, wenn man andererseits den Untersuchungen die Gesamtsumme der Bauprämien zu Grunde legt; außerdem figurieren diese subventionierten Schiffe auch in den Zahlen für 1872/80 und ist es schon deshalb nicht angängig, sie für 1881/92 wegzulassen.

[1] S. Anhang.

[2] S. Anhang.

[3] Diese Bestimmung wird regelmäßig in das den Verträgen zwischen Fiskus und Schiffahrtsgesellschaft beigefügte Lastenheft aufgenommen.

Der Rückgang der prozentualen Anteilnahme der französischen Werften an den Lieferungen für die heimische Reederei ist bemerkenswert. Als einer der Faktoren, die ihn hervorgerufen haben, ist zweifellos die zeitliche Begrenzung der Fahrtprämien auf zehn Jahre vom Promulgierungstage des Gesetzes an anzusehen. Bald nach Promulgierung des Gesetzes liefen bei den französischen Werften zahlreiche Bestellungen ein: einen Teil derselben konnten die Schiffbauunternehmer sofort in Erledigung nehmen, allerdings unter Setzung der erforderlichen Fristen von achtzehn bis vierundzwanzig Monaten. Ein anderer Teil mußte bei der noch geringen Leistungsfähigkeit der französischen Werften zurückgestellt werden, konnte also auf Erledigung erst nach sechsunddreißig bis achtundvierzig Monaten rechnen. Bis ein solches Schiff dann franzisiert wurde und in See gehen konnte, waren fünf Jahre der Geltung des Prämiengesetzes verstrichen, das Schiff trat nur noch fünf Jahre lang in den Genuß der Doppelprämie. Konnte der Reeder nicht warten (z. B. wenn er ein verloren gegangenes Schiff rasch ersetzen wollte, um keine fremde Konkurrenz aufkommen zu lassen), so mußte er sich an eine englische Firma wenden, die ihm jederzeit sofort ein passendes Schiff zu liefern vermochte. Tat er dies in den ersten Jahren der Geltung des Prämiengesetzes, so strich er neun bis zehn Jahre lang die Halbprämie ein. Die Differenz zwischen der fünf Jahre lang genossenen Ganzprämie und der zehn Jahre lang erhaltenen Halbprämie ist nicht so groß, daß sie den Reeder anreizen könnte, auf die sofortige Einstellung des benötigten Schiffes zu verzichten und fünf Jahre zu warten. In unserm Beispiel[1] würde die Differenz zu Gunsten des Schiffes französischen Ursprunges 22 500 frs betragen, eine Summe, durch die kein Reeder sich verleiten lassen wird, fünf Jahre lang der Konkurrenz das Feld zu überlassen, ganz abgesehen

---

[1] oben S. 62. Frachtdampfer von 1000 Nettotons, der durchschnittlich an 300 Tagen des Jahres 36 000 Seemeilen zurücklegt. Fünfjährige Ganzprämie 252 000 frs; zehnjährige Halbprämie 229 500 frs.

davon, daß bei den billigern englischen Preisen diese 22 500 frs durch ersparte Amortisation und Versicherung ausgeglichen — eventuell mehr als ausgeglichen werden konnten. So kam es, daß in den ersten drei Jahren mehr Nettotons ausländischen als inländischen Ursprungs eingestellt wurden.[1] In der Zeit von 1884 bis 1889 standen dann die Franzisierungen von Schiffen französischen Ursprunges über denen fremden Ursprunges, um von da ab nochmals unter dieselben zu sinken — wieder wegen der zeitlichen Begrenzung des Gesetzes, wozu diesmal allerdings noch der inzwischen verstärkte Preisunterschied zwischen französischen und englischen Bauten kam.

Betrachtet man die Durchschnittsgrößen der erstellten Dampfer nach ihrer Herkunft, so ist festzustellen, daß in den ersten Jahren des Gesetzes die Durchschnittsgröße der ausländischen Fahrzeuge bedeutend über der der inländischen stand.[2] Dieses Verhältnis hatte schon in der Periode 1875/80 vorgelegen und dauerte bis 1884. Zu erklären ist die Erscheinung einmal aus dem dringenden Bedürfnis der französischen Reederei nach unmittelbarer Einstellung großer Schiffe und dem Unvermögen der französischen Werften solche *sofort* zu liefern; dann aber auch aus der technischen Rückständigkeit und Unvollkommenheit der französischen Werften, die solche Einheiten zunächst überhaupt nicht herzustellen imstande waren. Allerdings nahmen die Schiffbauunternehmer unter dem Einfluß der Prämien sehr rasch eine Umgestaltung ihrer Betriebe vor, die ihnen die Herstellung großer Einheiten (insbesondere Dampfer) ermöglichte und das ist als eine günstige Wirkung des Prämiengesetzes auf den Schiffbau anzusprechen, die unter der Geltung dieses Gesetzes sich zwar nur in etwas (während der Jahre 1884/86) bemerkbar machte, die aber für ein kommendes neues Prämiengesetz die französischen Werften auf das Niveau der ausländischen, wenn nicht über dasselbe, zu heben geeignet war. Von 1887 ab ist wieder

[1] S. Anhang.
[2] S. Anhang.

ein Sinken der Durchschnittsgrößen der französischen Bauten zu verzeichnen, das auf dieselben Gründe wie das Sinken der Franzisierungen französischer Bauten zurückzuführen ist: auf die zeitliche Begrenzung der Fahrtprämien und insbesondere den steigenden Preis der französischen Konstruktionen.

Die einzige Wirkung, die das erste Prämiengesetz auf den französischen Schiffbau gehabt hat, ist also die, daß die französischen Werften wegen der gesteigerten Nachfrage der Reederein nach Dampfern[1] sich mehr dem Dampferbau zuwandten und die hierzu nötige Umgestaltung ihrer Betriebe vornahmen. In der Periode 1872/80 hatte der jährliche Durchschnitt der auf den französischen Werften erstellten Segler noch 23033,7 Tons betragen; 1881/92 belief er sich auf nur mehr 12128,3! Und den 8175,7 Tons Dampfer der erstgenannten Periode standen nun 18162,7[2] in der zweiten gegenüber! Das bedeutet eine Abnahme des Baues von Seglern um 47,3 % und eine Zunahme des Dampferbaues um 122,2 %!

Ein Wort noch über den 15prozentigen Kriegszuschlag.[3] Eine einzige Gesellschaft hat für zwei ihrer Dampfer die Berechtigung erworben. Daß nicht mehr Versuche gemacht wurden in den Genuß derselben zu kommen, lag daran, daß einmal die Anforderungen[4] des Marineministeriums sehr hohe waren, und durch die so bedingten Mehrausgaben der Mehrbetrag der Prämie aufgezehrt worden wäre; dann aber auch daran, daß wegen des geradezu ungeheuren Zeitverlustes, den die Vorlage der Pläne, die Rückfragen und schließlich die Begutachtung durch das Marineministerium mit sich brachten, bei der ungünstigen zeitlichen Begrenzung der Gesetzesdauer die Reeder kein Interesse daran haben konnten.

---

[1] Oben S. 78 f. Nicht die Bauprämien, sondern vielmehr die Fahrt- d. h. die Doppelprämien haben also diese Wirkung gehabt!

[2] Ebenfalls jährlicher Durchschnitt.

[3] Oben S. 58.

[4] Ministerialverordnung vom 8. Februar 1884.

IV. Kapitel.

Das Gesetz über die Handelsmarine vom 30. I. 1893.

(Zweites Prämiengesetz).

„In längstens zehn Jahren wird Frankreich seinen alten Rang unter den seefahrttreibenden Nationen wieder innehaben!“ waren die Worte eines Berichterstatters, mit denen er der Überzeugung des Gesetzgebers von 1881 und der beteiligten Kreise von der Wirkung des Gesetzes Ausdruck verlieh. Die Kritiker des ersten Prämiengesetzes, die anfangs der neunziger Jahre ein neues Gesetz vorzubereiten berufen waren, konnten nur zu dem Schlusse kommen, daß diese optimistische Hoffnung sich nicht erfüllt hatte. Wohl hatte die französische Handelsmarine ihren Schiffsbestand modernisiert, wohl hatte sie ihre Anteilnahme am Überseeverkehr gesteigert — an die gehoffte zweite Stelle, gleich hinter England, war sie nicht wieder gerückt. Der Schiffsbestand hatte eine leichte Abnahme erfahren und, was die Handelsmarine im Überseeverkehr gewonnen hatte, hatte sie andererseits in der internationalen Küstenfahrt verloren. Auch der Schiffbau war enttäuscht: was er erhalten hatte, war schließlich nur ein Blankoakzept, dessen Wertbestimmung und Einlösung der Zukunft, dem neuen Prämiengesetze vorbehalten war. Hatte die französische Handelsmarine Fortschritte gemacht, so hatten in derselben Zeit die andern Handelsmarinen einen noch größern Aufschwung genommen.

Das neue Gesetz sollte nun das erreichen, was das erste nicht erreicht hatte; die Fehler und Unvollkommenheiten, denen man das Versagen des ersten Prämiengesetzes zuschrieb, wurden ausgemerzt.

a) Die Gesetzesbestimmungen.

1. Die Schiffbauprämien.

Der neue Zolltarif vom 11. I. 1892 hatte die erwartete Erhöhung der Sätze auf die Materialien, die auch als Schiffbaumaterial Verwendung finden, gebracht. Konsequenterweise wurde im zweiten Prämiengesetze eine entsprechende Erhöhung der Bauprämie vorgenommen. Es wurden nun pro Bruttoregisterton[1] bewilligt:

65 frs *(60)*[2] für Eisen- oder Stahlschiffe,

40 frs *(20)* für Holzschiffe von 150 *(200)* Tons und darüber,

30 frs *(10)* für Holzschiffe von weniger als 150 *(200)* Tons.[3]

Umbauten[4] zur Vergrößerung des Schiffes wurden wie unter dem ersten Prämiengesetz behandelt, gaben also Anspruch auf die Prämie im Verhältnis zur Vergrößerung des Raumgehaltes. Die Vergütung für Schiffantriebs- und andere Maschinen[5] wurde von 12 frs auf 15 frs die 100 kg erhöht[6]; die bei Kesselerneuerung von 8 frs auch auf 15 frs[7]; beide wurden nun den Maschinen- und Kesselfabrikanten direkt ausbezahlt.[8] An den Schiffsmaschinen vorgenommene Änderungen und Reparaturen berechtigten (abweichend vom ersten Prämiengesetz) zum Genuß der Prämie. Die Gesamtbeträge der Bauprämien wurden nach Behändigung der Franzisierungs-

---

[1] Vermessungsordnung vom 24. V. 1873 und Artikel 1 des Dekretes vom 7. III. 1889. oben S. 52 Anm. 4.

[2] Die eingeklammerten Zahlen sind die entsprechenden des ersten Prämiengesetzes.

[3] Art. 2 des Gesetzes.

[4] oben S. 53.

[5] oben S. 53.

[6] Art. 3 Abs. II, III des Gesetzes.

[7] Art. 3 Abs. IV.

[8] oben S. 53, 67.

urkunde fällig, wenn das Schiff für die heimische Handelsmarine bestimmt, und nach Aushändigung der Begleitpapiere, wenn es für fremde Rechnung gebaut war.[1]

2. Die Schiffahrtprämien.

Bedeutender als hinsichtlich der Bauprämien sind die Abweichungen, die das 1893er Gesetz in Ansehung der Fahrtprämien gebracht hat. Zunächst legt es Minimalgrößen für die Berechtigung zum Prämiengenuß fest, indem es für Segler ein Minimum von über 80, für Dampfer von über 100 Bruttoregistertons verlangt.[2] Die Geltungsdauer des Gesetzes wird auf zehn Jahre vom Promulgierungstage[3] des Gesetzes[4] erstreckt[5] und den Schiffen die Fahrtprämie auf die Dauer von zehn Jahren *vom Tage ihrer Franzisierung* an bewilligt[6]: ein am 1. II. 1893 franzisiertes Schiff erhält also die Fahrtprämie bis 1. II. 1903; ein am 29. I. 1903 eingestelltes bis 29. I. 1913. Ausgenommen vom Genuß der Fahrtprämien bleiben die französische Küstenfahrt, die Hochsee- und Küstenfischerei, die subventionierten Linien und die Luxusfahrzeuge; dagegen wird die internationale Küstenfahrt zum Genusse der Fahrtprämien[7], allerdings nur in Höhe von zwei Dritteln des Betrages[8], zugelassen. Der Kriegszuschlag wird von 15 auf 25 Prozent erhöht.[9] Die wichtigste Bestimmung ist das Versagen jeder Prämie an Schiffe fremder Konstruktion.[10] Der Berechnung

[1] Art. 4 Abs. I, II.

[2] Art. 5 Abs. I.

[3] also bis 30. I. 1903.

[4] Art. 13 Abs. I.

[5] das gilt für das ganze Gesetz, also auch für die Bauprämien, ob. S. 67; Art. 9 Abs. I Ges. 1881.

[6] Art. 5 Abs. II.

[7] Art. 5 Abs. III, IV. Art. 1 oben S. 71; S. 57 Anm. 3.

[8] Art. 6 Abs. VII. Reisen in internationaler Küstenfahrt von weniger als 120 Meilen haben keinen Anspruch auf die Prämie.

[9] Art. 7.

[10] Art. 6 Abs. I. Die vor dem 29. I. 1881 franzisierten Schiffe werden in Ansehung der Prämien wie Schiffe französischer Konstruktion behandelt (Art. 6 Abs. V); die zwischen dem 29. I. 1881 und 1. I. 1893 franzisierten fremden

der Fahrtprämien legt das neue Gesetz die Gesamt*brutto*registerton zu Grunde und scheidet zwischen Dampfern und Seglern, sowie in diesen beiden Kategorien wieder zwischen Holz- und Eisen-resp. Stahlschiffen.[1] Es werden pro Bruttoregisterton und 1000 zurückgelegte Meilen als Grundbetrag bewilligt:

den Dampfern 1 fr 10; die jährliche Minderung[2] beträgt 0 fr 06 bei solchen aus Holz und 0 fr 04 bei solchen aus Eisen oder Stahl.

den Seglern 1 fr 70; für Holzschiffe mindert sich dieser Satz um 0 fr 08 jährlich, für Eisen- oder Stahlschiffe um 0 fr 06.

Das zweite Prämiengesetz bringt noch eine Neuerung. Artikel 12 bestimmt: 4 % der Gesamtbeträge der zur Auszahlung gelangenden Bau- und Fahrtprämien werden zu Gunsten der Marineinvalidenkasse[3] einbehalten. Diese Kasse gehört zum Etablissement des Invalides de la marine und ist von Colbert (23. September 1673) begründet worden. Außer ihr gehören zum Etablissement eine Seemannskasse, eine Prisenkasse und neuerdings eine Seeunfallversicherungskasse. Die Invalidenkasse liquidiert insbesondere

1. die den eingetragenen Seeleuten und ev. deren Angehörigen zustehenden Pensionen (Halbsold[4]);

2. Gratifikationen und außerordentliche Beihilfen an Seeleute und Beamte der Marineverwaltung, sowie deren Angehörige;

3. den Jahresbeitrag an das Seemannshospital Rochefort u. a. m. Zu ihren Funktionen gehört auch die Unterstützung

Schiffe erhalten die Hälfte der Prämie. Die Schiffe fremden Ursprunges, die vor dem 1. I. 1893 franzisiert wurden und in der internationalen Küstenfahrt eingestellt sind, werden den Schiffen französischer Herkunft gleichgeachtet, erhalten also die zwei Drittel Art. 6 Abs. VII.

[1] Art. 6 Abs. II, III.

[2] Von Fertigstellung des Schiffes ab.

[3] Art. 12.

[4] oben S. 22.

von Handelskammern und gemeinnützigen Anstalten bei der Gründung und dem Unterhalt von Seemannsheimen und andern den Seeleuten zugute kommenden Einrichtungen. Die nach Art. 12 einbehaltenen vier Prozent sind zu einem Drittel zu diesem letztern Zwecke zu verwenden; die andern zwei Drittel sind als Unterstützungen[1] an verunglückte Seeleute und deren Familien zu verteilen.[2] Die Invalidenkasse hat Einkünfte verschiedenster Art; Block[3] zählt ihrer vierzehn auf, doch genügen diese alle bei weitem nicht, um die Ausgaben zu decken, so daß seit 1885[4] die Staatskasse ihr zu Hilfe kommen muß.[5]

b) Kritische Betrachtung der einzelnen Gesetzesbestimmungen.

1. Die Unterstützung des Schiffbaus.

Der Berichterstatter zum ersten Prämiengesetze, Dupuy de Lôme hatte die Mehrbelastung und verminderte Konkurrenzfähigkeit der französischen Schiffbauunternehmer im Verhältnis zu den englischen ausschließlich in den Zöllen auf Schiffbaumaterial und den höhern Transportkosten erblickt. Die Vorarbeiten zum zweiten Prämiengesetz förderten noch andere Ursachen zu Tage, die der Berichterstatter Siegfried[6] zur allgemeinen Kenntnis brachte. Das ist einmal die größere Wirtschaftlichkeit der englischen Betriebe, als eine Folge weitgehendster Arbeitsteilung und ausgedehntester Anwendung von Maschinen; und ferner die geringeren Generalunkosten der englischen Werften, die sich den Luxus kostspieliger, in

[1] Art. 12, Abs. II des Gesetzes; Art. 44, Abs. I des Ausführungsdekrets vom 25. Juli 1893.

[2] Die Seeunfallversicherungskasse ist durch Gesetz vom 21. IV. 1898 ins Leben gerufen worden.

[3] Block, Dictionnaire Art. Invalides de la marine II S. 1705 ff.

[4] Gesetz vom 21. III. 1885.

[5] Die Ausgaben betrugen im Jahresdurchschnitt 17,5 Millionen frs; 1904 mußte die Staatskasse dazu 11,9 Millionen zuschießen. S. u. S. 99 Anm. 1.

[6] Siegfried wurde noch während der Verhandlungen Handelsminister; an seiner Stelle übernahm dann die Berichterstattung J. Ch. Roux.

der Ausstattung, wie sie die Franzosen haben, unnötiger Werftanlagen nicht gestatten. Siegfried schätzt die Generalunkosten in Frankreich um die Hälfte höher als in England. Um nun die verminderte Konkurrenzfähigkeit der französischen Werften ohne Mehrbelastung für das Budget auszugleichen, schlug die Kammerkommission vor, die hohe Ermutigungsprämie der Schiffahrt auf die Hälfte herabzusetzen und die Bauprämie für Dampfer auf 120 frs, für Segler auf 100 frs pro Bruttoregisterton zu erhöhen. Dieser Antrag ging zwar nicht durch; aber er zeigt, wie sehr man gesonnen war, sich von der Auffassung des Gesetzgebers von 1881, der in der Bauprämie nur eine reine Rückvergütung bezahlten Zolles und einen Ausgleich für die höhern Transportkosten sehen wollte, zu entfernen! Die Vorarbeiten zu diesem zweiten Prämiengesetz und die einzelnen Lesungen desselben in Kammer und Senat bieten ein unerquickliches Bild. Zwei Interessentengruppen — Schiffbauunternehmer und Reeder — streiten sich mit Aufbietung aller Kräfte um die Millionen der französischen Steuerzahler. Der Schiffbau hat in diesem Kampfe die erstrebte Erhöhung der Bauprämie über die Rückvergütung des Zolles und der höhern Transportkosten hinaus nicht erreicht; dafür ist es ihm aber gelungen durchzusetzen, daß den Schiffen fremder Konstruktion[1] jede Fahrtprämie versagt wurde. Die halbmonopolartige Stellung, die den französischen Schiffbauern im 1881 er Gesetz durch die Halbprämie geschaffen war, wurde so im 1893 er Gesetz zum Monopol. Das Krasseste wäre es allerdings gewesen, wenn, dem An-

[1] In Ansehung des Rechtes auf Fahrtprämien werden als Schiffe fremder Herkunft auch solche französische Schiffe angesehen, die zwar auf französischen Werften gebaut sind, aber nach dem 29. I. 1881 mit Maschinen oder Kesseln fremden Ursprungs versehen worden sind oder versehen werden. Erhielten sie diese Maschinen oder Kessel vor dem 1. I. 1893, so haben diese Schiffe Anspruch auf die Halbprämie nach Artikel 6 Absatz IV des Gesetzes, oben S. 91 Anm. 10. Werden die fremden Maschinen und Kessel nach dem 1. I. 93 aufgestellt, so sind diese Schiffe von jeder Fahrtprämie ausgeschlossen. Art. 12 Ausf. Dekr. 25. Juli 93. Art. 6 des Ges. 1893.

trage der Kommission entsprechend, die Bauprämie über die Rückvergütung hinaus erhöht worden wäre: der Mehrbetrag wäre dann eine Prämie für unwirtschaftliche Betriebseinrichtung und Betriebsweise gewesen!

Von den weniger ins Gewicht fallenden Neuerungen des zweiten Prämiengesetzes heben wir hervor, daß jetzt außer für Kesselerneuerung [1] auch eine Bauprämie für Änderungen und Reparaturen bewilligt wird; Reparaturen des Schiffsrumpfes gehen nach wie vor leer aus. Ferner wird durch Gewährung der Bauprämie auch an Schiffe, die für fremde Handelsmarinen bestimmt sind, den unhaltbaren Zuständen des 1881er Gesetzes ein Ende bereitet: den französischen Werften ist nunmehr auch der Absatz nach dem Auslande ermöglicht.[2]

2. *Die Unterstützung der Schiffahrt.*

Entschieden die einschneidendste Maßnahme des neuen Prämiengesetzes war die Vorenthaltung jeder Unterstützung an die Schiffe fremden Ursprungs, die die Schiffbauunternehmer schon gelegentlich der ersten Prorogation des Gesetzes von 1881 durchgesetzt hatten[3], und die im zweiten Prämiengesetz ausdrücklich aufrecht erhalten wurde.[4] Dem oben[5] hierüber Gesagten ist nichts hinzuzufügen.

Der Gesetzgeber von 1893 wollte prinzipielle Änderungen am 1881er Gesetz nicht vornehmen, er wollte nur die Lücken

---

[1] oben S. 56 f. Durch Artikel 12 des Ausf. Dekretes vom 25. Juli 1893 erhalten die französischen Maschinenbauer das Monopol für den Bau und die Erneuerung von Maschinen und Kesseln, indem Schiffe französischer Herkunft, die mit fremden Maschinen oder Kesseln versehen werden, von da an als Schiffe ausländischen Ursprungs gelten.

[2] oben S. 66.

[3] oben S. 73.

[4] Art. 6 Abs. I. La prime aux navires construits à l'étranger est et demeure supprimée.

[5] S. 73 ff.

ausfüllen und die Fehler ausmerzen, die seiner Ansicht nach die Entfaltung des ersten Prämiengesetzes zu voller Wirkung verhindert hatten. Es lag ihm insbesondere fern, eine der beiden Kategorien von Schiffen — Dampfer oder Segler — mehr zu unterstützen, als es der Gesetzgeber von 1881 getan hatte. Die Basierung der Fahrtprämie auf der *Netto*ton hatte zu Unzuträglichkeiten geführt[1] und sollte daher durch die Basierung auf der *Brutto*ton ersetzt werden. Um nun den Schiffen im 93er Gesetz doch denselben Prämienbetrag zukommen zu lassen wie im 81er Gesetz, mußte der Grundbetrag der Prämien herabgesetzt werden, da die Anzahl der Bruttotons eines Schiffes größer ist als die der Nettotons. Für Dampfer hatte dies natürlich in stärkerem Maße zu geschehen als für Segler, da die Nettotons sich zu den Bruttotons bei einem Dampfer wie 58:100, bei einem Segler wie 98:100 verhalten.[2] Auf Grund des ersten Prämiengesetzes erhielt ein Dampfer französischer Konstruktion von 100 Bruttotons = 58 Nettotons pro 1000 zurückgelegte Meilen im ersten Jahre 87 frs Fahrtprämie, ein Segler von 100 Bruttotons = 58 Nettotons unter denselben Voraussetzungen 147 frs. Pro Bruttoton ergab das als Grundbetrag 0 fr 87 für Dampfer und 1 fr 47 für Segler. Der Gesetzgeber von 1893 hat diese beiden Sätze, die genau die gleiche Unterstützung wie die 1 fr 50 des 81er Gesetzes gebildet haben würden, um 0 fr 23 erhöht, um die Reeder in Stand zu setzen, den Schiffbauunternehmern etwas höhere Preise zu zahlen. *Diese Erhöhung bedeutete also eine indirekte Unterstützung des französischen Schiffbaus.* Damit, und mit der Schaffung des Monopols der französischen Werften durch Versagen jeder Prämie an die Schiffe fremder Konstruktion hat der Gesetzgeber von 1893 die französische Reederei aufs engste an den heimischen Schiffbau gekettet.[3] Während 1881/92 Dampfer *und* Segler pro Nettoregisterton einen Grundbetrag von 1 fr 50 erhielten,

[1] S. 68 ff.

[2] ungefähr.

[3] „mariage d'enfer" nannten nachmals die Reeder diese Verkettung.

stellte sich unter dem Gesetz von 1893 die Unterstützung *pro Nettoton für die Dampfer auf 1 fr 90, für die Segler auf 1 fr 73.* Wir bestehen darauf, dies einwandfrei festzustellen, weil unter dem 1893er Gesetz eigentümlicher Weise die Segelschiffahrt wieder einen starken Aufschwung nahm, und dies allgemein von Schriftstellern und Parlamentariern der „erhöhten“ Prämie für Segler zugeschrieben wird. Diese Erhöhung ist eine Fiktion, ist eine nur scheinbare und beruht darauf, daß im neuen Gesetz an die Stelle der Nettoton die Bruttoregisterton getreten ist. Tatsächlich hatte sich das Verhältnis der Unterstützung für Segler zu der für Dampfer im 1893er Gesetz gegenüber dem 81er Gesetz nicht zu Gunsten, sondern (leicht) zu Ungunsten der Segler verschoben. Bei der Besprechung der Wirkung des neuen Gesetzes[1] werden wir hierauf zurückzukommen haben.

Durch die Einbeziehung der internationalen Küstenschiffahrt wurde ein Versehen gut gemacht, das unter dem ersten Prämiengesetze den Schiffsverkehr der französischen Flagge ungünstig beeinflußt hatte.[2] In Ansehung der Prämien[3] teilt sich nunmehr die französische Handelsschiffahrt in: *Große Fahrt,* als Fahrt außerhalb der in Art. 377 des code de commerce festgelegten Grenzen[4], in *französische Küstenfahrt,* als Fahrt von französischen zu französischen Häfen[5]; und in *internationale Küstenfahrt,* als Fahrt innerhalb der der großen Fahrt gesetzten Grenzen, und zwar entweder zwischen einem französischen (resp. algerischen) und einem fremden Hafen, oder als Fahrt zwischen zwei fremden Häfen.[6] Das Gesetz läßt die internationale Küstenfahrt zum Prämiengenusse nur in Höhe von zwei Dritteln des den Überseeschiffen zustehenden Be-

[1] unten S. 101 ff.

[2] oben S. 70 ff.

[3] andere Gesichtspunkte für eine abweichende Einteilung der Handelsschifffahrt sind der allgemein handelspolitische und der für die Erteilung des Befähigungszeugnisses als Schiffsführer und Steuermann.

[4] oben S. 57, Anm. 3.

[5] als französische gelten auch die algerischen Häfen.

[6] Art. 1 des Ges.

trages zu. Diese Einschränkung entsprang einmal budgetären Rücksichten; und dann der Erwägung, daß die in internationaler Küstenfahrt laufenden Schiffe bei eintretender Reparatur- oder Dockungsbedürftigkeit oder zwecks Einnahme von Proviant und Feuerungsmaterial verhältnismäßig leicht einen europäischen Hafen anlaufen können und demgemäß im Betriebe billiger sind.

Die Geltungsdauer des Gesetzes betrug wieder zehn Jahre; doch hörte mit Ablauf dieser Periode die Prämienzahlung nicht auf: jedem berechtigten Schiffe wurde der Prämiengenuß auf zehn Jahre garantiert — ob es nun am Anfang oder am Ende der zehnjährigen Periode eingestellt wurde. Damit verschwand der Hauptfehler des 1881er Gesetzes.

Der Antrag auf Einbehaltung eines Teiles der Prämien zu Gunsten der Marineinvalidenkasse ging von einer Gruppe sozialistischer Abgeordneter, insbesondere der Hafenstädte, aus und war ein parteipolitisches Manöver. Ein solcher Antrag auf Einbehaltung von 20 %[1] war schon 1880 gestellt worden, hatte aber keine Zustimmung gefunden. Allerdings sind heute noch die den französischen Seeleuten[2] zukommenden Halbsoldpensionen, die aus der Marineinvalidenkasse gezahlt werden, von geringer Höhe und waren damals geradezu lächerlich gering.[3] Dadurch, daß man den Antrag zum Gesetz erhob, würden sie aber auch nicht erhöht worden sein; dazu hätte es eines neuen Antrages auf Erhöhung der Halbsoldpensionen bedurft, der nicht vorlag. Der vorliegende Antrag erschloß der Kasse nur eine neue Einnahmequelle, die 24½ Millionen in 12 Jahren gebracht hätte unter der Annahme, daß trotz der Abgänge die Entwicklung von Schiffbau und Schiffahrt dieselbe gewesen wäre. Diese Einnahmequelle genügte aber bei weitem nicht, um das jährliche Defizit

[1] Leroux de Bretagne S. 127 f.

[2] auf den Nachweis, daß sie 300 Monate zur See gefahren sind (auf Kriegs- oder Kauffahrteischiffen) und nach vollendetem 50. Lebensjahre.

[3] 1791: 96 frs jährlich; 1862: 135; 1881: (11. V.): 204; 1908: (26. VI.): 360 als Mindestsatz für die unterste Kategorie.

von über 10 Millionen, das ohnehin von der Staatskasse gedeckt wurde[1], auszugleichen. Die Annahme des Antrages hätte eine erhebliche Reduktion der bewilligten Prämien bedeutet und insbesondere die Bauprämien getroffen, die an sich schon die Vergütung für die Zoll- und Transportbelastung nicht ausmachten.[2] Zudem befanden sich unter den Arbeiten, die die Kammern demnächst beschäftigen sollten, verschiedene Gesetzesvorschläge[3] zur Erhöhung der Halbsoldpensionen, die damit den Kern der Sache trafen. Aus allen diesen Gründen war der Antrag 1881 abgelehnt worden. — 1893 erschien er wieder, diesmal als Kommissionsantrag auf Einbehaltung von 3 %. Das Plenum der Kammer erhöhte den Prozentsatz auf 4 und gab seine Zustimmung. Die Debatten im Senat drehten sich fast ausschließlich um die Frage der Unterstützung der Schiffe ausländischer Konstruktion. Die übrigen Fragen wurden recht kursorisch behandelt und in der von der Kammer vorgelegten Fassung angenommen; so auch Artikel 12 auf Einbehaltung der 4 %. Diese Einbehaltung bedeutete wie gesagt eine Reduktion der Prämien, sowohl der Bau- als auch der Fahrtprämien; erheblich ins Gewicht fallen konnte aber diese Minderung des Gesamtbetrages der Prämien nicht; denn einmal war die Unterstützung des Schiffbaues durch die Monopolstellung und die für ihn bestimmte Erhöhung der Fahrtprämie über die bloße Rückvergütung hinaus verstärkt; und von dem Teil der Fahrtprämien, der die reine Ermutigung darstellte, konnten die Reeder schon etwas abgeben.

---

[1] Die Zuschüsse der Staatskasse betrugen in Millionen frs:

1886 ; 6,6	1891 : 7,9	1896 ; 9,4	1901 : 11,3	1907 : 13,4
1887 : 5,6	1892 : 7,9	1897 : 11,0	1903 : 11,5	1908 : 15,0
1888 : 6,1	1893 : 8,4	1898 : 11,0	1904 : 11,9	1909 : 17,3
1889 : 7,2	1894 : 9,3	1899 : 11,5	1905 : 12,3	1910 : 15,9
1890 : 7,6	1895 : 9,9	1900 : 11,6	1906 : 13,2	1911 : 16,2

[2] oben S. 65.

[3] Gesetz vom 11. V. 1881.

c) Die Wirkung des Gesetzes.

Das zweite Prämiengesetz war kaum einige Zeit in Geltung, als man sich gestehen mußte, daß die erhoffte Wirkung noch viel weniger als durch das erste Gesetz erreicht werden würde. So sehen wir bereits im Jahre 1897 wieder eine außerparlamentarische Kommission mit der Untersuchung der Ursachen des Niederganges der französischen Handelsmarine beschäftigt, um ein neues Gesetz vorzubereiten. Noch vor Ablauf der Geltungsdauer des 1893er Gesetzes, die sich bis zum 30. I. 1903 erstreckte, trat am 7. IV. 1902 das neue, dritte Prämiengesetz in Geltung. Die Untersuchung der Wirkung des zweiten Prämiengesetzes hat sich demgemäß auf die Jahre von 1893 bis 1901 einschließlich (also 9 statt 10 resp. 20 Jahre) [1] zu beschränken.

Während des neunjährigen Zeitraumes 1893/01 wurden der französischen Handelsmarine auf Grund des zweiten Prämiengesetzes an Prämien insgesamt 148 751 223 frs 78 *(122 715 719)*[2] ausbezahlt. Davon waren Bauprämien 46 755 796 frs 68 *(31 676 281)* und Fahrtprämien 101 995 427 frs 10 *(91 039 438)*. Auffallend an diesen Zahlen ist zunächst ihr starkes Anwachsen während der neunjährigen Periode 1893/01 im Vergleich zur zwölfjährigen Periode 1881/93: es hat sich der jährliche Durchschnitt des Gesamtbetrages von 10,2 Millionen [3] der ersten Periode auf 16,5 [4] der zweiten gesteigert; der der Bauprämien von 2,6 [5] auf 5,2 [6] und der der Fahrtprämien von 7,6 [7] auf 11,3 [8] Millionen! Als erstes Ergebnis des 1893er Gesetzes ist also eine erhebliche Mehrbelastung des Budgets festzustellen.

---

[1] oben S. 91.

[2] Die Zahlen in Klammern sind die entsprechenden der *zwölf*jährigen Periode 1881/93.

[3] 10 226 309 frs 92.

[4] 16 527 913 frs 75.

[5] 2 639 690 frs 08.

[6] 5 195 088 frs 52.

[7] 7 586 619 frs 83.

[8] 11 332 825 frs 23.

1. *Die Seeschiffahrt.*

Von den beinahe 102 Millionen, die an die Schiffahrt zur Auszahlung gelangten, entfielen 91,3 [1] Millionen auf die große Fahrt und 10,7 [2] Millionen auf die internationale Küstenfahrt. Scheidet man nach Schiffskategorien, so ergibt sich, daß die Dampfer in den Genuß von 65,3 [3], die Segler von 36,7 [4] kamen. Folgende Tabelle gibt darüber Aufschluß, wie sich die Fahrtprämien auf die einzelnen Jahre (große Fahrt und internationale Küstenfahrt vereinigt) verteilen.

Die Fahrtprämien 1893—1901.

Jahr	Dampfer	Segler	insgesamt
1893	5 198 121	873 687	6 071 808
1894	6 559 186	1 294 753	7 853 939
1895	7 146 634	1 434 258	8 580 892
1896	7 697 941	1 876 790	9 574 731
1897	7 957 985	3 374 983	11 332 968
1898	7 406 208	4 394 522	11 800 730
1899	7 933 918	5 311 909	13 245 827
1900	7 583 485,02	7 704 302,30	15 287 787,32
1901	7 811 591,64	10 435 153,14	18 246 744,78

Die Hoffnung auf eine Vermehrung der Gesamttonnage, die das erste Prämiengesetz enttäuscht hatte, hat das zweite wenigstens erfüllt: von 906 Tausend Nettotons Ende 1892 steigert sich der Bestand auf 1 111 Ende 1901, d. i. ein Mehr von 205.[5] Von diesem Mehr entfallen 48 auf die Dampfer und 156 auf die Segler.

Die Reeder haben also, entgegen ihrer unter dem ersten Prämiengesetz gezeigten Tendenz, dem Seglerbetrieb wieder den Vorzug geben! Französische Schriftsteller erklären diese Erscheinung mit der Erhöhung der Fahrtprämie für Segler.

[1] 91 317 824 frs 40.
[2] 10 677 602 frs 70.
[3] 65 295 069 frs 66.
[4] 36 700 357 frs 44.
[5] s. Anhang.

Eine solche Erhöhung hat aber, wie wir oben[1] nachgewiesen haben, *gar nicht stattgefunden;* im Gegenteil, die Segler sind im neuen Gesetz sogar etwas ungünstiger gestellt worden. Andere behaupten, die Unterstützung für Segler sei im Verhältnis zu der für Dampfer zu stark gewesen. Aber dies Verhältnis hat doch auch schon unter dem ersten Prämiengesetze vorgelegen! Dem allein die Bevorzugung des Seglers zuschreiben, heißt annehmen, daß die französischen Reeder unter dem ersten Prämiengesetz nicht zu rechnen verstanden. Da sich im Prinzip die Fahrtprämien nicht geändert haben, müssen unter dem zweiten Prämiengesetz andere Veränderungen eingetreten sein, die den Anstoß gaben, in verstärktem Maße sich wieder der Segelschiffahrt zuzuwenden. Ein Blick auf die Jahresbestände der Handelsmarine belehrt uns, daß während der ersten vier Jahre der Geltung des 93er Gesetzes die Seglerbestände noch immer eine leichte Reduktion erfahren, während die Dampferbestände ihre steigende Tendenz beibehalten. Erst von 1897 ab macht sich ein kräftiges Anwachsen des Seglerbestandes bemerkbar. Dieser Umstand allein schon hätte die französischen Kritiker darauf hinleiten müssen, daß nicht die Prämien, oder wenigstens nicht ausschließlich die Prämien, die gedachte Wirkung haben konnten. Unserer Ansicht nach hat das den französischen Werften durch Versagen jeder Fahrtprämie an die Schiffe fremder Konstruktion geschaffene Monopol, im Verein mit der für Segelschiffe reichlich bemessenen Fahrtprämie, Verhältnisse geschaffen, die den französischen Reedern den Betrieb der Segelschiffahrt rentabler als den Betrieb der Dampfschiffahrt erscheinen ließen. Im Hinblick auf ihre Monopolstellung haben nämlich die nur in geringer Zahl vorhandenen französischen Dampfschiff-Werften sich verständigt und die Preise für ihre Produkte derart in die Höhe geschraubt, daß der Preisunterschied im Vergleich zu den

[1] S. 97.

englischen Bauten 30 bis 80 % betrug. Die daraus sich ergebende Verteuerung des Betriebes der Dampfschiffahrt konnte durch die Fahrtprämien bei weitem nicht mehr ausgeglichen werden. Anders war es mit dem Segelschiffbau, dem sich weit zahlreichere Werften, insbesondere an der West- und Nordküste Frankreichs, widmeten. Hier kam es zu keiner Einigung, man machte sich gegenseitig Konkurrenz, die Preise für Segelschiffe standen niedrig. Ferner kommt dazu, daß die laufenden Betriebskosten an sich für einen Segler bedeutend geringer sind als für einen Dampfer. Die Fahrtprämie für Segler verblieb demnach ganz oder doch größtenteils dem Reeder.

Die Behauptung, es hätte Segler gegeben, die unter dem zweiten Prämiengesetz einfach auf den Ozean hinausgefahren wären mit oder ohne Ladung, nur mit dem Zwecke, auf Grund einer möglichst großen Meilenzahl eine möglichst hohe Prämie einzukassieren, ist unzutreffend. Das aber ist sicher, daß nur auf Grund einer derart reichlich bemessenen Unterstützung die Segelschiffahrt in so ausgedehntem Maße sich rentieren konnte. Zur Illustration der erzielten Gewinne entnehmen wir dem Geschäftsbericht einer Reederei das folgende Beispiel[1]: Für den Ankauf eines Seglers von 1945 Bruttoregistertons wurden zu dem Aktienkapital von 220000 frs noch 220000 frs geliehen. Die dem Berichte zugrundeliegende Fahrtdauer betrug 16½ Monate. Die Einnahmen mit 371123 frs setzten sich aus der Fahrtprämie (133481 frs) und der Fracht (237642 frs) zusammen; die Gesamtausgaben (Gehälter, Gebühren, Versicherung, Verwaltung, Zins und Amortisation) belaufen sich auf 239929 frs 90. Nach Zurücklegung von 45884 frs 65 Reserven kommt ein Reingewinn von 85308 frs 45 zur Verteilung d. s. **38,75 %**! Solche Gewinne konnte die Dampfschiffahrt nicht abwerfen; Dampfer fremden Ursprungs erhielten keine Prämie, und bei Dampfern französischen Ursprunges floß der weitaus größte Teil der Fahrtprämie infolge

[1] Seilhac.

des Preisunterschiedes in die Taschen der französischen Schiffbauunternehmer, der Geldverleiher und Versicherungsgesellschaften.[1]

Eine weitere Folgeerscheinung der durch das Gesetz geschaffenen Lage ist die Tatsache, daß insbesondere die französischen Segler sich nur auf den internationalen Zwischenhandel warfen und die Transporte von und nach französischen Häfen mehr und mehr den ausländischen Flaggen überließen, wofür ihnen dann der französische Staat die reichlich bemessenen Prämien zu zahlen hatte. So gingen z. B. zwei französische Segler *in Ballast* nach England, wo sie Kohlen für Amerika einnahmen; von Amerika brachten sie Getreide nach England, kehrten *wieder in Ballast* nach Frankreich zurück und erhielten für diese Tätigkeit der eine 89 000, der andere 110 000 frs Fahrtprämien!

Das starke Zunehmen der prämiierten Segelschiffahrt zeigt folgende Zusammenstellung der *Prozentsätze*, die von den insgesamt an Dampfer und Segler gezahlten Fahrtprämien auf die Segelfahrt entfallen:

1893 : 14,4	1896 : 19,6	1899 : 40,1
1894 : 16,5	1897 : 29,8	1900 : 50,4
1895 : 16,7	1898 : 37,3	1901 : 57,0

Was die absolute Leistungsfähigkeit der französischen Handelsmarine angeht, so hat sich dieselbe zum Schluß der neunjährigen Geltungsdauer wieder gehoben und den Grad, den sie Ende 1892 innehatte, überschritten, nachdem sie 1893, 94, 95, (in den Jahren der allgemeinen internationalen Geschäftsstockung), etwas zurückgegangen war. Neben der Vermehrung des Seglerbestandes um 157 Tausend Tons hat dazu auch die Vermehrung des Dampferbestandes um 48 Tausend Tons = 144 Tausend Seglertons beigetragen. Insgesamt hat demnach die Leistungsfähigkeit um 301 Tausend

[1] S. oben die Tabelle S. 76.

Seglertons zugenommen, d. i. ein Jahresdurchschnitt von 33 444 gegen 37 417 der vorhergehenden Periode. Dieser Rückgang des Jahresdurchschnittes wäre an sich noch kein Rückschritt. Zum Rückschritt stempelt ihn erst die Tatsache, daß die Vermehrung der Leistungsfähigkeit nicht so sehr durch Vermehrung der Dampfertonnage als vielmehr in der Hauptsache der Seglertonnage erfolgte. Welcher Unterschied gegen die Periode 81/92, in der die Vermehrung der Leistungsfähigkeit der Handelsmarine ausschließlich auf Grund der Vermehrung der Dampfer vor sich ging, während die Segler stark (um 36,5 %) zurückgingen! Die Folge war natürlich ein Sinken der relativen Leistungsfähigkeit: 100 Tons Tonnage, die Ende 1892 eine Leistungsfähigkeit von 210 Seglertons besessen hatten, wiesen Ende 1901 eine solche von nur mehr 198 Seglertons auf!

Die Franzisierungen 1893/01 beliefen sich auf insgesamt 730 Tausend Tons netto; das ergibt gegenüber der Periode 81/92 ein Mehr des Jahresdurchschnittes von fast 21 Tausend Tons.[1] Das wäre ein ganz gutes Ergebnis, wenn eben einmal die Segler nicht in so hervorragendem Maße beteiligt wären: den 286 Tausend Tons Dampfer stehen 444 Tausend Tons Segler gegenüber, während 1881/92 *178* Tausend Tons Dampfer und *257* Tausend Tons Segler franzisiert worden waren. In zweiter Linie erscheint der Wert dieses Ergebnisses dadurch noch mehr herabgesetzt, daß die französischen Reeder, um billig zu kaufen, wieder alte Schiffe im Auslande erstehen: im Jahre 1898 waren 22 % dieser Schiffe mehr als zwanzig Jahre alt:[2]

Der Schiffsbestand an Dampfern von über 1000 Tons betrug Ende 1901: 214 Stück mit 382 700 Tons gegen 183 mit 352 213 Tons im Jahre 1892. Die absolute Zunahme der Fahrzeuge beträgt demnach 31, die der Gesamttonnage 30 487 Tons. Die Durchschnittsgröße der einzelnen Dampfer dieser Kategorie, die in der vorhergehenden

[1] Jahresdurchschnitt 1881/92 über 60 200, 1893/01: 81 111 Tons.

[2] Das Durchschnittsalter der 1893/02 im Auslande gekauften Schiffe, meist Dampfer, betrug 16 Jahre.

Periode von 1563,9 auf 1924,7 Tons gestiegen war, ist jetzt wieder gesunken, und zwar auf 1788,3.

In Ansehung des Materiales der französischen Handelsmarine ist also das Ergebnis des zweiten Prämiengesetzes dieses: die Modernisierung und Verjüngung des Materials, zu der man sich am Schluß der vorhergehenden Periode beglückwünschen konnte, hört auf; es werden wieder massenhaft Segler eingestellt, sowie alte und veraltete Schiffe, fast ausschließlich Dampfer, im Auslande angekauft.

Was nun die französische Schiffahrt anlangt, so darf es nicht wunder nehmen, daß sie bei der unvorteilhaften Umgestaltung des Schiffsmaterials unter dem zweiten Prämiengesetz Fortschritte nicht gemacht hat.[1] An der Zunahme des Schiffsverkehrs in den französischen Häfen von 1890 bis 1901 um rund 7 Millionen Tons sind die fremden Flaggen ausschließlich beteiligt, während die französische stationär bleibt. Demgemäß fällt auch der prozentuale Anteil der französischen Flagge: derselbe war 28 für die Fahrten in internationaler Konkurrenz im Jahre 1892 und sank auf 20 im Jahre 1901. Die durchschnittliche prozentuale Anteilnahme, die 1881/92 im Verhältnis zu 75/80 um rund 4 gestiegen war,[2] fällt um 8,34 unter dem zweiten Prämiengesetz, auf 22,83! Doch ist, wie eben angedeutet, dies Sinken der prozentualen Anteilnahme der französischen Flagge nicht dem Sinken des Verkehrs der französischen Schiffe zuzuschreiben, sondern vielmehr dem starken Steigen des Gesamtschiffsverkehrs in den französischen Häfen, an dem nur die fremden Flaggen teilhatten, während der französische Schiffsverkehr sich ungefähr gleich blieb.[3]

Für diese Periode liegen zum ersten Male auch die Zahlen für den *Warenverkehr* in den französischen Häfen vor, getrennt nach Warenursprungsland, sowie nach der Nationalität

[1] S. Anhang.

[2] oben S. 83.

[3] S. Anhang.

der befördernden Schiffe. Aus diesen Zahlen geht hervor, daß in jener Zeit in den französischen Häfen in Ausfuhr und Einfuhr insgesamt rund 22 Millionen Gewichtstonnen im Jahresdurchschnitt bewegt wurden. An diesem Warenverkehr ist die französische Flagge mit durchschnittlich 32,7 % beteiligt, das ist mit einem Drittel, während ihr Anteil am Gesamt*schiffs*verkehr, wie wir eben festgestellt haben, noch nicht ein Viertel beträgt (22,83 %). Von den 67,3 %, die die fremden Flaggen befördert haben, entfallen auf die Flaggen des Warenursprungs- und -Bestimmungslandes 42,7, auf die dritten 24,7. Die schärfsten Konkurrenten der französischen Flagge sind also die Flaggen des Warenursprungs- und -Bestimmungslandes, und zwar in annähernd gleicher Stärke, indem auf die Flagge der Ursprungsländer 44,6 %, auf die der Bestimmungsländer 37,4 % des Gesamtwarenverkehrs entfallen. Jede dieser Flaggen hat einen natürlichen Vorteil vor der französischen, der für die Ursprungsflagge darin liegt, daß der französische Importeur die Auswahl des Schiffes dem ausländischen Exporteur zu überlassen pflegt (Cifverträge); unter sonst gleichen Verhältnissen wird der fremde Exporteur die eigene Flagge wählen. Der Vorteil der Flagge des Bestimmungslandes beruht darin, daß diese Schiffe sich für die Fahrt von Frankreich nach der Heimat, die sie eventl. in Ballast machen müßten, mit etwas reduzierten Frachtsätzen begnügen.

Nichtsubventionierte, regelmäßige Linien sind unter dem zweiten Prämiengesetz *nicht* begründet worden.

Ebenso ist die Erhöhung des Kriegszuschlages von 15 auf 25 % erfolglos geblieben.

2. *Der Schiffbau.*

Die ungünstige Gestaltung der französischen Schiffahrtsverhältnisse unter dem zweiten Prämiengesetz stand mit den Zuständen der französischen Werften in intensivster Wechselwirkung. Die Bevorzugung des Seglerbetriebs durch die Reeder war einerseits durch die hohen Preise hervorgerufen, die die Schiffbauunternehmer für ihre Dampfer verlangten, andereseits wirkte sie auf die Werften ein, bei denen mehr und mehr Bestellungen auf Segler und weniger auf Dampfer eingingen.

Die Franzisierungen unter dem zweiten Prämiengesetz beliefen sich auf insgesamt 730 Tausend Tons netto, wovon die französischen Werften 459, das Ausland[1] 271[2] lieferten:[3] der prozentuale Anteil der französischen Werften ist also von 49,5 % der Periode 81/92 auf 62,9 in der Periode 93/01 gestiegen, ein Mehr von 13,4 %! Dies Resultat scheint auf den ersten Blick recht günstig für die französischen Werften zu sein. Doch kommt man bei etwas eingehender Untersuchung zu anderer Ansicht. Von den 459 Tausend Nettotons, die die französischen Schiffbauunternehmer von 1893 bis Ende 1901 ablieferten, waren 375 Tausend Seglertons und nur 84 Tausend Dampfertons! Zu diesen 375 Tausend Seglertons müssen aber noch 133 Tausend hinzuaddiert werden, deren Fertigstellung und Franzisierung erst ins Jahr 1902 fällt, deren Entstehung aber doch zum allergrößten Teil auf die Wirkung des zweiten Prämiengesetzes zurückzuführen ist. Wir erhalten so als auf Grund des Gesetzes erstellte Tausend Nettotons: insgesamt 863, durch französische Werften 592; von diesen 592 Tausend Nettotons waren 508 Tausend Segler, das sind 85,8 %! Im Jahresdurchschnitt wurden in dieser Periode franzisiert (in Tausend Nettotons) Segler,

---

[1] Das Ausland — damit ist nicht gesagt „ausländische *Werften*“; im Gegenteil waren es vielmehr ausländische *Reeder*, die ihre alten Schiffe abstießen. Oben S. 32, 105.

[2] Es wurden im Auslande gekauft Tausend Tons 1893/97 : 128 und 1897 bis 1901 : 143, das sind im Jahresdurchschnitt für die ersten fünf Jahre 25,7 und die folgenden vier Jahre 35,6. Das Steigen der Ankäufe im Ausland erklärt sich daraus, daß die außerparlamentarische Kommission 1897 sich für die Unterstützung der Schiffe fremden Ursprungs aussprach und die Reeder auf Grund der Präzedenzfälle von 1881 (oben S. 57 Anm. 2) und von 1893 (oben S. 91 Anm. 10) darauf rechnen zu können glaubten, daß diese Unterstützung auch im 02er mit rückwirkender Kraft würde ausgestattet werden.

[3] S. Anhang.

französischen Ursprunges 50,8 *(12,1)*,[1] fremde 7,7 *(9,3)*; Dampfer, französischen Ursprunges 9,3 *(18,1)*, fremde 22,5 *(21,6)*. Unter dem ersten Prämiengesetz hatte der Seglerbau der französischen Werften im Vergleich zur Periode 72/80 um 47,3 %[2] abgenommen; 1893/02 nahm er im Vergleich zu 81/92 wieder um **319,8** % zu! Und während 81/92 der Dampferbau um 122,2 %[2] zugenommen hatte, nahm er jetzt um 48,6 % ab![3]

Wie wir oben[2] ausführten, hatten die französischen Schiffbauunternehmer unter dem ersten Prämiengesetz eine Umgestaltung ihrer Betriebe in der Hinsicht vorgenommen, daß sie dieselben vorzugsweise für den Bau von Dampfern einrichteten. Die Neuinstallation, insbesondere die Beschaffung moderner Maschinen und Werkzeuge, hatte Summen gekostet, auf deren Verzinsung und Amortisation unter dem ersten Prämiengesetz nicht mehr gerechnet werden konnte. Doch durften die Schiffbauunternehmer hoffen, durch das neue Gesetz auf ihre Rechnung zu kommen. Ihre Hoffnung wurde bitter enttäuscht: die Dampferbestellungen blieben während der Periode 93/01 um 134 Tausend hinter den 218 Tausend Tons der Jahre 1881/92 zurück. Infolge der Massenbestellungen auf Segler gingen nun die Werften vorzugsweise zum Bau von Seglern über! Soweit sie unter dem Einfluß des ersten Prämiengesetzes des dazu benötigten Maschinen- und Werkzeug-Materiales sich entledigt hatten (natürlich meist weit unter dem Werte und dem Preise), waren sie nun genötigt neues Material zu beschaffen; die reinen Seglerwerften, deren viele unter dem Einflusse des ersten Prämiengesetzes ihren Betrieb hatten einstellen müssen, erlebten eine neue unverhoffte Blüte. Die Zahl der Docks und Hellinge, die 1893

---

[1] Die Zahlen in Klammern sind die entsprechenden der Periode 1881/92.
[2] oben S. 88.
[3] alles Jahresdurchschnitte.

in ganz Frankreich sich auf 32 gestellt hatte, stieg auf 67[1] bis zum Jahre 1899: die Neuinstallationen wurden ausschließlich zum Zwecke des Baues von Seglern vorgenommen, der, während er in den konkurrierenden Ländern in der Abnahme begriffen oder doch stationär war, in Frankreich wieder einen raschen und starken Aufschwung nahm, zum Schaden der französischen Schiffahrt und nicht zum Nutzen der heimischen Werften.

Die Durchschnittsgrößen[2] der von französischen Werften erstellten Dampfer, die unter der Geltung des ersten Prämiengesetzes wenigstens zeitweilig über den Durchschnittsgrößen der vom Auslande bezogenen standen, sanken unter dem zweiten Prämiengesetz andauernd erheblich unter dieselben: *die großen Einheiten wurden jetzt durchweg im Auslande gekauft.* Zudem ist in dieser zweiten Periode die Einstellung großer Dampfereinheiten überhaupt zurückgegangen: die Durchschnittsgröße der französischen Bauten ist von 384,9 Nettotons der Periode 81/92 auf 207,6 der Jahre 93/01, die der fremden von 527,5 auf 512,7 gefallen.

Jene Clique französischer Schiffbauunternehmer, welche die Aufhebung der Fahrtprämie für fremde Schiffe durchzusetzen verstanden und daraus enormen Vorteil zu ziehen gehofft hatte, hatte sich also ins eigene Fleisch geschnitten. Zugleich hat sie aber auch — und das ist das Betrübende dabei — die französische Schiffahrt schwer geschädigt!

[1] P. Lemée S. 129.

[2] S. Anhang.

V. Kapitel.
Das Gesetz über die Handelsmarine vom 7. IV. 1902.
(Drittes Prämiengesetz).

Als die Geltungsdauer des zweiten Prämiengesetzes sich ihrem Ende zuneigte, war die Lage der französischen Handelsmarine schlechter denn je, schlechter als 1880 und viel schlechter als 1892. Der neue Gesetzgeber[1] hatte nunmehr seine Aufgabe erst in zweiter Linie in der Weiterentwickelung und dem Weiterausbau der bisherigen Gesetzgebung zu suchen; in erster Linie mußte ihm insbesondere an der Rückgängigmachung der unter dem vorhergegangenen Gesetz eingetretenen unerwünschten und verfehlten Entwickelung liegen.

a) Die Gesetzesbestimmungen.

Die Wirkung des 93er Gesetzes hörte erst mit Beginn des Jahres 1913 auf, so daß die Schiffe, die unter der Geltung des Gesetzes (d. h. bis 1903) ihre Ansprüche begründet hatten, bis 1913 dem Régime des zweiten Prämiengesetzes unterstellt blieben. Hierauf hatte das neue Gesetz Rücksicht zu nehmen.

Als einen der Hauptgründe des Scheiterns des zweiten Prämiengesetzes hatte man die Unterdrückung der Halbprämie an die Schiffe fremden Ursprunges erkannt; man war sich klar, daß in einem neuen Gesetze die Schiffe fremder Herkunft wieder eine Unterstützung erhalten müßten. Die fran-

[1] Die Kommission zur Vorbereitung des Gesetzes war bereits am 9. II. 1897 gebildet worden.

zösischen Schiffbauunternehmer setzten auch jetzt nochmals der Wiedereinführung dieser Unterstützung die heftigste Opposition entgegen, und es gelang ihnen tatsächlich bei der ersten Lesung in der Kammer gegen Regierung und Kommission — mit 256 gegen 235 Stimmen — durchzusetzen, daß „jede Untertützung der Schiffe fremden Ursprunges aufgehoben sei und aufgehoben bleiben solle." Der Senat war einsichtig genug, dem Kommissionsantrag auf Unterstützung auch der Schiffe fremden Ursprunges stattzugeben, und die Kammer stimmte dem dann in zweiter Lesung zu.

Die Geltungsdauer des 1902er Gesetzes wurde auf zehn Jahre festgelegt, die Dauer seiner Anwendbarkeit auf zwölf. [1]

1. *Die Schiffbauprämien.*

In Ansehung des Betrages der Schiffbauprämien hat das dritte Prämiengesetz nichts geändert, sondern einfach die diesbezüglichen Bestimmungen des 1893er Gesetzes prorogiert. [2] Zu einer Veränderung lag ein Anlaß auch nicht vor, da die Sätze des Zolltarifs, auf denen die Bauprämien aufgebaut waren, dieselben geblieben waren. Doch hat der Gesetzgeber von 1902 einige Neuerungen eingefügt:

a. In Artikel 19 wird der Bau aller Regierungsschiffe,[3] soweit sie nicht Kriegsfahrzeuge sind[4], den französischen Privatwerften ausschließlich vorbehalten. Nur französischen Unternehmern, deren Werften im Staatsgebiet liegen, kann der Zuschlag erteilt werden. Sollte auf eine Submissionsausschreibung ein Angebot einer französischen Werft nicht eingehen, oder handelt es sich um die Herstellung besonderer, im Auslande patentierter Apparate, dann können ausländische Unternehmer zur Submission aufgefordert werden.

---

[1] Art. 10.

[2] Art. 10. Oben S. 90.

[3] Zollkutter, Sanitätsbarken, Leuchtschiffe, gewisse Fahrzeuge für die Kriegsflotte u. a.

[4] die in der Regel auf den staatlichen Werften — *Marinearsenalen* — gebaut werden.

b. Für die Zukunft wird der Anspruch auf die Schiffbauprämien davon abhängig gemacht, daß die Fabriken, Werkstätten und Werften, die am Bau des Schiffes beteiligt sind, in ihrer Gesamtheit nicht mehr als 20 % ausländische Arbeiter beschäftigen.[1]

c. Die Bauprämien werden durch das dritte Prämiengesetz in der Art kontingentiert, daß ein Betrag von 50 Millionen frs festgelegt wurde als Maximalbetrag, der für die ganze Dauer des Gesetzes zur Auszahlung gelangen konnte *(Kreditkontingent)*. Die zu prämiierende Gesamtbruttotonnage wurde ebenfalls kontingentiert, und zwar auf insgesamt 300 Tausend Tons Dampfer und 100 Tausend Tons Segler *(Tonnagekontingent)*. Mehr als 50 Tausend Tons Dampfer und 15 Tausend Tons Segler (abgesehen für das erste Jahr von der vor dem 13. III. 1902 bereits im Bau befindlichen Tonnage) konnten im Laufe eines Jahres nicht zum Genuß der Bauprämie zugelassen werden (*Jahreskontingent*). Bleibt die in einem Jahre gebaute Menge Dampfer unter dem Jahreskontingent, so wird die Fehlmenge auf das folgende Jahr übernommen.[2] Behufs Feststellung des Kontingents werden bei der Generaldirektion der Zölle zwei Register geführt: in das eine werden die nach dem 7. IV. 1902 in Frankreich gebauten Dampfer, in das andere die Segler eingetragen. Diese Register werden geschlossen, sobald das Tonnagekontingent von 300 Tausend Tons Dampfern und 100 Tausend Tons Seglern oder das Kreditkontingent von 50 Millionen frs erreicht ist.[3] Jedes Schiff erhält eine laufende Ordnungsnummer[4], *(„Rang“)*, die aber nicht ausschließlich durch die Priorität der Anmeldung bestimmt wird. Der Rang eines Schiffes kann bei Erfüllung gewisser Bedingungen verbessert werden, insofern das Schiff vordatiert wird; bei Nichterfüllung gewisser Bedingungen kann er auch

[1] Art. 18 d. G.

[2] Art. 24 d. G. Dies ist nicht der Fall bezüglich der Segler.

[3] Art. 26 bis 31 Ausf. Dekr.

[4] prise de rang.

verschlechtert, eventl. für das laufende Jahr, ja sogar für immer verloren werden. Im allgemeinen rangieren die Schiffe in der Reihenfolge ihrer Kielstreckung.[1] Stellt der französische Schiffbauer den Antrag auf Eintragung und Zuerteilung des Ranges innerhalb von fünf Tagen nach der rechtsverbindlichen Erteilung des Bauauftrages, so wird der Rang des Schiffes durch den Tag der Antragstellung bestimmt. Kann für ein registriertes Schiff nicht innerhalb einer bestimmten Frist der Antrag auf Franzisierung gestellt werden, so verliert das Schiff seinen bevorzugten Rang (Tag der Antragstellung oder Kielstreckung) und datiert nun unter dem Datum seiner Franzisierung.[2] Diese Frist beträgt neun Monate für Segler, achtzehn Monate für Dampfer von 3000 oder weniger Bruttotons, zwei Jahre für Dampfer von mehr als 3000 bis 7000 Tons und zweieinhalb Jahre für Dampfer von über 7000 Tons.[3]

2. *Die Schiffahrtprämien.*

In Ansehung der Fahrtprämien drehte sich alles um die Frage, auf welche Weise den französischen Reedern wieder eine Unterstützung für ihre Schiffe ausländischen Ursprunges verschafft werden könnte. Die 1893 von den monopolsüchtigen Schiffbauunternehmern mit Erfolg gegen diese Unterstützung eingeleitete Opposition hatte womöglich noch an Boden gewonnen und bewegte sich in Wendungen, die in schärfster und gehässigster Weise die Befürworter einer Halbprämie,

---

[1] Art. 8 Ausf. Dekr.

[2] Art. 9 Ausf. Dekr.

[3] Für Schiffe von oder bis 7000 Tons können die Fristen um 6 Monate verlängert werden, wenn bei den amtlichen Versuchsfahrten eine Minimalgeschwindigkeit von 12 Knoten festgestellt wird. — Die amtlichen Versuchsfahrten werden von einer Spezialkommission vorgenommen, die für jedes Arrondissement maritime ernannt wird. Sie besteht aus sechs Gliedern: drei Marineoffizieren, einem Ingenieur, einem Bevollmächtigten der Zollbehörde und einem Mitgliede der Handelskammer des betr. Arrondissements. Der Vorsitzende wird vom Marineminister ernannt und entscheidet bei Stimmengleichheit.

einer „prime à l'étranger“, als Vaterlandsverräter qualifizierten. Die außerparlamentarische Kommission hatte diesen Widerstand vorausgesehen und darum die Einführung einer Halbprämie gar nicht mehr in Vorschlag gebracht. Neben der nach wie vor in ihrem Grundbetrag schwankenden Fahrtprämie, die ausschließlich den Schiffen französischer Herkunft vorbehalten bleibt, wird ein fester *„Betriebszuschuß“* [1] beantragt und gewährt, der auch den Schiffen fremder Konstruktion bewilligt wird, während den Schiffen französischen Baues die Wahl zwischen Fahrtprämie [2] und Betriebszuschuss freisteht.

α. Die Fahrtprämien i. e. S. Die Fahrtprämien des 1902 er Gesetzes stehen Seeschiffen [3] von über 100 [4] Bruttotons, die in Frankreich gebaut und unter französischer Flagge sind, zu.[5] Als Grundbetrag wird prinzipiell [6] im ersten Jahre pro 1000 zurückgelegte Meilen und pro Bruttoregisterton für Segler und Dampfer [7] der Betrag von 1 fr 70 bewilligt. Dieser höchste Grundbetrag kommt aber nur für solche Schiffe zur Anwendung, deren Gesamtbruttogehalt ein bestimmtes Maximum nicht übersteigt. Für Dampfer ist dies Maximum auf 3000 Tons Gehalt festgesetzt: jede 100 oder angebrochene 100 Tons über 3000 ziehen eine Minderung des erstjährigen Grundbetrages um 0 fr 01 nach sich; in keinem Falle jedoch kann der Grundbetrag unter 1 fr 50 fallen.[8] Die obere Grenze

---

[1] compensation d'armement. Die Bezeichnung „Ausrüstungszuschuß“ möchten wir lieber der (in einigen Ländern vorkommenden) *einmaligen Zuwendung an das fertig ausgerüstete Schiff* vorbehalten.

[2] Um Zweideutigkeiten zu vermeiden, werden wir im Folgenden „Fahrtprämien“ stets in diesem engeren Sinne, also in Gegenüberstellung zu „Betriebszuschuß“ anwenden. In den Bezeichnungen *„Fahrtunterstützung, Fahrtzuwendung“* haben wir Sammelbegriffe, für den Fall, daß wir von Fahrtprämien (i. e. S.) und Betriebszuschuß zugleich handeln.

[3] Die Ausnahmen s. unten S. 117 f.

[4] 1893 war die für Segler geforderte Minimalgröße 80.

[5] Art. 3 Abs. I.

[6] Die Modifikationen ergeben sich aus den folgenden Ausführungen.

[7] Für Dampfer ist dies gegen 1893 eine Heraufsetzung von 1 fr 10 auf 1 fr 70.

[8] Dieser Betrag ist mit 5000 Tons erreicht; von da bleibt der Grundbetrag auf 1 fr 50 stehen.

für Segler sind 600 Bruttotons; von 600 bis 1000 werden am Grundbetrag 0 fr 10 pro 100 oder Bruchteil von 100 Tons abgesetzt; der Grundbetrag für einen Segler von 1000 und mehr Tons ist also 1 fr 30. Die jährliche Minderungsquote ist beibehalten; doch bleibt sie sich nicht ständig gleich, wie früher, sondern verdoppelt sich von je vier zu vier Jahren. In der ersten vierjährigen Periode beträgt sie für Dampfer 0 fr 04, in der zweiten 0 fr 08, in der dritten 0 fr 16. Die entsprechenden Werte für Segler sind 0 fr 02, 0 fr 04 und 0 fr 08.[1]

β. *Der Betriebszuschuß.* Französische Dampfer[2] von mehr als 100 Bruttotons, einerlei ob französischen[3] oder fremden Ursprunges (für letztere mit der Einschränkung, daß sie nicht vor Promulgierung des Gesetzes franzisiert sind,[4] erhalten einen Betriebszuschuß, der für die große Fahrt pro Bruttoton und Betriebstag beträgt:

0 fr 05 bis zu 2000 Tons
0 „ 04 von 2000 bis 3000 Tons
0 „ 03 von 3000 bis 4000 Tons
0 „ 02 über 4000 Tons.

Als Schiffe fremden Ursprunges sind von nun an anzusehen:

1. Schiffe, deren Rumpf im Auslande hergestellt wurde,[5]
2. Schiffe, deren Rumpf in Frankreich gebaut wurde, deren Antriebsmaschinen und Kessel dagegen, sei es bei der

---

[1] Art. 3 des Ges.

[2] Ausgeschlossen sind also die Segler. Art. 2, 6 des Ges.

[3] Dampfern französischen Baues steht für jede Fahrt die Wahl zwischen Fahrtprämie und Betriebszuschuß frei. Art. 6.

[4] Um zu vermeiden, daß vor Promulgierung des Gesetzes franzisierte Schiffe durch einen Scheinverkauf ans Ausland ihre französische Nationalität aufgeben und sie dann nachträglich unter dem Gesetz wieder erlangen konnten, wurde bestimmt, daß Schiffe, die zum zweiten Male franzisiert wurden, vom Betriebszuschuß ausgeschlossen sein sollten. Art 6 f. (unten S. 118.)

[5] Art. 1 Ausf. Dekr.

ersten Ausstattung, sei es bei einer Erneuerung, vom Auslande bezogen wurden,[1]

3. Schiffe, an denen Dockungsarbeiten oder Reparaturen im Auslande vorgenommen wurden, wenn die Gesamtkosten für diese Arbeiten 15 frs pro Bruttoton des Gesamtraumgehaltes übersteigen.[2]

Als „Betriebstage"[3] im Sinne des Gesetzes gelten nur die Tage, an denen laut Musterrolle die Besatzung des Schiffes vollzählig ist, ausgenommen der Fall höherer Gewalt. Die Anzahl der Betriebstage, die im Laufe eines Jahres den Anspruch auf Betriebszuschuß begründen können, ist auf das Maximum von dreihundert beschränkt.[4]

γ. *Den Fahrtprämien (i. e. S.) und dem Betriebszuschuß gemeinsame Bestimmungen.* Der Gesamtbetrag der einem Dampfer von mehr als 7000 Bruttotons (Segler von mehr als 1000) zustehenden Fahrtunterstützung ist auf den Betrag der einem Dampfer von 7000 (Segler von 1000) Tons zustehenden Fahrtunterstützung beschränkt.[5]

Die internationale Küstenfahrt erhält wieder nur zwei Drittel der der großen Fahrt gewährten Fahrtunterstützungen.[6]

Die Hochsee- und Küstenfischereifahrzeuge, die subventionierte und die Luxusfahrt sind von jeder Fahrtzuwendung ausgeschlossen.[6] Außer diesen, schon in den vorhergehenden Gesetzen ausgesprochenen Beschränkungen, bringt das dritte Prämiengesetz eine Reihe neuer.[7] *Kein Anrecht auf Fahrtunterstützung* haben (soweit hier in Betracht kommen kann):[8]

Schiffe, die im Augenblicke ihrer Franzisierung über sieben Jahre alt sind;

---

[1] Art. 1 Ausf. Dekr.

[2] Art. 11 des Ges. oben S. 95 Anm. 1 unten S. 121.

[3] jour d'armement administratif, oben S. 60 Anm. 2.

[4] Art. 2 des Gesetzes.

[5] Ein Dampfer von 7000 Tons erhält im ersten Jahre für 1000 Meilen 10 500 frs; denselben Betrag erhält ein Dampfer von z. B. 10 000 Tons.

[6] Art. 6 Ziff. 6 oben S. 70 f, 91, 97.

[7] Art. 6 Abs. III.

[8] Es gibt noch andere Ausschließungsgründe, auf die wir nicht einzugehen brauchen.

Schiffe, die älter als zwölf Jahre sind;

Schiffe, die nach Aufgabe oder Verlust der französischen Nationalität sich ein zweites Mal franzisieren lassen;[1]

Schiffe, die von ihrer Abfahrt aus einem französischen Hafen bis zu ihrer Rückkehr in einen solchen auf wenigstens dem dritten Teil der zurückgelegten Gesamtstrecke nicht eine Warenmenge befördert haben, die in Schiffslasten[2] mindestens dem Drittel ihres Nettofassungsvermögens entspricht; und schließlich

Dampfer, die bei den amtlichen Versuchsfahrten mit halber Ladung eine Normalgeschwindigkeit von zehn Knoten in der Stunde nicht haben nachweisen können.

Eine *Kürzung der Fahrtunterstützung* um 10 % tritt ein für Dampfer, die bei den obengenannten Versuchsfahrten eine Geschwindigkeit von elf Knoten nicht zu erreichen vermochten, um 5 % für die, deren Geschwindigkeit unter zwölf Knoten blieb.[3]

Der Kriegszuschlag ist nicht mehr von der vorherigen Genehmigung der Baupläne durch das Marine-Ministerium abhängig: nach Artikel 20 kann der Marineminister ermächtigt werden, solchen Schiffen, die auf Grund ihrer Bauart, Ausrüstung, Einrichtung oder ihrer Schnelligkeit für Kriegszwecke besonders brauchbar erscheinen, einen Zuschlag bis zu 25 % zu bewilligen.[4]

Die vor Promulgierung des dritten Prämiengesetzes franzisierten Dampfer bleiben bis zum Ablauf der in diesem gesetzten Fristen dem Régime des 93er Gesetzes unterstellt. Nach Ablauf dieser Termine treten die Dampfer *französischer Konstruktion*, bis sie zwölf Jahre alt sind, unter das neue

[1] oben S. 116 Anm. 4.

[2] tonneau d'affrètement (t. de fret, t. d. mer) Schiffstonne, Schiffslast ist ein älteres Handelsgewicht, das sehr verschieden war. Durch Dekret vom 26. August 1861 wurde es einheitlich für ganz Frankreich in kg festgese zt, mit etwa 1000 nach den Warengattungen verschiedenen Nummern.

[3] Art. 6 des Ges. Abs. IV. u. V.

[4] nach Ermessen des Ministers also; 1881 und 1893 war der Zuschlag ein fixer von 15 bezw. 25 %.

Régime.[1] Damit sind die noch unter dem 93er Gesetz franzisierten Dampfer fremden Ursprunges[2] auch fernerhin von jeder Unterstützung ausgeschlossen.

Eine Neuerung war die folgende Bestimmung:[3] Reeder, die sich verpflichten, Schiffe von gegebenem Alter und gegebener Größe nach einem regelmäßigen Fahrplan auf einer bestimmten, von subventionierten Postdampfern nicht bedienten Strecke regelmäßig auf die Dauer von mindestens fünf Jahren verkehren zu lassen, können verlangen, daß ihnen anstelle der Fahrtprämien bezw. Betriebszuschüsse eine feste Jahressubvention ausbezahlt werde, deren Höhe dem Durchschnittsbetrag der Fahrtunterstützung entspricht, auf die die Schiffe für die Gesamtheit der zurückgelegten Meilen Anspruch hätten.

Das dritte Prämiengesetz hat wie für die Bauprämien so auch für die Fahrtunterstützung eine doppelte Kontingentierung ausgesprochen, und zwar ist der Höchstbetrag der auf Grund des Gesetzes zu zahlenden Unterstützungen auf insgesamt 150 Millionen frs beschränkt, woran die Segler mit höchstens 15 Millionen beteiligt werden können[4] *(Kreditkontingent)*. Die zu prämiierende Gesamtbruttotonnage ist auf das Maximum von 500 Tausend Tons Dampfer und 100 Tausend Tons Segler kontingentiert *(Tonnagekontingent)*.[5] An den 500000 Tons Dampfern können die Schiffe fremden Ursprunges nur bis zu zwei Fünfteln (200000 Tons) partizipieren; Segler ausländischer Herkunft sind überhaupt ausgeschlossen.[6] Die Regeln, nach denen sich die Rangordnung der berechtigten Schiffe bestimmt, sind im großen und ganzen dieselben wie die, die für die Bauprämien zur

---

[1] Art. 11 d. Ges.

[2] oben S. 108 Anm. 2.

[3] Art. 9 Abs. I des Ges. Die Kritik dieser Bestimmung siehe unten S. 168.

[4] Art. 23 d. Ges.

[5] Art. 7 d. Ges.

[6] Art. 2, 7 des Ges.

Anwendung kommen;[1] selbstverständlich ist, daß auch der Reeder den Antrag auf Eintragung stellen kann.

Sämtliche Unterstützungen des dritten Prämiengesetzes sind Bruttounterstützungen (wie schon 1893/02), d. h. die Berechtigten müssen sich gewisse Abzüge gefallen lassen. Nach Artikel 21 werden von den Bauprämien und Fahrtunterstützungen 6 %, außerdem, gemäß Artikel 4, von den Fahrtunterstützungen allein noch einmal 5 % einbehalten. Der Ertrag dieser Abzüge wird folgendermaßen verwendet:

a) die aus den 5 %igen Abzügen sich ergebenden Summen werden ganz, die aus den 6 %igen zu zwei Dritteln in die durch Gesetz vom 21. IV. 1898 gegründete Seeunfallversicherungskasse ausgeschüttet: nach Maßgabe der Höhe der so eingehenden Beträge werden die von den eingetragenen Seeleuten zu entrichtenden Einzelbeiträge herabgesetzt.

b) Das dritte Drittel der 6 %igen Abzüge von den Bauprämien und Fahrtunterstützungen fließt in die Marineinvalidenkasse zur Ansammlung eines Unterstützungsfonds. Aus diesem Fonds werden den Handelskammern und gemeinnützigen Anstalten Zuschüsse gewährt für die Gründung und die Unterhaltung von Seemannsheimen, Heuerbüros und andern Einrichtungen, die im Interesse der Seeleute sind; insbesondere sind die Bildungsanstalten der Seeleute zu berücksichtigen.

Um die französischen Reedereien noch mehr zu entlasten, wurde ihnen[2] gestattet, auf den Schiffen, die sie im Kolonialdienst ohne Verbindung mit dem Mutterlande laufen ließen, auch nichtfranzösische Bemannungen anzuheuern; sie wurden dadurch nicht nur von den auf der Eintragung der Seeleute beruhenden Lasten befreit, sondern konnten auch die billigern Arbeitskräfte der an das Klima gewöhnten Laskaren verwenden.

[1] oben S. 131 f.

[2] Art. 17 d. Ges., der Art. 2 der Navigationsakte vom 21. Sept. 1793 modifiziert.

Ferner wurde der Höchstbetrag der im Auslande zulässigen Reparaturen und Dockungen von 6 frs auf 15 frs pro Ton erhöht.[1]

b) Kritische Betrachtung der einzelnen Gesetzesbestimmungen.

1. Die Unterstützung des Schiffbaues.

Wenn auch das dritte Prämiengesetz die Schiffbauprämien des 93 er Gesetzes ohne Änderung übernommen hat, so ist unter ihm die Unterstützung des Schiffbaues doch eine andere geworden. Schon während der Geltung des 93 er Gesetzes war eine Änderung insofern eingetreten, als zu einer Registerton fertigen Schiffes und insbesondere auch zu 100 kg Maschinen und Kessel nicht mehr so viel Rohmaterial gebraucht wurde als der Berechnung der Bauprämie zu grunde gelegt war. Diese auf den Fortschritten des Schiff- und Maschinenbaues beruhende Änderung des „Ausbeuteverhältnisses" bedeutete für die Schiffbauunternehmer eine Gratifikation, deren Betrag gerade um die Jahrhundertwende immer mehr steigende Tendenz aufwies.

Im Jahre 1902 machte die Wiedereinführung einer Fahrtunterstützung auch für Schiffe fremden Ursprunges dem Monopol der französischen Schiffbauunternehmer ein Ende. Die Stellung dieser Unternehmer war trotzdem immer noch bevorzugt, insofern der den Schiffen fremder Herkunft gewährte Betriebszuschuß in der Regel bei weitem nicht die Höhe der den Schiffen französischer Konstruktion gewährten Fahrtprämien erreichte. Man hat, um eine Grundlage dafür zu haben, wann die für die Fahrtunterstützungen ausgeworfenen Kredite erschöpft sein würden, den zwölfjährigen Durchschnittsbetrag der Fahrtunterstützungen pro Bruttoton berechnet und folgende annähernde Zahlen erhalten: 341 frs für Segler, 592 frs für Dampfer französischer Herkunft (Fahrtprämien) und 137 frs

[1] Art. 15 d. Ges., der Art. 8 des Ges. vom 27. vendémiaire an II modifiziert. Oben S. 57 u. S. 8 Anm. 3.

für Dampfer fremden Baues (Betriebszuschuß).[1] Nehmen wir in unserm Beispiel[2] den Bruttogehalt des Dampfers von 1000 Nettotons mit 1724 Tons und die Dauer seines jährlichen armement administratif mit 300 Tagen, an denen er 36000 Meilen zurücklegt, an, so erhält dieser Dampfer in 12 Jahren, wenn er Anspruch auf die Fahrtprämie hat, 962635 frs 28; hat er Anspruch auf den Betriebszuschuß, so stehen ihm nur 310320 frs zu.[3] Diese stärkere Prämiierung der Schiffe französischer Herkunft bildet für den Reeder einen Anreiz im Inlande zu kaufen und ist somit eine indirekte Unterstützung des französischen Schiffbaus, ähnlich wie sie durch die Halbprämie des 1881er Gesetzes erreicht war. Auf eine Registerton berechnet stellt sich die Unterstützung des französischen Dampferbaues auf 227 frs, die sich folgendermaßen zusammensetzen: Bauprämie für Schiffsrumpf: 65 frs, für Maschinen und Kessel 27 frs; *Anteil an den Fahrtprämien des Reeders 133 frs* und Zoll 2 frs.[4]

Ganz neu ist im dritten Prämiengesetz der zu gunsten der heimischen Werften gemachte Vorbehalt des Baus aller Regierungsschiffe. An sich läßt sich nichts dagegen einwenden, wenn einer unterstützungsbedürftigen Industrie kraft Gesetzesvorschrift alle Regierungsaufträge für beschränkte Zeit[5] zugewendet werden, selbst wenn dadurch die betreffende Regierung höhere Preise bezahlen muß, als wenn sie freie Hand hätte auch im Auslande zu kaufen; ohne finanzielle Opfer ist eine Unterstützung nun einmal nicht möglich. Doch die Frage hat

---

[1] Bericht Millerand. S. unten S. 130.

[2] oben S. 62 f u. S. 105.

[3] Von diesen Zahlen gehen noch 11 % als Abzüge für die Invalidenkasse etc. ab, so daß die Werte 856745 frs 40 und 296184 frs 80 sind.

[4] Journ. Off. Chambre Débats 1901 S. 2007.

[5] Auch diese Bestimmung sollte ihre Geltung mit Ablauf des Gesetzes verlieren.

noch ein anderes Gesicht: De facto gab auch schon vordem die französische Regierung die meisten, (um nicht zu sagen alle) Aufträge an die heimischen Werften. Dabei zahlte sie ohne zu feilschen die geforderten Preise. Die in verhältnismäßig geringer Anzahl vorhandenen französischen Werften hatten so durch die Regierungsbauten durchweg gute Beschäftigung. Neben diesen Bestellungen der eigenen Regierung erhielten sie auch noch erhebliche und einträgliche Aufträge fremder Regierungen, insbesondere für den Bau von Kriegsfahrzeugen. An der Erlangung der Aufträge von Privaten, die naturgemäß nur die normalen (englischen) Preise, oder doch nicht erheblich mehr, zu zahlen willens waren, lag den französischen Werften unter diesen Umständen nicht sehr viel. Kunden, die man in einem gegebenen Momente nicht bedienen will, die aber vielleicht später einmal in Betracht kommen, setzt man nicht ohne weiteres vor die Tür: man stellt ihnen Bedingungen derart, daß sie auf den Abschluß des Geschäftes verzichten. Das haben auch die französischen Schiffbauunternehmer getan, und so erklären sich zum Teil die verlangten exorbitanten Preise und Lieferfristen.[1] Ferner: Die Regierungsaufträge beziehen sich teilweise auf Schiffe von hochgeschraubten Mindestgeschwindigkeiten (insbesondere die Kriegsfahrzeuge — Torpedoboote, Torpedojäger — und die Zollkutter). Um solche Geschwindigkeiten zu erreichen, ist feinste und sorgfältigste Ausführung aller Arbeiten unerläßlich. Dies wiederum bedingt eine technisch vollkommener ausgebildete Arbeiterschaft bis hinauf zu den Ingenieuren, sowie vollkommenere Arbeitsmaschinen und Werkzeuge. Es ist klar, daß solche Elitearbeiter höhere Löhne beanspruchen und erhalten, sowie daß solche Maschinen und Werkzeuge in Anschaffung und Betrieb teurer sind. Die staatlichen Werften arbeiten natürlich ausschließlich mit derart hochstehenden Arbeitern, um den hochgespannten Anforderungen der Kriegsflotte genügen zu können. Zwischen den in nicht sehr großer Entfernung voneinander

[1] Ähnlich in Deutschland in den Jahren 1898/1900 vergl. Schwarz—v. Halle II S. 278.

liegenden Staats- und Privatwerften fluktuiert die Arbeiterschaft hin und her. Die aus den Staatsbetrieben in die Privatindustrie zurückkehrenden Arbeiter haben sich im Staatsbetriebe vervollkommnet: es geht ihnen geradezu gegen die Natur, die mehr summarische, grobere Arbeit, *die aber für die meisten Handelsfahrzeuge ausreichend, ja einzig richtig ist,* zu verrichten; auch verlangen sie jetzt Löhne von mindestens der Höhe, wie sie sie auf den Staatswerften erhalten haben. Durch diese Arbeiter, noch dazu unter Anwendung der oben erwähnten vollkommeneren maschinellen und manuellen Hilfsmittel einen gewöhnlichen Handelsdampfer von geringer oder mittlerer Geschwindigkeit und Ausstattung herstellen zu wollen, ist eine Kraft-, Zeit- und Kapitalvergeudung, zu der sich die Schiffbauer nur ungern herbeilassen, und die sich für die Reeder in eine Erhöhung der Anschaffungs- und Betriebskosten des Schiffes umsetzt. Die Regierungsbauten haben diese Zustände hervorgerufen, und zwar direkt, sofern sie an Privatwerften vergeben, indirekt, sofern sie in eigenen Betrieben des Staates ausgeführt wurden.[1] Während bis zum Jahre 1902 diese Zustände nur infolge freier Entschließung der in Betracht kommenden Verwaltungsbehörden und der dadurch hervorgerufenen veränderten Arbeiter- und Arbeitsverhältnisse der Privatwerften vorlagen, wurden sie von diesem Zeitpunkte ab gesetzlich festgelegt. Die damit begangene Inkonsequenz liegt offen zu Tage: man beklagt sich über zu hohe Produktionskosten der heimischen Privatwerften; man sieht ein, daß diese z. T. durch die Staatsaufträge verursacht sind; weit entfernt, diese Ursache abzustellen oder wenigstens abzuschwächen, verstärkt man sie noch, indem man sie gesetzlich festlegt und den französischen Schiffbauunternehmern ohne Kautelen die gesamten Staatsaufträge zuweist — ein Monopel, das der Regierung nur die Wahl läßt, entweder die geforderten Preise zu bezahlen, oder auf den Bau zu verzichten. Letzteres ist unmöglich, da es sich um

[1] Ähnliches wird auch für Deutschland von Schwarz-v. Halle Bd. II S. 117 beschrieben.

Anschaffungen handelt, die dem Staate zur Durchführung seiner Aufgaben unumgänglich nötig sind. Den Privatwerften liegt nun noch weniger als vorher an Privataufträgen: die Möglichkeit der Herstellung billiger Handelsschiffe durch einen speziellen Arbeiterstamm ist in noch weitere Ferne gerückt!

Das erste und zweite Prämiengesetz bewilligten die Bauprämie „zum Ausgleich der den Schiffbauunternehmern durch den Zolltarif entstehenden Lasten“. Da diese Lasten, den Bau *aller* in Frankreich während der Geltung des Zolltarifs erstellten Schiffe treffen, gewährten diese beiden Gesetze die Bauprämien ohne Ausnahme allen in Frankreich gebauten Schiffen.[1] Das dritte Gesetz übernimmt die Bauprämien des vorhergehenden, begrenzt aber die Gesamttonnage, die in den Genuß derselben soll gelangen können, auf 300 000 Tons Dampfer und 100 000 Tons Segler. Der Senat hatte geglaubt, diese Kontingentierung aus budgetären Rücksichten vornehmen zu sollen.[2] Zweifelsohne bilden die Schiffbauprämien eine Belastung des Budgets. Bei der Verwendung inländischen Schiffbaumateriales, für das ein Eingangszoll nicht bezahlt wird,[3] ist dies ganz klar. Aber auch bei der Verwendung ausländischen Baumateriales liegt eine Belastung des Budgets vor, trotzdem die als Bauprämien ausbezahlten Beträge schon vorher in Gestalt von Zöllen vereinnahmt sind. Denn wäre keine Bauprämie zu zahlen, so ständen der Staatskasse die Zollerträge (für das Schiffbaumaterial) zur Verfügung: sie könnte dieselben zur Deckung anderer Bedürfnisse verwenden, wozu jetzt sonstwie Beträge bereitgestellt werden müssen. Das Gesamtkontingent war das Mittel, durch das man sich gegen eine zu starke Inanspruchnahme des Budgets zu sichern

[1] Abgesehen von den Schiffen für das Ausland nach dem ersten Prämiengesetz.

[2] Die Kontingentierungen (der Bau- und der Fahrtunterstützungen) wurden beide erst durch den Senat eingefügt.

[3] oben S. 46f.

suchte: Über das Gesamtkontingent hinaus konnte eine Prämiierung nicht stattfinden. Das Jahreskontingent (50 000 Tons Dampfer, 15 000 Tons Segler) sollte eine bestimmte Gleichmäßigkeit im Etat gewährleisten: die Mittel, die alljährlich für Bauprämien bereitzustellen waren, konnten niemals den Betrag überschreiten, den 50 000 Tons Dampfer und 15 000 Tons Segler beanspruchten. Wurden in einem Jahre mehr als 50 000 Tons gebaut (z. B. 80 000), so wurden doch nur 50 000 prämiiert, während die überschießenden (30 000) Tons erst im darauffolgenden Jahre prämiiert werden konnten[1] — *vorausgesetzt natürlich, daß das Gesamtkontingent noch nicht erreicht war.* Das Jahreskontingent zwingt also evtl. die Schiffbauunternehmer auf Liquidierung der ihnen zustehenden Beträge zu warten und ist insofern eine Hinausschiebung der Befriedigung erworbener Ansprüche: *das im dritten Kapitel[2] besprochene Zwangsdarlehen muß auf noch längere Zeit gewährt werden als bisher.*

Verlassen wir den finanziellen Standpunkt, von dem aus wir bisher die Kontingentierung der Bauprämien betrachtet haben und untersuchen wir dieselbe von allgemein-wirtschaftlichen Gesichtspunkten; insbesondere wird die Frage zu prüfen sein, wie sich die Kontingentierung mit den Grundsätzen der vorangegangenen Prämiengesetze verträgt.

Das Kontingent, das die Bauprämien auf eine bestimmte Tonnage und einen bestimmten Betrag limitiert, bedeutet, daß allen Schiffen, die über diese Tonnage hinaus, bezw. nach Erschöpfung dieses Kredites, gebaut werden, die Vergünstigung der Zollrückvergütung oder des Äquivalentes nicht zuteil werden soll. Der Preis dieser Schiffe wird also um den Zollbetrag etwa erhöht. Ob unter diesen Umständen der Reeder weiter im Inlande bestellen wird, erscheint fraglich, voraussichtlich (nach den Erfahrungen früherer Jahre zu urteilen) tut er es nicht. In gewissem Sinne ist so die Gesamtkontin-

[1] Dies gilt nur hinsichtlich der Dampfer.

[2] oben S. 64/65.

gentierung ein Verbot über dies Kontingent hinaus zu bauen: sie ist eine Beschränkung der Tätigkeit der Werften. Nun war aber gerade die eine Hauptaufgabe der Prämien gewesen, dem französischen Reeder die Möglichkeit zu geben, möglichst seinen ganzen Bedarf im Inlande zu decken: die Kontingentierung der Bauprämien macht das illusorisch. Die Jahreseinstellungen der Periode 72/80 hatten im Durchschnitt über 52 Tausend Tons betragen, die der Periode 81/92 etwa 61 Tausend;[1] dem Kontingent von 400 Tausend Tons entspricht für die zehnjährige Geltungsperiode des neuen Prämiengesetzes ein durchschnittlicher Jahresbedarf von 40 Tausend Tons, *also weniger als schon in den beiden angeführten Perioden zu befriedigen gewesen war.* Und die in diesen beiden Perioden von den französischen Werften erreichten Jahresdurchschnitte werden nicht allzu stark überschritten: 40000 Tons gegen 31 222 (72/80) und 30250 (81/92)!

Der Gesamtbetrag des für Bauprämien ausgeworfenen Kredites belief sich auf 50 Millionen frs. Mit diesen 50 Millionen hätten an die *617284 Tons*[2] **Dampfer** prämiiert werden können; *400000* Tons Schiffe waren gesetzlich nur zulässig, und davon waren 100000 Segler, die geringere Beträge erfordern als die Dampfer. Es bestand also Unstimmigkeit zwischen dem ausgeworfenen Kredit und der zugelassenen Tonnage. Das konnte zu Machinationen verführen, die dem Zwecke des Gesetzes und den wirtschaftlichen Bedürfnissen zuwiderliefen.

---

[1] oben S. 80. Die Zahlen der Periode 93/02 ziehen wir wegen der anormalen Ziffern nicht heran.

[2] Bauprämie pro Bruttoton 65 frs; Prämie für Maschinen usw. 15 frs die 100 kg; führt man letztere auf die Bruttoton als Einheit zurück, so ergibt sich ein Satz von 81 frs für die Bruttoton (Bauprämie und Prämie für Maschinen) (Motive zum Regierungsentwurf). 81 x = 50 000 000; x = 617 284. Ein etwas anderes Resultat erhält man, wenn man mit dem Handelsminister (Verhandlungen der Kammer 1901 S. 2007 *27* frs pro Ton für die Maschinen und Kessel veranschlagt; die Gleichung ist dann 27 x + 65 x = 50000· x = 540 000.

Der mangelhafte Aufbau dieser gesetzlichen Bestimmungen[1] erklärt sich aus der Eile, mit der der Entwurf im Senate und in der zweiten Lesung der Kammer durchgepeitscht wurde.

2. *Die Unterstützung der Schiffahrt.*

In Ansehung der Schiffahrt mußte der Gesetzgeber von 1902 seine vornehmlichste Aufgabe darin suchen, die Reedereien dahin zu bringen, daß sie von der überwiegenden Einstellung von Seglern wieder absahen. Man konnte dies im Rahmen der Unterstützung auf zweierlei Weise erreichen: durch Heraufsetzen der Fahrtunterstützung für Dampfer oder durch Herabsetzen derjenigen für Segler. Der Gesetzgeber hat den ersteren Weg gewählt. Demselben Zwecke diente ferner die Wiederbewilligung einer Unterstützung an die Dampfer fremder Herkunft und das Versagen einer solchen an die nicht im Lande gebauten Segler. Der Grundbetrag der den Schiffen französischer Herkunft ausschließlich zustehenden Fahrtprämien wurde im dritten Prämiengesetz für Dampfer und Segler in gleicher Weise auf 1 fr 70 pro 1000 Meilen und pro Bruttoregisterton festgelegt. Die Unterstützung pro Nettoton betrug somit für Segler 1 fr 73 wie schon 1893; für Dampfer dagegen *2 frs 93* gegen *1 fr 90 im Jahre 1893*,[2] das bedeutete gegen 1893 eine Erhöhung der Unterstützung um 1 fr 03 pro Nettoton für Dampfer französischen Baues.

Neben dieser Neufestsetzung der Fahrtunterstützung bringt das dritte Prämiengesetz eine Reihe von neuen Bestimmungen, die z. T. die Gefahr in sich bergen, daß der Reeder in Versuchung kommt, bei seinen Kalkulationen weniger die Bedürfnisse von Handel und Verkehr zu berücksichtigen, als vielmehr seine Kombinationen von der Erwägung abhängig

---

[1] Der gleiche Fehler wurde bei der Kontingentierung der Fahrtunterstützungen gemacht und hat die schwerwiegendsten Folgen gehabt, indem er die erstrebte Wirkung des Gesetzes verhinderte, unten S. 136 f.

[2] 1 fr 50 im Jahre 1881. Oben S. 57, 96.

zu machen, auf welche Weise er einen möglichst großen Prozentsatz der staatlichen Unterstützung sich zuwenden,[1] bezw. auf welche Weise er seinen Betrieb mit Hilfe der staatlichen Unterstützung am rentabelsten gestalten könne: *der Reeder kommt in Versuchung zu spekulieren.* So hat die Degression der Fahrtunterstützung für größere Einheiten und ihre Limitierung[2] auf 7000 Tons[3] die Reeder verleiten müssen, lieber *zwei* kleinere Schiffe einzustellen, selbst da, wo die Voraussetzungen für die Einstellung *einer* großen Einheit gegeben waren, und wo diese Einstellung unter normalen Verhältnissen, h. h. ohne eine solche Bestimmung eines Prämiengesetzes, wohl auch erfolgt wäre. Verlangte z. B. ein bestimmter Verkehr einen Dampfer von 10000 Bruttotons, so konnte der Reeder dahin kommen, die Einstellung *zweier* Dampfer, deren *Raumgehalt zusammen 10000 Tons* betrug, vorzuziehen, z. B. eines Dampfers von 7000 und eines solchen von 3000 Tons. Der eine Dampfer von 10000 Tons erhielt nämlich als Fahrtprämie im ersten Jahr pro 1000 Meilen für seinen Gesamtbruttogehalt 10500 frs;[4] die beiden Dampfer von 7000 und 3000 Tons zusammen kamen in den Genuß von 15600 frs.[5] (Mit dem Betriebszuschuß für die Dampfer fremden Ursprunges verhielt es sich genau so — abgesehen natürlich von der Höhe der Unterstützung).

Der Betriebszuschuß war der Weg, den man gefunden hatte, um auch den franzisierten Schiffen fremden Ursprunges

[1] Auf gesetzlichem Wege.

[2] 7000 Tons für Dampfer, 1000 Tons für Segler. Die Limitierung auf 7000 Tons war nötig, weil sonst größere Schiffe stärker unterstützt gewesen wären als die subventionierten.

[3] Man vergleiche hiermit das Prinzip der japanischen Fahrtprämien: unter 700 Tons und unter 10 kn: nichts; bei mindestens 700 Tons und 10 kn: 50 sen pro Ton und 1000 Meilen; jedes Mehr von 500 Tons ab 1000: Zuschlag von 10%; jedes Mehr von einem kn über 10: Zuschlag 20%.

[4] 9345 frs nach Abzug von 11%.

[5] 13884 frs nach Abzug von 11%.

wieder eine Unterstützung zuteil werden zu lassen; insofern trat er an die Stelle der Halbprämie des ersten Prämiengesetzes. Um nun einmal den Betriebszuschuß zu der Fahrtprämie des dritten Prämiengesetzes in Beziehung setzen, und um ihn ferner mit der Halbprämie von 1881 vergleichen zu können, müssen wir eine Umrechnung vornehmen, indem wir die Grundlagen, auf denen der Betriebszuschuß beruht „Betriebstage und Bruttotons" durch die Grundlagen der Fahrtprämien „1000 Meilen und Nettotons" ersetzen. Auf diese Weise [1] ergibt sich, daß die im Betriebszuschuß steckende Unterstützung sich durch 0 fr 72 pro Nettoton und 1000 Meilen ausdrücken läßt. Die Fahrtprämie beträgt 2 frs 93 [2] für dieselben Einheiten (eine Nettoton und 1000 Meilen) d. i fast genau viermal soviel: die Halbprämie des 81 er Gesetzes ist also als Betriebszuschuß des dritten Prämiengesetzes im Verhältnis zur Fahrtprämie dieses Gesetzes zur Viertelsprämie geworden. Dasselbe Verhältnis findet man in den Zahlen, die die Verwaltung als voraussichtliche Ausgaben für die Bruttoton zu grunde legte, um festzustellen, wann das Kreditkontingent erreicht sein würde:[3] 592 (Fahrtprämie) und 137 (Betriebszuschuß.)

Vergleicht man nun den Betriebszuschuß mit der Halbprämie des ersten Prämiengesetzes, so sieht man, daß die Werte für das erste Jahr ungefähr dieselben sind — 0 fr 72 und 0 fr 75 —. In den folgenden Jahren des Unterstützungsbezuges tritt dann eine Verschiebung zu gunsten des Betriebszuschusses ein, der sich ja im Grundbetrage gleichbleibt, während die Halbprämie der jährlichen Minderung unterworfen ist. So kommt es, daß der der Betrachtung zu grunde

[1] In unserm Beispiel (oben S. 122): Betriebszuschuß pro Tag für 1724 Bruttotons (= 1000 Nettotons) 86 frs 20 (0,05×1724); für 300 Tage (= 36 000 Meilen): 25 860 frs: für eine Nettoton: 25 frs 86,' für 1000 Meilen 0 fr 72! Selbstverständlich ist dieser Satz kein absolut feststehender; in der Wirklichkeit kommen Schwankungen, nach oben und unten vor.

[2] oben S. 128.

[3] oben S. 121.

liegende Dampfer in zehn Jahren insgesamt 258600 frs erhält, wenn er den Betriebszuschuß bezieht, während er als Halbprämie 229500 frs bezogen haben würde. Berücksichtigt man die vom Betriebszuschuß zu machenden Abzüge in Höhe von insgesamt 11 %, so erhält man als Betriebszuschuß 230154 frs — kaum ein Unterschied zu der den Abzügen nicht unterliegenden Halbprämie!

Teils um die Abstoßung der unter dem zweiten Prämiengesetz eingestellten alten Schiffe [1] zu erreichen, teils um dem Einreißen ähnlicher Verhältnisse für die Zukunft vorzubeugen, gewährt das neue Gesetz die Fahrtunterstützungen nur solchen Schiffen, die im Augenblicke ihrer Franzisierung das siebente Jahr noch nicht vollendet haben; außerdem haben die Schiffe den Anspruch nur bis zu ihrem vollendeten zwölften Jahre. Durch die Bestimmung, daß nach dem siebenten Jahre franzisierte Schiffe in den Genuß einer Fahrtunterstützung nicht mehr gelangen sollten, war der Einstellung älterer (vom Auslande bezogener) Fahrzeuge in gewissem Sinne vorgebeugt. Im Hinblick auf die Menge alter Einheiten, die unter dem zweiten Prämiengesetz eingestellt worden waren, erscheint es verständlich und gerechtfertigt, daß man eine Verjüngung der französischen Handelsmarine wieder zu erreichen bestrebt war. Die Annahme des vollendeten siebenten Jahres erscheint unter diesem Gesichtspunkte als maßvoll. Warum aber die Limitierung auf das vollendete zwölfte Jahr? Warum den Reeder anreizen sein Schiff nicht ganz auszunutzen, es frühzeitig abzustoßen, voraussichtlich mit Verlust abzustoßen? Die Lebensdauer eines eisernen Schiffes beträgt im Durchschnitt wenigstens zwanzig Jahre. Also mindestens acht Jahre bleibt der Reeder in Ansehung dieses Schiffes ohne jede Unterstützung! Ist er etwa in diesen acht Jahren weniger unterstützungsbedürftig? Im Gegenteil: mit vorschreitendem

[1] oben S. 105.

Alter mehren sich die Reparaturen! Darüber, wie kurzsichtig dieses Vorgehen war, wird man sich erst ganz klar, wenn man untersucht, welchem Verkehre diese älteren, nicht mehr ganz modernen Schiffe zu dienen bestimmt sind. Sie werden nämlich in der Regel im interkolonialen Zwischenverkehr oder im Verkehr mit überseeischen Ländern von extensiver Wirtschaft (Rohstoffländern) verwendet. Diesen Verkehr, dem seit Jahrzehnten die andern Nationen (insbesondere Deutschland und England) in Anbetracht billigen Rohstoffbezuges und vermehrter Absatzmöglichkeit eine gesteigerte Aufmerksamkeit widmen, hat Frankreich auf diese Weise vernachlässigt.

Durch das Erfordernis einer Minimalgeschwindigkeit von 10 Knoten, von der das Recht auf den Genuß der Fahrtunterstützung abhängig gemacht war, wurde eine große Zahl von Frachtdampfern von der Unterstützung ausgeschlossen. Von den heute im Seeverkehr gebräuchlichen Typen weisen die transatlantischen Schnelldampfer, die Postdampfer, sowie die gemischten Fracht- und Passagierdampfer größere Schnelligkeiten — von 12—24 Knoten — auf.[1] Die reinen Frachtdampfer haben als normale Geschwindigkeiten solche von acht bis zehn, seltener bis zu elf Knoten. Diese reinen Frachtdampfer bilden aber das Gros des unterstützungsbedürftigen Teiles der Handelsmarine Frankreichs, da die Mehrzahl der Post- und Passagierdampfer Staatssubventionen bezieht. Für sehr viele der zur Verfrachtung gelangenden Güter ist eine Beförderung mit acht bis zehn Knoten Geschwindigkeit vollauf genügend und hat sich für den Reedereibetrieb auch als die wirtschaftlichste erwiesen. Der zur Erreichung größerer Schnelligkeiten notwendige gesteigerte Kohlenverbrauch[2]

[1] Schwarz-v. Halle I. S. 32 transatlantische Schnelldampfer 16—24 Kn. Postdampfer 14—16 Kn.; gemischte Fracht- und Passagierdampfer 12—16 Kn.

[2] Das englische Kriegsschiff Monmouth hat im Jahre 1903 eine Reihe von Versuchen unternommen, die feststellten, in welchem Verhältnis der Kohlenverbrauch mit der gesteigerten Schnelligkeit stieg:

würde die Frachterträge stark mindern, ja völlig aufzehren, ganz abgesehen von den aus der Beschaffung leistungsfähigerer Maschinen, der Vermehrung des Bedienungspersonals, dem gesteigerten Ölverbrauch etc. entstehenden Mehrausgaben.

Bereits im 81er Gesetz hatte der Gesetzgeber den Versuch gemacht, den Prämienbetrag zu den wirtschaftlichen Leistungen in Beziehung zu setzen[1]; 1893 war der Gedanke wieder fallen gelassen worden. Die unter diesem letzteren Gesetze gemachten schlechten Erfahrungen[2] führten 1902 zur Wiederaufnahme des Prinzips. Diesmal ging man etwas geschickter zu Werke als 1881, indem man ein Minimum von Transporten auf einem Mindestbruchteil der zurückgelegten Strecke verlangte. Doch haben andere Bestimmungen des Gesetzes das Prinzip wieder durchbrochen, so z. B. die Degression der Unterstützungen mit zunehmender Schiffsgröße und die Limitierung auf 7000 bezw. 1000 Tons.

Wie ausgeführt, sind die Fahrtunterstützungen ähnlich wie die Bauprämien in zweifacher Hinsicht kontingentiert — nach dem Kredit und nach der Tonnage. Zur Kontrolle, wann, mit welchem Schiff die Kontingentsziffer erreicht ist, dienen die Vorschriften über Erwerb und Verlust des Ranges und die Register der Generaldirektion der Zölle.[3] In diese Register war neben der Bezeichnung und der Beschreibung des Schiffes

---

Es entsprach einer Schnelligkeit

von 10	Knoten	eine	Ausgabe	von 43	frs	die	Stunde
„ 13	„	„	„	„ 89	„ 60	„	„
„ 16	„	„	„	„ 196	„ 48	„	„
„ 18	„	„	„	„ 276	„ 05	„	„
„ 21	„	„	„	„ 407	„ 97	„	„
„ 22	„	„	„	„ 554	„ 62	„	„

[1] oben S. 68ff.

[2] oben S. 103 f.

[3] Titel II des Ausf. Dekr.

(Nationale) die Höhe der von ihm mutmaßlich zu erwerbenden Unterstützung anzuschreiben *(Voranschlag)*. Sobald die Summe aller Voranschläge 150 Millionen erreichte, waren die Register abzuschließen: weitere Eintragungen konnten nicht gemacht werden. Nun ist es klar, daß die Reeder sich beeilen werden, die Eintragung ihrer Schiffe so frühzeitig zu bewirken, daß sie unter allen Umständen noch einen „guten Rang“ [1] erhalten: es entsteht ein Rennen um den Rang. [2] Das ist natürlich und wäre auf alle Fälle eingetreten, auch wenn ein gleich zu besprechender Umstand nicht noch besonders in diesem Sinne gewirkt haben würde. Um nämlich die Voranschläge überhaupt aufstellen zu können, war die Annahme gewisser Durchschnittssätze erforderlich. Als solche errechnete man pro Bruttoton 592 frs für die Fahrtprämie der Dampfer französischer Herkunft, 137 frs für den Betriebszuschuß und 341 frs für die Fahrtprämie der Segler. Die im Gesetz vorgesehene Tonnage betrug 600000 Tons, die sich aus 300000 Tons Dampfer französischen Baues, 200000 Tons Dampfer fremden Baues und 100000 Tons Segler französischer Herkunft zusammensetzen sollte. Zur Prämiierung dieser Tonnage waren auf Grund der obigen zwölfjährigen Durchschnittssätze aufzuwenden

300000×592	frs	=	177600000 frs
200000×137	„	=	27400000 „
100000×341	„	=	34100000 „
		insgesamt	238100000 frs.

Um die im Gesetz vorgesehenen 600000 Tons zu prämiieren, wäre also ein Kredit von 238 Millionen frs nötig gewesen; die ausgeworfenen 150 Millionen reichten nicht — bei weitem nicht. Also auch hier Unstimmigkeit zwischen dem ausgeworfenen Kredit und der zugelassenen Tonnage! Da der Kredit nicht überschritten werden konnte, mußte die unausbleibliche Folge die sein, daß weniger Tonnage in den

[1] rang utile.

[2] rush.

Genuß einer Fahrtunterstützung kommen konnte. Die „guten Plätze" in der Rangordnung waren auf diese Weise an Zahl reduziert, und umsomehr bemühten sich die Reeder darum, umso schärfer mußte das Rennen werden. Die Vorschriften des Ausführungsdekretes über den Verlust des Ranges haben die Lage noch mehr zugespitzt. All' dies mußte dahin führen, daß die Schiffahrtsunternehmer gleich nach Erlaß des Gesetzes massenhaft mit Bestellungen an die Werften herantraten. Da der erworbene Rang verloren geht, wenn nicht innerhalb einer bestimmten Frist die Ablieferung des Schiffes erfolgt, mußte der Reeder den Schiffbauer nötigen, sofort und rasch zu bauen. Die Bautätigkeit wurde somit weniger durch die Konjunktur und die wirklichen Bedürfnisse bestimmt, als vielmehr durch die Spekulation auf Staatsunterstützung. Die Schiffbauunternehmer konnten sich so veranlaßt sehen, zu Zeiten zu bauen, in denen angesichts der herrschenden Konjunktur vielleicht gerade weiseste Zurückhaltung am Platze gewesen wäre, und in einem Tempo zu bauen, das evtl. weder den Interessen des Reeders, noch des Bauunternehmers, noch der Arbeiterschaft entsprach.

Auf weitere Einzelheiten des Gesetzes glauben wir nicht näher eingehen zu sollen; wir halten uns dazu für befugt, einmal, weil das Gesagte für eine generelle Beurteilung der Prämiengesetze genügen dürfte und ferner, weil schon 1904 sich herausstellte, daß die Wirkung dieses Gesetzes von 1902 erschöpft war.

c) Die Wirkung des Gesetzes.

Ein Versehen in der Zusammensetzung eines Feuerwerkskörpers kann die Folge haben, daß dieser, entgegen der ihm zugedachten längern Wirkung im Bruchteil einer Sekunde abbrennt — verpufft. An dieses Bild wird man lebhaft erinnert, wenn man der Wirkung des dritten Prämiengesetzes gegenübersteht: die Wirkung war eine Augenblickswirkung; alles war verpufft, bevor man recht zum Bewußtsein gekommen war. Noch vor Ende 1904 ist schon wieder eine Kommission mit der Ausarbeitung eines neuen Gesetzentwurfes betraut. Das neue Gesetz erging unterm 19. IV. 1906; die Betrachtung der Wirkung des dritten Prämiengesetzes beschränkt sich also an dieser Stelle auf die Zeit bis Ende 1905 d. h. *vier Jahre, statt der 10 bezw. 22, während derer es zu wirken berufen war.*

Wie oben[1] ausgeführt wurde, hob das dritte Prämiengesetz das Gesetz von 1893 nicht auf, sondern sprach ausdrücklich aus, daß die unter ihm begründeten Ansprüche auch fernerhin nach diesem Gesetz zu beurteilen und zu behandeln seien.[2] Wir haben also zwei Gesetze nebeneinander in Wirkung und müssen versuchen auseinanderzuhalten, wieviel der Wirkung dem einen, und wieviel dem andern zukommt —.

Die Beschränkung des Kredites für die Fahrtunterstützungen, und insbesondere die zwischen der Kontingentierung des Kredites und der Tonnage herrschende Unstimmigkeit rief sofort nach Veröffentlichung des Gesetzes eine Überstürzung der Bestellungen und Ankäufe seitens der Reeder hervor. Als mit Erschöpfung des ausgeworfenen Kredites von 150 Millionen frs die Register geschlossen wurden, ergab sich, daß statt der vorgesehenen

300 000 Tons	Dampfer	französischen	Baus nur	233 544,
200 000 „	„	fremden	„ „	35 636,
100 000 „	Segler	französischen	„ „	4 041

eingetragen waren und somit Aussicht auf Fahrtunterstützung hatten: statt der vorgesehenen 600 000 Tons erlangten nur 273 221 die Fahrtunterstützung. Die letzten Eintragungen in die Register datieren vom 20. Dezember 1902. Die französischen Reeder haben also in der Zeit von knapp neun Monaten 273 221 Tons Schiffe bestellt; sie mußten außerdem auf baldige Lieferung drängen, da zu befürchten stand, daß bei Nichtinnehaltung der gesetzlichen

---

[1] oben S. 109.

[2] mit geringen Ausnahmen in Ansehung der Segler. S. unten S. 182 Anm. 3.

Franzisierungsfrist mit dem Rang des Schiffes evtl. auch die Fahrtunterstützung verloren ging:[1] also Massenbestellungen seitens der Reeder, angestrengte Tätigkeit bei den Werften. Orientiert man sich über die in jener Zeit in Schiffbau und Schiffahrt herrschende Weltkonjunktur, so muß man sich gestehen, daß gerade in jenem Momente weiseste Zurückhaltung geboten erschien. Schon Ende 1901 hatte die vorher reichliche Ladung abzunehmen begonnen; die Frachten bewegten sich 30—40 % unter dem Stand vom Jahresbeginn.[2] 1902 trat noch eine Verschlimmerung ein, die zum großen Teil dadurch hervorgerufen war, daß die während der chinesischen Unruhen[3] und des Transvaalkrieges[4] zu militärischen Zwecken verwendeten meist großen Handelsschiffe nach Beendigung der kriegerischen Operationen den Handelsmarinen plötzlich zurückgegeben wurden und das Überangebot an Tonnage noch vermehrten, was umsomehr ins Gewicht fallen mußte, als inzwischen die an die Militärbehörden vercharterte oder verkaufte Tonnage durch Neubauten ersetzt worden war. Die Depression erreichte ihr Maximum an Intensität im Jahre 1902 und in der ersten Hälfte von 1903. Eine leichte Besserung begann zwar in der zweiten Hälfte des Jahres 1903 sich bemerkbar zu machen, doch war die Lage 1903/04 immer noch sehr traurig.[5] *Und gerade in diese Periode allgemeinen Tiefstandes der Konjunktur fällt die durch fehlerhafte Gesetzesbestimmungen hervorgerufene gesteigerte Regsamkeit der französischen Unternehmer! Als dann im Jahre 1905 die Lage sich besserte, die Konjunktur sich wieder in aufsteigendem Aste bewegte — da war es mit der Möglichkeit des Gesetzes, wirken*

[1] Titel II. Ausf. Dekr.

[2] H. A. L. S. 29, 30.

[3] Deutschland allein beanspruchte für seine Truppen- und Materialtransporte nach China 44 Dampfer von rund 193156 Bruttoregistertons (Schachner S. 24).

[4] Durch den Südafrikanischen Krieg wurden der Welthandelsflotte 1899 insgesamt 202 Dampfer von rund 1 Million Bruttoregistertons entzogen (daselbst).

[5] H. A. L. S. 29. 30.

zu können, vorbei, und damit die Tätigkeit der französischen Unternehmer brachgelegt.

Die Gesamtsumme der in der *vier*jährigen Periode 1902/05 an Schiffbau und Schiffahrt gezahlten Unterstützungen erreichte die Höhe von 141 651 624 frs 39 *(148 751 223)*.[1] Das ist ein Jahresdurchschnitt von 35,4[2] Millionen gegenüber einem solchen von 16,5 Millionen in der vorhergehenden Periode (93/02) und von 10,2 Millionen in dem Zeitraum 1881/93! Die Bauprämien beliefen sich auf 35 236 991 frs 69 *(46 755 796 frs 68)*, während an Fahrtunterstützungen 106 414 630 frs 70 *(101 995 427 frs 10)* ausbezahlt wurden. Der durchschnittliche Jahresbetrag der Bauprämien ist somit von 5,2[3] Millionen auf 8,8[4] gestiegen, der der Fahrtunterstützungen von 11,3[5] Millionen auf **26,6**[6].

1. *Die Seeschiffahrt.*

Von 1902 bis 1905 erwarb die französische Seeschiffahrt auf Grund des 93 er Gesetzes: 81,6[7] Millionen, auf Grund des Gesetzes von 1902: 24,8[8] Millionen. Die große Fahrt kam in dieser Zeit in den Genuß von 103[9], die internationale Küstenfahrt von 3[10] Millionen. Die Unterstützung für sämtliche Dampfer betrug **45**[11] Millionen gegen **61**[12] für die Segler;

---

[1] Die Zahlen in Klammern sind die der vorhergehenden *neun*jährigen Periode 93/02.

[2] 35 417 905 frs 60.

[3] oben S. 100 Anm. 6.

[4] 8 809 247 frs 92.

[5] oben S. 100 Anm. 8.

[6] 26 608 657 frs 68.

[7] 81 609 652 frs 36.

[8] 24 824 978 frs 34.

[9] 103 420 221 frs 64.

[10] 2 994 409 frs 06.

[11] 45 030 738 frs 52.

[12] 61 383 892 frs 18.

erstere erhielten sonach 42,3 % des Gesamtbetrages, letztere, die Segler, 57,7 %. In den einzelnen Jahren betrugen die Zuwendungen:

Jahr	Dampfer	% des Gesamtbetrages	Segler	% des Gesamtbetrages	insgesamt
02	8284542 frs 07	40,3	12290552 frs 35	59,7	20575094 frs 42
03	9363785 „ 40	36,5	16245694 „ 34	63,5	25609479 „ 74
04	11541442 „ 15	39,7	17554753 „ 67	60,3	29096195 „ 82
05	15840968 „ 90	50,9	15292891 „ 82	49,1	31133860 „ 72

Der Bestand der französischen Handelsmarine an Tausend Nettotons betrug am Ende der Jahre

1902	1218
1903	1235
1904	1349
1905	1387

Auffallend hierbei ist die starke Zunahme des Bestandes von 1903 auf 04 um 114 Tausend Tons; sie ist fast ausschließlich der Vermehrung der Dampfertonnage zuzuschreiben, die daran mit 111 Tausend Tons teilhat. Dieser für französische Verhältnisse kolossalen Bestandsvermehrung müßten in dem *einen* Jahre 1904 (unter Berücksichtigung der normalen Jahresabgänge[1] von rund 60 Tausend Tons) Franzisierungen in Höhe von über 170 Tausend Tons entsprechen. Da dies nicht der Fall ist, die Franzisierungen dieses Jahres vielmehr nur 96,9 Tausend Tons betragen, wird diese Bestandsvermehrung auf eine andere Ursache zurückzuführen sein. Am 22. Juni 1904 war nämlich ein Dekret ergangen, das einzelne Bestimmungen der geltenden Schiffsvermessungsordnung vom 24. V. 1873 modifizierte. Die Folge dieser Neuregelung des bei der Schiffsvermessung zu beobachtenden Verfahrens war die, daß ein nach den neuen Vorschriften vermessener Dampfer[2] an Nettogehalt rund 13 % mehr auf-

[1] Durch Verluste, Verkauf, Abwrackung.

[2] An den Vorschriften betr. die Vermessung der Segler wurde nichts geändert.

wies.[1] Die Neuvermessung des ganzen Schiffsbestandes mußte bis zum Schluß des Jahres 1904 durchgeführt sein.[2] Es ist klar, daß bei einem Vergleich der Bestände 1903 und 1904 diese nicht auf Einstellung neuer Einheiten beruhende Vermehrung abgezogen werden muß. So ergibt sich, daß die wirkliche Bestandszunahme, wenn man sie auf die Grundlage des früheren Vermessungsverfahrens zurückführt[3], im Jahre 1904 nur 30406 betrug, gegen 36 000 im Vorjahre! Dies ist ein ganz anderes Bild als das von den meisten französischen Schriftstellern gezeigte, die gemeiniglich die Bestandserhöhung auf Grund des neuen Meßverfahrens zu übersehen scheinen. Bei Vergleichen, bei denen mit Zahlen von vor 1904 und solchen von 1904 oder von nach 1904 operiert wird, werden wir also von nun an evtl. zuerst eine Umrechnung vornehmen müssen.

Es ergibt sich, daß die Tonnage der Dampfer nach der Vermessung a. A.[4] 1904 nur 606 Tausend Tons betrug statt 696 nach der Vermessung n. A.[5] und 1905: nur 619 statt 711. Demgemäß bewegt sich denn auch die Gesamttonnage in von den bisherigen[6] nicht wesentlich abweichenden Bahnen: 1218, 1235, 1259 und 1295.[7]

Für die Gestaltung des Verhältnisses des Dampferbestandes zum Seglerbestand war der Umstand recht ungünstig, daß bei

---

[1] A. Pawlowski im Journal des Débats 3. Okt. 1909. Diese Neuvermessung hatte nicht etwa die Folge, daß die Tragfähigkeit der Schiffe erhöht wurde, ein Resultat, das in England durch Heraufsetzen der Ladelinie erreicht wurde. Die einzige praktische Folge der Neuvermessung ist die, daß die lokalen Hafen- usw. Abgaben (droits de quai, de navigation, de pilotage, taxes de péage), die nach dem Nettogehalt berechnet werden, ergiebiger sind.

[2] Art. 5 des Dekretes vom 22. Juni 1904.

[3] 585 000 + 13 % = 661 050; 696 000 — 661 050 = 34 950; 34 950 — 13 % = 30406. Das Ergebnis kann nur annähernd sein, da das Dekret am 1. Juli in Kraft trat, wir aber die Zahlen vom Jahresbeginn zu Grunde zu legen gezwungen sind.

[4] alter Art.

[5] neuer Art.

[6] S. Anhang.

[7] oben S. 101.

Erlaß des Gesetzes noch eine Menge Segler im Bau waren, die erst nach 1902 fertiggestellt werden konnten, und die von den Reedern abgenommen werden mußten. So erklärt es sich, daß das Verhältnis der Dampfertonnage, das 1901 zur Seglertonnage wie 97 zu 100 sich verhielt, im darauffolgenden Jahre wie 79 zu 100 sich gestaltete. Ende 1905 war dies Verhältniss, unter Zugrundelegung des frühern Vermessungsverfahrens 92 : 100; es war 105 : 100, wenn man die Vermessung neuer Art berücksichtigt. Jedenfalls ist festzustellen, daß *unter dem neuen Gesetz der Dampferbetrieb wieder kräftig zunahm.* Hand in Hand damit geht die Steigerung der absoluten Leistungsfähigkeit: von 2205 Tausend Seglertons Ende 1901 steigert sie sich auf 2809 Ende 1905 (Vermessung n. A.) bezw. 2533 (Vermessung a. A.). Das ist eine Zunahme im Jahresdurchschnitt von 82 Tausend unter Zugrundelegung der früheren Vermessungsmethode. Die Zahlen nach dem neuen Verfahren ergeben eine Zunahme der Leistungsfähigkeit von sogar 151 Tausend Tons! In der Periode vorher, 1893/01, hatte die jährliche Steigerung im Durchschnitt etwas über 33 Tausend Tons betragen: es ist somit nach 1902 ein ganz erhebliches Mehr festzustellen. Aber — wenn auch die absolute Leistungsfähigkeit der französischen Handelsmarine stetig Fortschritte gemacht hat, so ist doch die relative Leistungsfähigkeit bezogen auf 100 Tons Tonnage zunächst noch weiter gesunken. Nach einem Hochstande von 213 in den Jahren 1895 und 96 war unter dem Einflusse der vorwiegenden Seglereinstellungen der Jahre 1897/01 die Leistungsfähigkeit von 100 Tons Tonnage auf 198 Seglertons im Jahre 1901 gesunken;[1] 1902 sank sie noch weiter auf 190, hob sich dann im folgenden Jahre auf 195 und in den beiden Jahren 1904 und 1905 auf 196.[2] Sie erreichte also Ende 1905 mit 196 noch nicht den Stand von 198 des Jahres 1901.

---

[1] oben S. 105.

[2] Vermessung a. A.! Nach der Vermessung n. A. sind es 203.

Betrachtet man die Zusammensetzung des Schiffsmateriales nach Dampfern und Seglern mit Beziehung auf 100 Tons Tonnage, so findet man, daß in der Zeit von 1902 bis 1905 die 100 Tons Tonnage aus durchschnittlich 47 Tons Dampfern und 53 Tons Seglern bestanden.[1] In der Periode 1892/1901 war das Verhältnis umgekehrt gewesen, 54 Tons Dampfer gegen 46 Tons Segler. Die Verschlechterung des Verhältnisses 1902/05 ist natürlich in erster Linie eine Folge des zweiten Prämiengesetzes, dessen eine Wirkung, die erhebliche Mehreinstellung von Seglern, erst von 1897 ab eintrat und nun nicht mehr wesentlich reduzierend auf die hohen Dampferziffern der ersten Jahre der Periode einwirken konnte. In zweiter Linie vermochten dann auch die vermehrten Dampfereinstellungen der Jahre 1902/05 es doch noch nicht so rasch, einen Ausgleich zu Gunsten der Dampfer herbeizuführen. — Eine Daseinsberechtigung hatten die vielen großen Segler in der französischen Handelsmarine nicht; sie waren keine wirtschaftliche Notwendigkeit. Sobald sie mit dem vollendeten zwölften Jahre einen Anspruch auf Unterstützung nicht mehr hatten, verschwanden die schönen, großen Stahlsegler aus der französischen Handelsmarine; zu Schleuderpreisen wurden sie zumal an norwegische Reeder abgesetzt, die sie insbesondere zu ihren Holz-, Erz- und Steinverfrachtungen sehr gut gebrauchen können. Ähnlich erging es den Dampfern; sobald sie keinen Anspruch auf Fahrtunterstützung mehr erheben konnten, wurden sie entweder ans Ausland verschleudert, oder in die reservierte französische Küstenfahrt eingestellt, deren Material auf diese Weise verschlechtert wurde.[2]

Die Franzisierungen erreichten in der vierjährigen Periode 1902/05 die Höhe von etwas über 402 Tausend Nettotons; dabei ist die alte Vermessung zu Grunde gelegt. Der Jahresdurchschnitt beträgt 100 Tausend Tons gegen 81 der Periode 1893/01 und 60 der Periode 1881/92. Von der Gesamtzahl

[1] S. Anhang.

[2] Morael S. 16.

entfallen auf die Dampfer 215, die Segler 188 Tausend Tons. Darüber, in welchem Maße alte Dampfer abgestoßen und durch neue ersetzt wurden, kann man sich ein Bild machen, wenn man die Bestandszunahme der einzelnen Jahre mit den entsprechenden Franzisierungen vergleicht.[1] Die Bestandszunahme der Dampfer betrug in den Jahren 1902/05 nach chronologischer Reihenfolge und in Tausend Nettotons 7, 17, 24, 36 — die Franzisierungen 47, 56, 70, 41. Für den Ersatz ausgefallener Tonnage sind also 40 + 39 + 46 + 5 = 130 Tausend Tons verwendet worden.

Der Verkehr der französischen Schiffe in den heimischen Häfen verbessert sich in dem einen Jahre 1905 um 1,2 Millionen Registertons. Natürlich ist auch diese Steigerung z. T. wenigstens dem neuen Meßverfahren für die Dampfer zuzuschreiben. Eine Zurückführung der Werte auf das alte System ist uns nicht möglich, da wir die Zahlen für Dampfer und Segler nicht getrennt besitzen.[2] Daß diese Steigerung des Schiffsverkehrs erst 1905 eintritt und nicht schon 1904 mit Einführung des neuen Meßverfahrens, hat seinen Grund darin, daß im Jahre 1904 die französischen Häfen, insbesondere Marseille von monatelangen Streiks der Seeleute, sowie des Dock- und Hafenpersonals heimgesucht waren.

Die Prozentziffern für die Anteilnahme der französischen Flagge am Schiffsverkehr in den eigenen Häfen sind 1901/05: 20, 19, 18, 18, 20! Die durchschnittliche prozentuale Anteilnahme der französischen Flagge, die in der vorhergehenden Periode schon auf 22,83 gesunken war, sank 02/05 noch weiter auf 18,75.

Der Warenverkehr in den französischen Häfen betrug in den vier Jahren 02/05 in Ein- und Ausfuhr im Jahresdurchschnitt 24 Millionen Gewichtstonnen. Davon hat die französische Flagge 32,5 % durchschnittlich befördert, die fremden Flaggen 67,5 %. Das ist das so gut wie unveränderte Ver-

---

[1] ganz genau ist dies nicht, da verloren gegangene neue Schiffe, auch verkaufte neue, nicht berücksichtigt sind; doch fällt dies kaum ins Gewicht.

[2] S. Anhang.

hältnis der vorhergehenden Periode (32,7 und 67,3). Eine Verschiebung tritt nur bei den fremden Flaggen ein, insofern die Flaggen der Ursprungs- und Bestimmungsländer 3,2 % verlieren. Dieser Verlust ist aber nicht etwa der französischen Flagge angewachsen, sondern vielmehr den Flaggen dritter Länder, deren Anteil von 24,76 % auf 29,9 % gestiegen ist.[1]

2. *Der Schiffbau.*

Die Franzisierungen von 1902 bis 1905[2] beliefen sich auf insgesamt 402 Tausend Nettotons,[3] wovon die französischen Werften 320 Tausend erstellten. Ziehen wir davon die 133 Tausend Tons Segler, deren Bau wir der Wirkung des 93er Gesetzes zugeschrieben und die wir dort[4] betrachtet haben, ab, so bleiben noch 187 Tausend Tons als größtenteils unter der Wirkung des dritten Prämiengesetzes auf französischen Werften erstellte Tonnage. Ihr stehen 82 Tausend Tons als aus dem Auslande bezogen gegenüber. Der Anteil der französischen Werften, der in der vorhergehenden Periode 62,9 % betragen hatte, steigt somit noch weiter auf 69,5 %. Im Jahresdurchschnitt wurden franzisiert (in Tausend Nettotons):

Segler französischen Ursprunges 15,4 *(50,8)*,[5] fremde 2,2 *(7,7)*,
Dampfer französischen Ursprunges 35,3 *(9,3)*, fremde 18,3 *(22,5)*.

Der Vergleich mit den entsprechenden Ziffern der Periode 1881/92 — wegen der ganz anormalen Entwickelung 93/02 verzichten wir auf einen Vergleich mit dieser Periode — ergibt, daß die Wirkung, die schon unter dem ersten Prämiengesetz sich geäußert hatte, jetzt unter dem dritten verstärkt wiederkehrt: starke Zunahme des Dampferbaues, erhebliche Abnahme der Segler-

---

[1] S. Anhang.

[2] In den folgenden Ausführungen sind alle Zahlen von 1904 ab auf die alte Vermessung reduziert.

[3] Die Zahlen für 1903 liegen uns nicht ganz genau vor.

[4] Oben S. 108.

[5] Die Zahlen in Klammern sind die entsprechenden der Periode 1893/02.

konstruktionen. Der Dampferbau nahm im Vergleich zur Periode 81/92 um 95% zu, im Vergleich zur Periode 72/80 gar um 330,5%. Der Seglerbau wurde zwar bedeutend eingeschränkt, doch stand er immerhin noch um 27,3 über dem Durchschnitt der Jahre 81/92.[1]

Ein interessantes Ergebnis bietet die Betrachtung der Durchschnittsgrößen der franzisierten Dampfer. Die Durchschnittsgröße der 02/05 eingestellten Dampfereinheiten war 514 Tons gegen 356 der vorhergehenden Periode und 485 der Periode 81/92! Die größeren Einheiten im Dampferbetrieb wurden also wieder bevorzugt. Von allergrößter Bedeutung ist aber die Tatsache, daß das von den französischen Werften erstellte Dampfermaterial eine Durchschnittsgröße von 601 Tons gegen 403 des von ausländischen Firmen bezogenen aufweist. Die Durchschnittsgröße der französischen Bauten ist 02/05 von 208 Tons der Jahre 93/01 auf 601 gestiegen, die der fremden von 513 auf 403 gefallen. Damit ist die Leistungsfähigkeit der französischen Schiffbauunternehmer auch für den Bau großer Einheiten, die bisher fraglich war, einwandfrei dargetan.

Die gesteigerte Tätigkeit der französischen Werften ist auf die Massenbestellungen der Reeder, die sich beeilten in den Genuß der Fahrtprämien zu kommen, zurückzuführen. Wir haben oben[2] bereits ausgeführt, daß die wirtschaftliche Weltkonjunktur damals keineswegs eine derartig gesteigerte Tätigkeit rechtfertigte; gerade das Gegenteil war der Fall! Auf diesen Punkt brauchen wir nicht zurückzukommen. Die Bestellungen der französischen Reeder bei den heimischen Werften hörten plötzlich Ende 1902 auf, mit dem Momente, in dem die für die Fahrtunterstützung ausgeworfenen Millionen engagiert waren, und die Reeder für die überschießende Tonnage nichts mehr erhalten konnten: mit mathematischer Sicherheit ließ sich der Zeitpunkt vorausbestimmen, von dem an

[1] Alles auf Jahresdurchschnitte bezogen.

[2] oben S. 137.

die französischen Werften für die heimische Reederei nichts mehr zu tun hatten: zweieinhalb, längstens drei[1] Jahre nach Registrierung der letzten gültigen Anmeldung.[2] Es war also nicht die Limitierung der Bauprämien, die diese ungünstige Wirkung für den französischen Schiffbau hatte, sondern die Begrenzung des Kredites für die Fahrtprämien und die zwischen der bewilligten Summe und der Tonnage herrschende Unstimmigkeit.

Schließlich ist noch einer Folgeerscheinung Erwähnung zu tun, die damit zusammenhängt, daß man wegen der Kontingentierung eine Eintragung in Register und die Zuteilung eines Ranges nicht entbehren konnte. Findige Köpfe haben sehr bald Unternehmen ins Leben gerufen, die sich bei der Rangzuteilung möglichst viele und die besten Plätze sicherten, von vornherein mit der Absicht, nicht selbst zu bauen oder bauen zu lassen, sondern ihren Platz an wirkliche Reeder oder Konstrukteure um gutes Geld abzutreten.

Am 5. November 1903 wurde bereits eine neue außerparlamentarische Kommission eingesetzt mit der Aufgabe Vorschläge zur Modifizierung der bestehenden Prämiengesetze zu machen. Das neue Gesetz erging unterm 19. April 1906 und brachte z. T. tiefgreifende Änderungen des ganzen seit 1881 bestehenden Systems.

---

[1] drei Jahre für Dampfer von über 7000 Tons, wenn bei den amtlichen Versuchsfahrten eine Minimalgeschwindigkeit von 12 kn die Stunde festgestellt wird. Art. 9 Ausf. Dekr., oben S. 114 u. Anm. 3 daselbst.

[2] Titel II. Ausf. Dekr.

VI. Kapitel.

Das Gesetz über die Handelsmarine vom 19. IV. 1906.

(Viertes Prämiengesetz).

Bei den Beratungen der bisher betrachteten drei Prämiengesetze war niemals ernstlich in Zweifel gezogen worden, ob es überhaupt möglich sei, ein Wiederaufblühen der unterstützungsbedürftigen französischen Seegewerbe durch Prämien herbeiführen zu können, — so wenig wie man die Unterstützungsbedürftigkeit selbst anzweifelte. Das ungünstige Ergebnis der Periode 93/02 und vor allem der so rasch zu Tage getretene Mißerfolg des Gesetzes 1902 erschütterten das Vertrauen, das man bislang auf das Prämiensystem gesetzt hatte, und schufen ihm Gegner, die ihre ganze Kraft daran gaben, daß diese Art der Unterstützung der Schiffahrtsindustrien fallen gelassen würde. Die Seele dieser Gegnerschaft und ihr radikalster Vertreter war Caillaux[1], der eine tiefgreifende Kenntnis nicht nur der französischen Verhältnisse, sondern auch der des Auslandes sich erworben hatte, und der in der Kammer mit viel Geist und Gewandtheit in hervorragenden Reden das Prämiensystem scharf und unermüdlich angriff. Millerand, der Berichterstatter der außerparlamentarischen Kommission[2], und Baudin, der der Kammerkommission, waren gleichfalls beide ausgesprochene Gegner des Prämiensystems. Doch haben sie noch einmal ein Prämiengesetz in Vorschlag gebracht und der

[1] 1902 hatte er als Finanzminister an dem Zustandekommen des dritten Prämiengesetzes noch mitgewirkt.

[2] Diese Kommission wurde bereits am 5. XI. 1903 ernannt.

Annahme empfohlen, als letzte verzweifelte Anstrengung und einzige Möglichkeit, die französischen Seeschiffahrtsindustrien wenigstens so lange über Wasser zu halten, bis die Ablösung des Prämiensystems durch ein neues, rationelleres System, über dessen Auffindung und Durcharbeitung eventuell Jahre hingehen konnten, würde erfolgen können. Eile tat not: infolge der verderblichen Wirkungsweise des 1902er Gesetzes hatte sich die Lage nach wenig Monaten derart zugespitzt, daß die Existenz der Schiffahrtsindustrien, insbesondere derjenigen Werften, die ausschließlich oder größtenteils für die Handelsmarine arbeiteten, auf dem Spiele stand. Es handelte sich jetzt nicht mehr darum, die in Betracht kommenden Industrien dem Auslande gegenüber konkurrenzfähig zu machen und zu erhalten, sondern sie überhaupt am Leben zu erhalten.

Die plötzlich erstandene Gegnerschaft bewirkte den Zusammenschluß der sich bisher bekämpfenden Schiffbauunternehmer und Reeder: sie machten sich gegenseitig Zugeständnisse, um wenigstens etwas zu erreichen.

a) Die Gesetzesbestimmungen.

Der Gesetzgeber von 1881 wollte die beiden Industrien — Schiffbau und Schiffahrt — *jede für sich* unterstützen. Zu diesem Zwecke gab er dem Schiffbau Zollfreiheit des Baumaterials, der Schiffahrt die Fahrtunterstützung. Während die die Zollfreiheit herbeiführende Bauprämie so berechnet war, daß sie keinesfalls mehr bot als den Ausgleich der Zollbelastung, lag in der Fahrtunterstützung neben dem Ausgleich für gewisse Lasten noch eine kräftige Ermutigungsprämie.[1] Das war die ausgesprochene Absicht des Gesetzgebers. Die tatsächliche Entwicklung führte allerdings dahin, daß die Schiffbauunternehmer durch Preiserhöhung sich in den Besitz eines Teiles der den Reedern zugedachten Ermutigung setzten.[2] Die Gesetzgeber von 1893 und 1902 sanktionierten diesen

[1] oben S. 61.

[2] oben S. 73 ff.

tatsächlichen Zustand, der sich gegen die ursprünglichste Absicht ihres Vorgängers von 1881 herausgebildet hatte, und erhöhten noch die in der Fahrtunterstützung steckende Ermutigung, auf daß Reeder und Schiffbauer sich darein teilten. Diese Verknüpfung der Interessen der Schiffbauunternehmer mit denen der heimischen Reeder wäre nie so eng geworden ohne die Vorzugsstellung, die die französischen Werften infolge des Ausschlusses der Schiffe fremden Baus von jeder Fahrtunterstützung (1893), bezw. von der vollen Fahrtunterstützung (1881 und 1902), innehatten. Dabei ging noch nicht einmal der ganze Betrag, den die Reeder von der Fahrtprämie abgaben, an die Schiffbauunternehmer: aus der Preissteigerung folgt ein Mehraufwand für Amortisation, Zins und Versicherung, der von der Fahrtprämie abgeht und in die Kassen der Geldverleiher und Versicherungsgesellschaften fließt.[1] Der Gesetzgeber von 1906 kehrte zu der ursprünglichen Ansicht des Gesetzgebers von 1881, daß die beiden Industrien jede für sich, ganz unabhängig von der andern, zu unterstützen seien, zurück. Er löste daher ihre durch die Gesetze von 1893 und 1902 geschaffene Verbindung, den „mariage d'enfer", und hob die Vorzugsstellung der französischen Werften auf, indem er die unterschiedliche Behandlung französischer und fremder Bauten in Ansehung der Fahrtunterstützung fallen ließ. Die Fahrtunterstützung wurde in ihrem Betrage herabgesetzt und die Bauprämie um eine Ermutigungsquote erhöht.

Das vierte Prämiengesetz erhielt eine Geltungsdauer von

---

[1] Ein Frachtdampfer von 5000 Bruttotons kostet in England etwa 1 200 000 frs, in Frankreich 1 800 000 d. i. ein Mehr von 600 000 frs. Die Verzinsung dieser 600 000 frs zu 5 % beansprucht in 20 Jahren durchschnittlicher Lebensdauer des Schiffes wieder 600 000 frs, die Versicherung, unter Annahme eines Durchschnittssatzes von 3,50 % des Anfangswertes 420 000 frs. Vom Gesamtprämienbetrag hat der Reeder also 1 620 000 frs abzusetzen: in die Kassen der Schiffbauer fließen davon 600 000, in die der Geldverleiher und Versicherungsgesellschaften 1 020 000 frs. (Rapport Baudin). Dies Beispiel ist den Tatsachen nicht ganz entsprechend; Amortisation ist z. B. gar nicht berücksichtigt. S. oben S. 74 ff.

zwölf Jahren.[1] Durch das dritte Prämiengesetz war die Wirkung des zweiten nicht aufgehoben worden[2]; auch das vierte hat dies nicht getan, so wenig wie es die Geltung und Wirkung des Gesetzes von 1902 aufgehoben hat: Artikel 16 erklärt ausdrücklich, daß alle Bestimmungen des 93er und 02er Gesetzes, die den Vorschriften des neuen Prämiengesetzes nicht zuwiderlaufen[3], in Kraft bleiben. Es gilt nun das Folgende:

1. Die unter dem 93er Gesetz (bis Anfang 1903) begründeten Ansprüche wirken bis zum Beginn des Jahres 1913.

2. Bis zum 6. IV. 1912 einschließlich können Ansprüche auf Grund des Gesetzes von 1902 begründet werden, deren Befriedigung bis zum selben Tage des Jahres 1924 verlangt werden kann. Dies ist wichtig insbesondere für den Fall, daß Einheiten aus der kontingentierten Tonnage wegen Schiffsverlustes[4] ausscheiden und durch neue ersetzt werden, sowie für die Schiffe, deren Eintragung nach Schließung der Ranglisten oder vor Verkündigung des 1906er Gesetzes beantragt wurde.

3. Auf Grund des vierten Prämiengesetzes können Ansprüche bis zum 19. IV. 1918 einschließlich begründet werden; sie erlöschen spätestens am 18. IV. 1930.

1. Die Schiffbauprämien.

Die französischen Ersteller von für die französische[5] Handelsmarine bestimmten Seeschiffen[6] erhalten als Bauprämien pro Bruttoregisterton[7] im ersten Jahre der Gesetzesgeltung:

---

[1] Art. 14; Art. 4 Abs. IV des Ges. 06.

[2] oben S. 109, 136.

[3] Neu sind die Vorschriften bezüglich der Schiffbauprämien; für sie gilt also das Folgende nicht.

[4] Art. 30 Ausf. Dekr. 9. Sept. 02; Art. 16 des Ges. von 06.

[5] Die Erbauer von Eisenschiffen für ausländische Rechnung erhalten nur $^{7}/_{10}$ dieser Beträge. S. unten S. 152.

[6] Art. 114 des Budgetgesetzes vom 8. IV. 1910 dehnt das Recht auf die Bauprämien des Ges. 1906 auch auf Schlepper, Bagger und Luxusfahrzeuge aus.

[7] Der Gesetzestext sagt: „tonneau de jauge brute totale“ zum Unterschied

145 (*65*)[1] frs für eiserne oder stählerne Dampfer und
95 (*65*)[1] „ „ „ „ „ Segler

Dieser Grundbetrag wird in jedem der folgenden zehn Jahre um 4 frs 50 für die Dampfer und um 3 frs für die Segler gemindert, so daß er z. B. im zweiten Jahre 140,50 frs (Dampfer), bezw. 92 (Segler) beträgt, und im zehnten Jahre auf 100 frs bezw. 65 frs gefallen ist. Vom zehnten Jahre ab tritt keine Minderung mehr ein und bleibt der Grundbetrag auf 100 bezw. 65 frs fest. Für Holzschiffe sind die bisherigen festen Sätze beibehalten, also 40 frs für Schiffe von 150 Bruttotons oder mehr Gehalt, 30 frs für Schiffe von weniger als 150 Bruttotons.[2] Schiffsvergrößerungen berechtigen zur Prämie pro rata des gewonnenen Schiffsraumes. Zur Feststellung des Grundbetrages der Prämie für Eisenschiffe ist bei Neubauten das Jahr der Franzisierung, (bezw. der Aushändigung der Begleitpapiere, wenn es sich um ein für eine fremde Marine bestimmtes Schiff handelt) maßgebend, bei Umbauten das Jahr der neuerlichen Ausrüstung (Seebereitschaft).

Die Maschinen- und Kesselfabrikanten erhalten für die an Bord von Handelsfahrzeugen — Dampfern und Seglern — aufgestellten neuen Antriebs- und anderen Maschinen, sowie für die Kessel 27,50 frs pro 100 kg im ersten Jahre der Gesetzesgeltung; die jährliche Minderung beträgt 0,75 frs während der ersten zehn Jahre der Anwendung des Gesetzes und bleibt nach Ablauf des zehnten Jahres auf 20 frs stehen. Für erneuerte oder ausgebesserte Teile der Maschinen, Kessel und Hülfsapparate ist ein Fixum von 20 frs die 100 kg ausgeworfen.[3]

Der Gesamtbetrag der Prämien für Holzschiffe, für Umbauten

---

von jauge brute, dem englischen gross-tonnage. Die den Prämien zu Grunde zu legende Bruttotonnage ist eine andere als die Registertonnage, sie ist größer; so umfaßt sie z. B. den der Aufnahme des Wasserballastes dienenden Raum.

[1] Die Zahlen in Klammern sind die der vorhergehenden Periode.

[2] oben S. 90.

[3] Art. 2. Ges.

und für Reparaturen wird mit Aushändigung der Franzisierungsurkunde oder der Begleitpapiere fällig, bezw. mit vollendeter Wiederseebereitschaft. Für Eisenschiffe werden mit der Aushändigung der eben genannten Urkunden nur sieben Zehntel des Gesamtbetrages erworben; die übrigen drei Zehntel können überhaupt nur von französischen Schiffen beansprucht werden, und zwar: zwei Zehntel ein Jahr nach Ausstellung der Franzisierungsurkunde und das letzte Zehntel nach Verlauf eines weiteren Jahres. Die fälligen Beträge müssen zu den genannten Terminen erhoben werden, widrigenfalls sie verfallen.[1]

Ein Anspruch auf die Bauprämien wird nur anerkannt, wenn der Schiffsrumpf, sowie die Maschinen und Kessel in Frankreich gebaut sind; ferner, wenn die Fabriken, Werkstätten und Werften, die am Bau beteiligt sind, in ihrer Gesamtheit nicht mehr als 10 % (1902: 20 %)[2] ausländische Arbeiter beschäftigen.[3]

Auch dies vierte Prämiengesetz nimmt eine Kontingentierung vor, allerdings vorsichtigerweise nur eine einfache der Tonnage: bis zum Ablauf des Gesetzes von 1902 können Bauprämien auf Grund des Gesetzes von 1906 nur an eine Höchstzahl von 50 000 Bruttotons Dampfer und 15 000 Bruttotons Segler jährlich bewilligt werden; nach Ablauf des Gesetzes von 1902, am 7. IV. 1912, hört diese Beschränkung auf und wird jedes Quantum prämiiert.

Sinn und Aufgabe der Bauprämien vor 1906 war, die französischen Werften auf gleichen Fuß mit denen des Auslandes zu stellen. 1906 wurde die frühere Idee der Regierung,[4] die Bauprämien so zu bemessen, daß sie dem Preisunterschied zwischen englischen und französischen Bauten gleichkommen, wieder aufgenommen und verwirklicht. Auf diese Weise mußte es gelingen zu verhindern, daß jener große Teil

---

[1] Art. 3 Abs. V des Gesetzes.

[2] oben S. 113.

[3] Art. 19 des Ges.

[4] oben S. 56.

der Fahrtunterstützungen in die Kassen der Kapitalisten und Versicherungsgesellschaften floß; der Reeder konnte nun sein Schiff beim inländischen Schiffbauunternehmer zu demselben Preise erstehen wie beim ausländischen. Aufgabe der Kommission war es, so genau wie möglich den Preisunterschied zwischen englischen und französischen Bauten festzustellen. Sie ging dabei auf zwei Wegen vor, auf analytischem Wege und auf dem Wege direkter Vergleichung.[1]

„Die analytische Methode suchte die verschiedenen Ursachen der Inferiorität der französischen Werften im Vergleich zu den englischen festzustellen, um dann die diesen Ursachen entsprechende pekuniäre Wirkung für eine bestimmte Einheit z. B. die Bruttoregisterton zu errechnen. Die zur Äußerung aufgeforderten Schiffbauunternehmer gaben insbesondere folgende drei Gründe für den höhern Preis der französischen Produkte an:

a. den höhern Preis der Schiffbaumaterialien, der auf die Zollbelastung und die Transportkosten zurückzuführen sei. Die Kommission nahm den Satz von 60 frs pro Bruttoton als Maximalsatz an, um den die französischen Bauten von den englischen in dieser Hinsicht differieren können.

b. die geringere Ergiebigkeit der französischen Arbeit. Wohl erhielten die englischen Werftarbeiter höhere Durchschnittslöhne als die französischen, dafür sei ihre Arbeit aber viel ergiebiger als die der letztern, so daß derselben Gesamtlohnsumme eine größere Summe geleisteter Arbeit in England als in Frankreich entspreche.

c. die größern Generalunkosten, die eine Folge der geringen Zahl und der Verschiedenartigkeit der Bauaufträge seien. Gerade die Verschiedenartigkeit der Bauaufträge, die sich bald auf Herstellung eines Panzerschiffes, bald eines Torpedobootes, eines Torpedojägers, eines Schnelldampfers, eines Frachtdampfers, bald eines Schleppers oder

---

[1] Für die folgenden Ausführungen vergl. insbes. den Bericht Baudin.

auch eines Baggers richten, unterbinde von vornherein jede Spezialisierung. Für jeden Typ, ja für jedes Schiff, müßten neue Pläne, Zeichnungen und Modelle gefertigt werden; die Gesamtheit der Betriebseinrichtungen erfahre eine nur geringe Inanspruchnahme."

Diesen drei Gründen ist bis zu einem gewissen Grade die Berechtigung nicht abzusprechen, ganz sicher nicht dem unter a genannten (hohe Preise für Schiffbaumaterialien). Was die geringere Ergiebigkeit der französischen Arbeit angeht, so ist dieselbe verschiedentlich unter Zitierung konkreter Beispiele bestritten worden. Nehmen wir einmal an, die Ergiebigkeit der französischen Arbeit sei unterwertig, so ist jedenfalls das Vorgehen, das die Folgen einfach zu verwischen bestrebt ist, anstatt das Übel an der Wurzel in seinen Ursachen zu fassen, zu verurteilen. Wenn eine Rotte Nietenschlager z. B. auf Grund von Akkordlöhnen es so weit bringt, wie ihre englischen Kollegen 300 Nieten täglich zu schlagen, und wenn dann der Vorstand des französischen Arbeitersyndikates interveniert und es zu Stande bringt, daß wie bisher nur 150 Nieten täglich geschlagen werden,[1] so ist dies doch keine Folge geringerer Arbeitsergiebigkeit, sondern eine Folge der Organisation, bezw. des Syndikatsterrorismus. Die geringere Ergiebigkeit der Arbeit ist in diesem Falle weniger eine Folge ungenügender Ausbildung der Arbeiterschaft oder ihrer geringeren Leistungsfähigkeit, als vielmehr eine Folge der Arbeiterorganisationen und auch der Einrichtung der Betriebe. Hier müßte der Hebel angesetzt werden — nicht aber dürften diese verderblichen Zustände aufrechterhalten und sozusagen sanktioniert werden — wie dies durch staatliche Zuwendungen geschieht. Ähnlich verhält es sich mit den höhern Generalunkosten der französischen Werften.[2] Gewiß — es ist anzuerkennen, daß in der Seltenheit und Verschiedenartigkeit der Bestellungen ein Grund gesteigerter Generalunkosten liegt. Und dazu können schließlich die Schiffbauer auch nichts.

[1] Zitiert u. a. bei Fraissaingea S. 53/54.

[2] Das Folgende gilt mutatis mutandis auch bezüglich der Reederei.

Wir haben aber bereits[1] darauf hingewiesen, daß die höhern Generalunkosten der französischen Werften zum Teil auch auf ihren luxuriösen Betriebs-Anlagen und -Ausstattungen beruhen. Nicht weniger kostspielig ist die Gepflogenheit, neben den lokalen Büros der technischen Betriebsstelle noch in der Hauptstadt Paris recht komfortabel und luxuriös ausgestattete Büros zu unterhalten. Wenn der Reeder dies tut, so erscheint das allenfalls noch verständlich, weil er auch das große Publikum zu seinen Abnehmern zählt, das durch geeignete Reklame, insbesondere in der Hauptstadt, angelockt und gewonnen werden kann. Für den Schiffbauunternehmer kommt dieser Gesichtspunkt aber gar nicht in Betracht: ein eng begrenzter Kreis von Personen bezw. Firmen sind seine Abnehmer, mehr oder weniger Großunternehmen. Die prädominierende Stellung der Landeshauptstadt auch bezüglich des Wirtschaftslebens der Nation ist entschieden in mancher Hinsicht von ungünstigem Einfluß und führt oft, wie in diesem Falle, zu gesteigerten Ausgaben, die grundsätzlich unnötig sind. Hier durch staatliche Gelder ausgleichend einwirken zu wollen ohne Kautelen für die Abstellung des unökonomischen Verhaltens, ist widersinnig — dem Steuerzahler gegenüber aber geradezu frevelhaft! —

Die analytische Methode ließ zwar die Ursachen der Inferiorität der französischen Werften klar erkennen, lieferte aber kein hinreichendes Material, um den wirklichen Unterschied zwischen den englischen und französischen Preisen feststellen zu können. Dies mußte man vielmehr auf dem Wege direkter Vergleichung zu erreichen suchen. Damit das Resultat der Wahrheit möglichst nahe komme, war nötig, die Untersuchung auf eine möglichst große Zahl möglichst gleichartiger und möglichst zu derselben Zeit gebauter Schiffe zu erstrecken. Die Gewinne der englischen und französischen Werften wurden dabei als gleich angenommen. Die Zahlen, die sich aus den umfassenden Untersuchungen der General-

---

[1] oben S. 93/94.

direktion der Zölle ergaben, weisen auf einen Preisunterschied von durchschnittlich 175 frs hin, den die französische Registerton mehr koste als die englische. Nachfragen an Ort und Stelle, bei französischen und englischen Werften, die der Finanzinspektor Quesnot anstellte, förderten ein schwankendes Resultat zu Tage: 150 bis 200 frs. Die Kommission nahm schließlich den Betrag von 172 frs 50 pro Bruttoton als den Betrag an, der der Wirklichkeit am nächsten komme und verteilte diese Summe so, daß auf die Ton Schiffsrumpf 145, auf die Maschinen und Kessel 27 frs 50 kamen.

In Ansehung der Segler konnte man nicht so mathematisch vorgehen, da in den letzten Jahren Segler im Auslande nur in ganz beschränkten Mengen gekauft worden waren. Zudem fehlte die Vergleichungsmöglichkeit insofern, als die im Lande gebauten Einheiten durchweg eine bedeutend geringere Durchschnittsgröße aufweisen als die im Auslande gekauften. Die Kommission schätzte die dem Bau von Seglern zu gewährende Prämie nach ihrem Ermessen, um nicht zu sagen willkürlich, auf rund $^2/_3$ der Bauprämie für Dampfer, und kam so auf den genannten Satz von 95 frs.

2. *Der Betriebszuschuß.*

Das Gesetz von 1906 hat es sich versagt, nochmals eine Fahrtprämie (i. e. S.) zu gewähren und bewilligt nur einen Betriebszuschuß an alle unter französischer Flagge fahrenden Schiffe von mindestens 100 Bruttotons, so lange sie das zwölfte Jahr noch nicht vollendet haben. Bezüglich der Höhe des Zuschusses wird ein Unterschied zwischen französischen und fremden Bauten nicht gemacht; doch ist für die Begründung des Anspruchs der fremden Bauten Vorbedingung, daß sie im Augenblicke ihrer Franzisierung noch keine zwei Jahre alt sind. Auch die unterschiedliche Behandlung von großer Fahrt und internationaler Küstenfahrt ist aufgegeben. Es werden bewilligt pro Bruttoton und Betriebstag:[1]

[1] oben S. 117.

1. an Dampfer	0 fr 04 bis 3000 Tons
	0 fr 03 von 3001 bis 6000 Tons und
	0 fr 02 von 6001 Tons ab.
2. an Segler	0 fr 03 bis 500 Tons
	0 fr 02 von 501 bis 1000 Tons
	0 fr 01 von 1001 Tons ab.

Die Zahl der Tage, für die der Betriebszuschuß gewährt wird, ist nicht mehr wie 1902 auf 300 im Laufe eines Jahres beschränkt.

Die Ausschließungsgründe. wie sie durch das Gesetz von 1902 geschaffen waren, bleiben im allgemeinen unverändert.[1] Insbesondere ist auch wiederum der Nachweis eines Mindesttransportes (ein Drittel des Nettogehaltes in Schiffslasten) auf einem Minimum des Gesamtweges (ein Drittel) gefordert. Neu ist hierbei der Zusatz, daß der Zuschuß um 10 % zu kürzen ist, wenn nicht auf mindestens der halben Route Transporte in Höhe von mindestens der Hälfte des Nettofassungsvermögens vorgenommen werden.[2] Als neuen, selbständigen Ausschließungsgrund bringt das Gesetz von 1906 den, der alle Schiffe ausschließt, die nicht für die Zeit zwischen An- und Abmusterung eine bestimmte mittlere Tagesleistung (in Seemeilen) nachzuweisen imstande sind; es werden verlangt,[3] mindestens 90 Meilen für Dampfer, die bei den amtlichen Versuchsfahrten 14 Knoten und mehr aufwiesen; 85 Meilen für solche, die 12 bis 14 Knoten, 65 Meilen für solche, die 11 bis 12 Knoten und 55 Meilen für solche, die 9 bis 11 Knoten aufwiesen. Für Segler beträgt die verlangte mittlere Tagesleistung unterschiedslos 35 Seemeilen.

Das Erfordernis einer Minimalgeschwindigkeit von 10 kn die Stunde bei den amtlichen Versuchsfahrten ist auf 9 kn herabgesetzt;[4] doch wird den Dampfern, deren Leistungsfähigkeit 10 kn nicht erreicht, am Zuschusse ein Abzug von

[1] Art. 4 des Ges.; oben S. 117/18.
[2] Art. 5 Abs. III des Ges.
[3] abgesehen vom Falle höherer Gewalt.
[4] Art. 6 des Ges. Abs. I.

15 % gemacht; andererseits treten Zuschläge ein, wenn höhere Normalgeschwindigkeiten bei den Versuchsfahrten sich ergeben haben: 10 % bei mindestens 14 kn, 20 % bei mindestens 15 und 30 % bei mindestens 16!

Keinen Anspruch auf Betriebszuschuß haben die französischen Schiffe, deren Heimathafen nicht in Frankreich sich befindet.

Der Betriebszuschuß kann um ein oder mehrere Zwanzigstel gekürzt, evtl. ganz versagt werden bei wiederholter Zuwiderhandlung gegen die geltenden Vorschriften über die Arbeitsbedingungen, die Sicherheit und Hygiene an Bord der Handelsschiffe, ohne Rücksicht auf die auf Grund der Spezialgesetze verwirkten Strafen.[1]

Die durch das Gesetz von 1906 bewilligten Bauprämien und Betriebszuschüsse unterliegen nicht mehr den regelmäßigen Abzügen zu Gunsten der Marineinvalidenkasse, Handelskammern usw. Vielmehr werden alljährlich in das Budget des Marineministeriums Kredite in Höhe von 6 % der im Laufe des Jahres voraussichtlich zu zahlenden Bauprämien und von 11 % der voraussichtlichen Betriebszuschüsse zu Gunsten der Marinekassen und Gesellschaften eingestellt und liquidiert.[2]

Der Betriebszuschuß des vierten Prämiengesetzes soll die Sonderbelastung ausgleichen, die auf dem französischen Schiffahrtsbetriebe auf Grund der speziellen Seegesetzgebung ruht, und die man 1902 je nach Größe des Schiffes auf 10—15 frs pro Ton und Jahr geschätzt hatte.[3] Die zahlenmäßige Ermittelung dieser Mehrbelastung und ihre Inbeziehungsetzung zu der Einheit der Bruttoton bot große Schwierigkeiten. Auf dem Wege direkter Vergleichung konnte nicht vorgegangen

[1] Die Vorschriften über Unfallverhütung und die der Gesundheitspolizei sind auch auf alle in den französischen Häfen verkehrenden fremden Schiffe anzuwenden. Art. 18, 19 des Ges.

[2] Art. 7 des Ges.

[3] Morael S. 111.

werden: dazu hätte es der Einsichtnahme in die Bücher französischer und ausländischer Firmen bedurft. Gangbar blieb nur das Vorgehen auf analytischem Wege. Aus dem Kommissionsbericht ergibt sich, daß der französische Reeder sich hinsichtlich des Personals und hinsichtlich des Materials in stärkerem Maße belastet fühlt als die Konkurrenz.

α. Hinsichtlich des Personals.

a. In erster Linie wird die Bestimmung des Gesetzes vom 21. September 1793 herangezogen, nach der drei Viertel der Schiffsmannschaft [1] französischer Nationalität sein müssen, dem dann hinzugefügt wird, daß in Wirklichkeit die gesamte Mannschaft Franzosen seien. Da die Dienste des französischen Seemanns nicht teurer bezahlt werden als die seiner englischen,[2] deutschen, italienischen und österreichischen Kollegen, so können wir unter diesem Gesichtspunkte in der Tatsache der vorwiegend oder völlig französischen Bemannung eine Mehrbelastung des französischen Reeders nicht erblicken.[3]

b. Anders ist es mit den Ausgaben für Beköstigung der Bemannungen, die (unter Ausschluß der Offiziere) auf 1 fr 76 pro Tag und Kopf in England, 1 fr 40 in Deutschland, 1 fr in Italien und 2 frs in Frankreich errechnet werden. Der Unterschied ist neben der größern Abwechslung und sorgfältigeren Zubereitung der französischen Küche, insbesondere dem feineren Brot und den Weinrationen [4] zuzuschreiben, ohne die der

[1] Darunter ist nur das *seemännische* Personal zu verstehen, *„le personnel employé à la manoeuvre et à la conduite du navire.“* — Neuerdings hat der Staatsrat auf Ersuchen des Marineministers ein Gutachten dahin abgegeben, daß die Eingeborenen der französischen Kolonien, insoweit sie französische Untertanen sind und auf französischen Schiffen Dienste nehmen, nicht als fremde Seeleute anzusehen seien.

[2] Die englischen Heuern stehen fühlbar über den anderen.

[3] Dazu Caillaux Kammerverhandlungen 1906 S. 239 u. 3488; ferner insbes. Morael S. 61, der als Reeder in dieser Frage sicher unbefangen ist.

[4] täglich bis 0,75 l für das Deckpersonal, 1,50 l für das Maschinenpersonal. Die Belastung liegt nicht nur in dem Mehraufwand für Wein, sondern auch in entgangener Fracht, da die Verstauung der Fässer an Bord erheblichen Platz beansprucht.

französische Seemann nicht arbeitet. Dies war aber ein nur tatsächlicher Zustand: bis zum Gesetz vom 17. IV. 1907 *„über die Sicherheit der Seefahrt und die Arbeitsbedingungen an Bord der Handelsschiffe“*[1] gab es keine gesetzliche Norm, die bezüglich der Qualität oder Quantität der zu verabreichenden Kost Vorschriften enthalten hätte. Erst dies Gesetz von 1907 brachte solche Bestimmungen in Kapitel IV (Art. 31).[2]

c. Ähnlich verhält es sich mit der höhern Zahl der Bemannung französischer Schiffe. Wenn — was übrigens von Caillaux[3] und andern auf das entschiedenste bestritten wird — die französischen Schiffe unter sonst gleichen Verhältnissen eine an Zahl größere Bemannung an Bord haben als ihre fremdländische Konkurrenz, so beruht das höchstens „auf alten Traditionen“.[4] Eine gesetzliche Vorschrift bestand nur hinsichtlich der Leichtmatrosen und Jungen,[5] von denen eine bestimmte Zahl nach Verhältnis der übrigen Mannschaft anzuheuern war und anzuheuern ist.[6] Seit 1907 erst ist gesetzlich ein indirekter Einfluß auf die Zahl der Bemannung erreicht, insofern eine tägliche Maximalarbeitszeit von 12, bezw. 10 oder 8 Stunden[7] und die Einteilung des Dienstes in zwei bezw. drei Wachen vorgeschrieben ist. Von größerm Einfluß als diese Bestimmungen, insbesondere für ausgedehntere Fahrten, ist dann seit 1909 das Gesetz[8] *über den Wochenruhetag der*

---

[1] Mit Geltung vom 17. IV. 1909.

[2] Die Vorschriften für die Ernährung der Leute der Kriegsschiffe haben als Vorbild zu dienen d. s. die Ministerialverfügung vom 16. November 1909 und die Zirkularverfügungen vom 22. und 30. November 1909; daraufhin für die Handelsmarine: die Ministerialverfügungen vom 20. Juli und und 4. August 1910.

[3] Journ. off. chambre. débats 1906 S. 239 u. 3488.

[4] Fraissaingea S. 33 Nr. 2.

[5] Ges. vom 23. II. 1852.

[6] Jetzt Art. 30 c des Ges. 17. IV. 1907; 1 Leichtmatrose oder 1 Junge auf 15 oder Bruchteil von 15 Mann Besatzung.

[7] Art. 24 Ges. 17. IV. 1907.

[8] Vom 13. Juli 1906.

Angestellten geworden, dessen Geltung auch für die Mannschaften der Seeschiffe durch Artikel 28 des Gesetzes vom 17. April 1907 ausgesprochen wurde, und das in dem Schiedsspruch Ditte [1] eine sehr rigorose Auslegung gefunden hat. Nach diesem Schiedsspruch ist die Gesamtheit der Ruhetage, die aus irgend welchen Gründen auf See oder im Hafen nicht innegehalten werden können, in einem der angelaufenen Zwischenhäfen oder dem Heimathafen *nachträglich* zu gewähren *unter Ausbezahlung der vollen Heuer.* Ausgenommen ist nur der Fall höherer Gewalt; dann ist die Ruhetagsarbeit wie Überstundenarbeit zu vergüten. Die meisten französischen Reedereien haben sich daher veranlaßt gesehen, die Mannschaftsstärke ihrer Schiffe um $^1/_7$ zu erhöhen. Es ist aber festzuhalten, daß auch diese Verhältnisse erst eingetreten sind, nachdem das Prämiengesetz von 1906 bereits in Geltung war, sie also zur Begründung der Fahrtunterstützung 1906 nicht herangezogen werden können.[2]

d. Die Verpflichtung zur freien Rückbeförderung des Seemannes in gewissen Fällen [3] ist dem Seerecht aller schiffahrttreibenden Nationen bekannt. Man kann nicht sagen, daß die Bestimmungen der französischen Gesetze rigoroser seien, als die der andern Nationen, und wir haben keinen Anhaltspunkt dafür zu finden vermocht, daß die französische Reederei in dieser Hinsicht mehr belastet sei als irgend eine andere.[4]

e. Auch die Beiträge zur Seeunfallversicherungskasse werden herbeigezogen, um eine Mehrbelastung der französischen Reederei mitkonstruieren zu helfen! Haben denn die konkurrierenden Reeder des Auslandes nicht auch solche Ausgaben zu tragen, sei es freiwillig, wie z. B. in England durch Ver-

[1] 3. Juli 1909.

[2] In diesen Anachronismus sind neuerdings einzelne Schriftsteller verfallen.

[3] C. Com. Art. 252, 262 Seem. O. § 69—79.

[4] Außer den in Anm. 3 genannten Artikeln des C. Com. kommen noch insb. die Bestimmungen der Gesetze vom 22. September 1891 und 24. Dezember 1896 in Betracht.

sicherung bei Privatgesellschaften, sei es zwangsweise wie beispielsweise in Deutschland durch Beiträge zur Versicherungsanstalt der Seeberufsgenossenschaft?[1]

f. Eine wirkliche, dem französischen Seerecht eigentümliche Belastung gründet sich auf Art. 262 des Code de Commerce, der bestimmt, daß der im Dienste an Bord erkrankte oder verletzte Seemann die volle Heuer *während vier Monaten vom Tage seiner Anlandsetzung an weiterbezieht — außer den Kosten der völligen Heilbehandlung*. Nach deutschem Recht z. B.[2] erhält der erkrankte Seemann die Heuer nur bis zur Einstellung des Dienstes, wenn er die Reise nicht antritt, oder bis zu dem Tage, an dem er das Schiff verläßt, wenn er die Reise angetreten hat; nur für den Fall, daß der Seemann aus seinem Heuerverdienste den Unterhalt von Angehörigen ganz oder überwiegend bestritten hat, ist nach deutschem Recht ein Viertel der Heuer weiter zu zahlen.

β. *Hinsichtlich des Materiales.*

a. In dieser Beziehung bildet das Monopol der französischen Werften für größere Reparaturen nach wie vor eine fühlbare Belastung der französischen Reederei,[3] nicht nur wegen der teureren Preise, sondern auch wegen der längern Fristen, die die französischen Werften beanspruchen. Der Kommissionsbericht schätzt die Mehrkosten für Kesselerneuerung bei einem Dampfer von 2000 Bruttotons Gehalt auf rund 31 500 frs.

b. eine weitere Mehrbelastung der Reederei wird darin erblickt, daß für die Einrichtungsgegenstände[4] des Schiffs

[1] Die Hamburg Amerika Linie zahlte z. B. pro Bruttoton ihrer Hochseeflotte für Kranken-, Unfall-, Invaliden- und Altersversicherung 1903: 0,86 fr, 1904: 0,98 fr, 1905: 0,96 fr, 1906: 1,08 fr. Unter Zurechnung der Kosten für Krankenhaus- und Heilbehandlung (59 Seem.-O.) 1907: 1,46 fr, 1908: 1,56 fr, 1909: 1,43 fr.

[2] Seem.-O. § 61.

[3] Art. 8 Ges. 27 vendém. an II. u. Art. 15 Ges. 7. IV. 1902.

[4] Einrichtungs-(Ausstattungs-)Gegenstände (armement): Möbel, Küchengerät, Restaurationsgeschirr, Decken, Teppiche usw. Ausrüstungsgegenstände: (gréement): Anker, Trossen, Segel, Raen, Kompasse u. dergl.; letztere

(Kajüt- und Küchengut) Zollfreiheit nicht gewährt ist. Die Verpflichtung zur Zollzahlung beruht auf einer Zollverordnung vom 10. März 1849: „les objets déstinés à l'armement des navires français doivent être tirés de l'intérieur, ou, s'ils proviennent de l'entrepôt ou immédiatement de l'étranger être soumis préalablement aux droits de douane.“ Die jährliche Mehrausgabe eines Schiffes von 2000 Bruttotons wird auf 1800 frs beziffert. [1]

Zur Kompensierung aller dieser wirklichen oder vermeintlichen Lasten wurde den Reedern der Betriebszuschuß in der oben angeführten Höhe bewilligt.

b) Kritische Betrachtung der einzelnen Gesetzesbestimmungen.

1. Die Unterstützung des Schiffbaues.

Wie wir ausführten, sollen die Bauprämien des vierten Prämiengesetzes den Preisunterschied zwischen französischen und englischen Bauten ausgleichen; sie sind angeblich so berechnet, daß dies bei Anwendung des vollen Grundbetrages gerade der Fall ist. Die jährliche Minderung des Grundbetrages soll die Werften anreizen, die Ursachen des Preisunterschiedes zu beseitigen; da die Minderung schon nach Ablauf des ersten Jahres eintritt, muß sofort mit der Beseitigung begonnen werden: die Frist von einem Jahre erscheint im Hinblick darauf, daß in Frankreich die Bauzeiten mittlerer und größerer Schiffe ein Jahr meist weit überschreiten und ferner im Hinblick darauf, daß die notwendige Umgestaltung der Betriebe sich im Laufe eines Jahres nicht durchführen läßt, als zu kurz bemessen. Die Beseitigung der den Preisunterschied bedingenden Ursachen

gehören zum Schiffbaumaterial (oben S. 29 Anm. 2) und sind nachträglich (durch die Bauprämie) zollbefreit.

[1] Auch in Deutschland sind die Einrichtungsgegenstände selbst der zollbegünstigten Schiffe vom Zolle nicht befreit. Vergl. Zolltarifgesetz vom 25. XII. 1902 Tarifnummer 921/23 u. a. und Sch.-Z.-O. §§ 3 u 4. Unten S. 192.

kann also mit der Minderung der Bauprämien nicht gleichen Schritt halten, die Erreichung des Zwecks der Bauprämien ist wieder einmal von vornherein mindestens teilweise in Frage gestellt.

Die Annahme eines Höchstalters von zwei Jahren für die Franzisierung im Auslande erstandener Schiffe soll der Einstellung älterer Schiffe einen Riegel vorschieben. Diese Gesetzesvorschrift stellt aber auch wieder eine indirekte Begünstigung des französischen Schiffbaus dar, insofern die Möglichkeit, daß Schiffe im Auslande gekauft werden, verringert ist.

Die Kontingentierung der Bauprämie auf 50000 Tons Dampfer und 15000 Tons Segler jährlich bis 1912 kann solche übeln Folgen wie 1902 nicht haben, da eine Limitierung des Kredites diesmal nicht ausgesprochen ist. Im Übrigen ist sie so hoch gegriffen, daß sie im Verein mit der noch zu bauenden Tonnage des Gesetzes von 1902 den normalen Bedürfnissen der französischen Handelsmarine wohl zu genügen vermag.

Die Bauprämien der ersten drei Prämiengesetze sollten eine reine Rückvergütung für Zoll und Transportkosten darstellen. Seit einer Reihe von Jahren schon war infolge der Fortschritte der Technik das „Ausbeuteverhältnis“ zwischen fertigem Schiff und Baumaterial, das der Prämienberechnung 1893 zu Grunde gelegt war, ein anderes geworden, so daß in der Prämie von 65 frs eine Ermutigung gesteckt hatte.[1] Der Kommissionsbericht 1906 setzt den Betrag von 60 frs an als den Betrag der wirklich in einer Registerton fertigen Schiffes enthaltenen Zoll- und Transportkosten. Man kann ruhig annehmen — die Kommission selbst hat dem Ausdruck verliehen! —, daß dieser Betrag ein sorgfältigst berechneter, möglichst hoch gegriffener Maximalbetrag ist; haben doch die Schiffbauunternehmer selbst die Unterlagen für die Berechnungen geliefert! Außerdem ist zu berücksichtigen, daß

[1] oben S. 121.

der Inlandspreis für Schiffbaumaterial nicht immer um die volle Zollhöhe über dem Weltmarktpreise steht, und ferner, daß auch die Transportkosten Schwankungen unterworfen sind. Annehmen, daß die Schiffbauunternehmer günstige Konjunkturen ungenützt vorübergehen lassen, hieße ihrer kaufmännischen Routine ein schlechtes Zeugnis ausstellen. Dazu kommt noch, daß gerade in Frankreich öfters die beiden Industrien, Schiffbau und Reederei, in einer Gesellschaft vereinigt sich vorfinden; damit ist die Möglichkeit gegeben, Transporte von Schiffbaumaterial durch eigene Schiffe zu Zeiten vornehmen zu lassen, wo andere Gesellschaften ihre Fahrzeuge wegen ungünstiger Konjunktur eventuell aufliegen lassen müssen. Das ist um so höher anzuschlagen, als Depressionen im Reedereibetrieb auf den Schiffbau und die materialliefernden Industrien zurückzuwirken pflegen, Schiffbaumaterial also zu billigen Preisen zu haben ist.

Selbst unter Zugrundelegung des oben angeführten Maximalbetrages beträgt die reine Ermutigung bei einer Nettobauprämie von 61 frs 10 [1] immerhin noch 1 fr 10 pro Bruttoton; der Wirklichkeit entsprach sicher eine höhere, öfters wohl auch eine sehr viel höhere Quote! Im neuen Gesetz wurde die Bauprämie stark erhöht — von 65 frs pro Ton eisernen Schiffsrumpf auf 145 und von 15 frs die 100 kg Maschinen und Kessel auf 27 frs 50. Diese Erhöhung wurde nur im Interesse der französischen Reederei vorgenommen, während der französische Schiffbau im Vergleich zu 1902 und 1893 eine Minderung seines Schutzes erfuhr. Dies geht aus Foldendem deutlich hervor: nach den 1902 in Geltung befindlichen gesetzlichen Bestimmungen und nach der tatsächlichen Gestaltung der Verhältnisse bestand damals der Schutz des Schiffbaus pro Ton: aus der Bauprämie — 65 frs —, der Prämie für Maschinen und Kessel — 27 frs, dem Anteil von 40 % an der Fahrtprämie — 133 frs — und aus dem Zoll

[1] ergibt sich aus Bruttoprämie (65 frs) minus 6 % für Marinekassen.

auf importierte Schiffe — 2 frs —.[1] Der Gesamtsumme von 227 frs, die diese Posten ergeben, stehen 1906 nur 174 frs 50 gegenüber, die sich aus 172 frs 50[2] (Prämie pro Ton Rumpf, Kessel und Maschinen), sowie 2 frs (Zoll) zusammensetzen. Um 52 frs 50 pro Ton steht also der 1906 gewährte Schutz hinter dem von 1902 zurück und wird trotzdem als genügend erachtet, um den Preisunterschied zwischen englischen und französischen Bauten auszugleichen. Ceteris paribus und unter Annahme normaler Verhältnisse bei den englischen Werften wären also 1902 die französischen Werften in den Genuß der respektabeln Gratifikation von 52 frs 50 pro Ton gelangt, einer Summe, die bei dem ausschließlichen Monopol 1893/02, als die Unterstützung der Schiffe fremder Herkunft aufgehoben war, entschieden noch höher anzusetzen ist. Bei einem Dampfer von 5000 Tons macht das z. B. 262 500 frs! — Die kolossale Erhöhung der Bauprämien 1906[3] darf also nicht zu der Ansicht verleiten, es wäre der französische Schiffbau noch mehr begünstigt worden: wegen der Scheidung des mariage d'enfer, zu dem Reederei und Schiffbau seit 1893 gezwungen waren, ist im Gegenteil die Begünstigung des französischen Schiffbaus geringer geworden.

2. *Die Unterstützung der Schiffahrt.*

Nun endlich hat der französische Reeder durch das Gesetz von 1906 das erreicht, was er seit Jahrzehnten erstrebt hatte, nämlich *die Möglichkeit, seine Schiffe zum Weltmarktpreis erstehen zu können.* Da die Unterstützung für Schiffe fremder Herkunft dieselbe ist wie für die inländischen Ursprunges, wird er sich, sobald die von den französischen Werften ver-

[1] Mitgeteilt in den Kammerverhandlungen 1901 vom Handelsminister. Journ. off. chambre, débats S. 2007, oben S. 122 Anm. 4.

[2] Kommissionsbericht 1906. ob. S. 156.

[3] Rumpf + 123 %, Maschinen + 83 %.

langten Preise den Weltmarktpreis übersteigen, auf dem Weltmarkte versehen. Außerdem ist ihm durch den Betriebszuschuß der gewünschte Ausgleich für seine wirkliche oder vermeintliche Mehrbelastung geworden — ein Ausgleich, der nach mancher (und auch nach unserer) Ansicht noch ein Stück Gratifikation in sich birgt. Wenn jetzt der französische Reedereibetrieb und die französische Schiffahrt die Hoffnungen nicht erfüllen, die man billigerweise auf sie setzen kann, so ist das Darniederliegen der französischen Schiffahrt andern Ursachen zuzuschreiben als der mangelnden Konkurrenzfähigkeit wegen Betriebsverteuerung auf Grund teuerer Schiffe und der Sonderbelastung. Damit ist dann auch allen Prämiengesetzen in Sachen der französischen Handelsmarine das Urteil gesprochen, insofern sich herausstellt, daß man in ihnen ein Heilmittel dort angewandt hat, wo das Übel gar nicht sitzt.

Im einzelnen ist hier dem oben gelegentlich des Resumés der Gesetzesbestimmungen Gesagten nicht viel hinzuzufügen. Die Höhe der gewährten Unterstützung ist nicht übermäßig, und zudem sind Vorkehrungen getroffen, die dem Stilliegen bezw. dem Fahren in Ballast oder mit nur geringer Ladung unter Bezug der Unterstützung vorbeugen sollen. Unlautere Manipulationen waren trotzdem möglich und sind tatsächlich auch vorgekommen. Der Zustand des armement administratif wird einzig und allein durch eine Erklärung des Reeders festgestellt. Dieser kann nun z. B. erklären,[1] sein Schiff sei im armement administratif mit 40 Mann; auf Grund der Musterrolle weist er auch nach, daß er tatsächlich 40 Mann angeheuert hat. Nachdem er nun mehrere Tage im Hafen geweilt hat zur Einnahme von Ladung usw., bringt er dann für den Moment des Inseestechens rasch seine Bemannung auf die unumgänglich nötige Zahl von 50, 60, 80 ja 100 Mann.[2]

[1] Solche Fälle sind mehrere vorgekommen. Bazin S. 112.

[2] Bazin S. 110 ff.

Nach beendigter Reise entläßt er sofort alle Leute bis auf die vierzig, bleibt so im armement administratif und bezieht die Fahrtunterstützung für eine ganze Reihe von Tagen, gegen den Sinn des Gesetzes, aber ohne dasselbe formell zu verletzen. Allerdings kamen die französischen Behörden sehr bald hinter diese Mißbräuche und sorgten für Abstellung. Das Vorkommnis zeigt aber doch, wie groß die Gefahr ist, daß solche staatlichen Zuwendungen in bar die Gewissen weiten und die Geschäftsmoral untergraben können.[1]

Das vierte Prämiengesetz hat die Bestimmung des Artikels 9 des Gesetzes von 1912 weiter bestehen lassen, wonach Reeder, die sich verpflichten, während mindestens fünf Jahren auf einer von subventionierten Postdampfern nicht bedienten Strecke eine regelmäßige Dampferverbindung einzurichten und zu unterhalten, auf eine feste Jahressubvention Anspruch erheben können.[2] Die Kommissionen und die Kammern hatten sich viel hiervon versprochen und hielten einen Erfolg für unausbleiblich. Zwei Mißstände waren es insbesondere, denen man mit der Vorschrift des Art. 9 begegnen wollte: die Liquidierung der Fahrtunterstützungen läßt in der Regel recht lange auf sich warten, und die Kreditbeschaffung ist im allgemeinen für den französischen Reeder ziemlich schwierig. Daneben sollte zur Gründung und Unterhaltung regelmäßiger Dampferlinien angeregt werden. Die Ziele, die man sich so gesteckt hatte, konnten durch diese Vorschrift an sich erreicht werden. Daß das 1902 doch nicht eintrat, lag wieder an den Ausführungsbestimmungen, die die Bewilligung von einem Dekret nach erfolgter Zustimmung des Staatsrates abhängig machen und nach gutachtlicher Äußerung der drei Ministerien des Handels, der Marine und der Finanzen. Von den Kriegszuschlägen her kennen die französischen Schiffahrtskreise die Langsamkeit, mit der ein Ministerium arbeitet;[3] daß sie sich nicht

[1] Einen andern Fall s. oben S. 146

[2] das Nähere s. oben S. 119.

[3] S. oben S. 88.

in die Hände von gar dreien geben wollen, ist verständlich. Das Gesetz von 1906 hat daran nichts geändert. Von 1902 bis 1913 hat es keine einzige Reederei versucht, in den Genuß einer solchen festen Jahressubvention nach Artikel 9 des Gesetzes von 1902 zu gelangen.

Bieten so im allgemeinen die positiven Bestimmungen des vierten Prämiengesetzes wenig Anlaß zur Kritik, wenn man nicht die Berechtigung des Systems an sich angreift, so haben wir hier doch einer Unterlassungssünde zu gedenken, die auch schon der Gesetzgeber von 1902 begangen hat, und die gerade deshalb dem Gesetzgeber von 1906 besonders schwer anzurechnen ist. Wie erinnerlich, war als eine unerwünschte Folge des 93er Gesetzes unter Hinzutreten eigenartiger Verhältnisse eine kolossale Vermehrung des Seglerbestandes und des Seglerbetriebes in der französischen Handelsmarine eingetreten, eine Steigerung, die weder im Interesse des französischen Handels zur See, noch auch im Interesse der Reederei als Gesamtheit begründet war. Gerade um die Jahrhundertwende, als das Gesetz dem Ende seiner Geltung, nicht aber seiner Wirkung sich zuneigte, fanden die erheblichsten Seglereinstellungen statt. An den gesetzlichen Bestimmungen des 1893er Gesetzes hat der Gesetzgeber von 1902 nichts geändert; insbesondere hat er die unter diesem Gesetz erworbenen Ansprüche voll und ganz als zu Recht bestehend belassen. Er hat nur neben dies *als zweckwidrig erkannte System* des zweiten Prämiengesetzes das System des dritten gestellt unter Vermeidung der Fehler des zweiten; Vorkehrungen, die die übeln Folgen des 93er Gesetzes für die Zukunft (von 1902 ab) namentlich in Ansehung der Segler zurückgeschnitten oder ganz beseitigt hätten, hat er nicht getroffen. Auf diese Weise mußten den unter der Geltung des 93er Gesetzes eingestellten Seglern während der Geltung des dritten Prämiengesetzes von 1902 bis Ende 1905 im ganzen noch rund 61 Millionen an Fahrtprämien bezahlt werden! Im Jahre 1902 war dies vorauszusehen, und daß der Gesetzgeber das Land und die Steuerzahler vor einer so großen und so unnützen Ausgabe nicht bewahrt hat, war ein grober Fehler. Geradezu unverzeihlich ist aber die Haltung des Gesetzgebers von 1906, der diese Verhältnisse noch weiter bestehen ließ, trotzdem er auf Grund des vorgelegten Materiales sich ein erschreckend klares Bild davon machen konnte, welche Summen so ohne Nutzen für die Volkswirtschaft verschleudert wurden! Caillaux hat zwar den Vorschlag gemacht, diese gesamten hölzernen Segler mit Staatsmitteln aufzukaufen, zu zerschlagen und das so gewonnene Holz als Brennmaterial an die französischen Verwaltungen abzugeben. Ein Entrüstungschrei war die Antwort. Und doch — wahrscheinlich wäre das den Staat nicht so teuer zu stehen gekommen wie die Weiterzahlung der Fahrtprämien. Aber es hätte sich noch ein anderer Weg finden lassen. Man hätte z. B., unter Reduktion der Fahrtunterstützung für die Segler des 93er Gesetzes, eine Prämie für den Verkauf eines jeden Seglers ins Ausland auswerfen können, prozentualiter zum nachgewiesenen Verkaufspreis, und die um so höher bemessen werden konnte, je jüngeren Datums das Schiff war; außerdem eine Zusatzprämie, sobald innerhalb einer bestimmten Frist der Nachweis erbracht wurde, daß die durch den Verkauf ausgefallene Tonnage ganz oder teilweise durch die Einstellung von Dampfern Ersatz gefunden habe. Die Vorteile eines solchen Vorgehens liegen auf der Hand: die Segler, deren Existenz so unerwünscht und so kostspielig war, wären verschwunden; die so lange erstrebte Vermehrung der Dampfertonnage wäre endlich eingetreten und schließlich hätte das alles doch noch weniger gekostet, als so, ohne daß diese Ziele erreicht oder auch nur annähernd erreicht wurden. Der Einwand,[1] „Der Staat müsse sein im Gesetz von 1893 gegebenes Wort halten und die darin versprochenen Prämien voll ausbezahlen“ ist eine Phrase, die nur von interessierten

---

[1] z. B. Morael S. 157 ff, der aber keineswegs allein steht.

Unternehmern ausgesprochen und verfochten werden kann. Im Wirtschaftsleben der Nation erkennen wir nur Zweckmäßigkeitsgründe an; mit Sophistereien fördert man niemals eine Volkswirtschaft und das Gemeinwohl. Sobald die Anordnungen des 93er Gesetzes als für die Volkswirtschaft unzweckmäßig, ja schädlich erkannt wurden, hatte der französische Gesetzgeber das Recht, ja die Pflicht, diese Bestimmungen aufzuheben oder so umzuändern, daß ihre Wirkungen für die Gesamtheit nutzbringend wurden. Das muß dem oft allzu logischen und allzu sophistischen Geist der Franzosen einmal gesagt werden: die reine Logik allein, noch dazu die leicht in Wortklaubereien sich verlierende Logik, tut es nicht in der Volkswirtschaftspolitik! Natürlich stehen wir nicht an, eine Entschädigung an die evtl. betroffenen Unternehmer prinzipiell zuzulassen. Davon, daß die Ansprüche des 93er Gesetzes ohne jede Entschädigung sollten aufgehoben werden, war aber nie die Rede! Nur über das, was bei einer eventuellen „Ablösung“ zu vergüten sei, herrschte Unstimmigkeit — ob das damnum emergens, oder aber auch das lucrum cessans. Letzteres wollten natürlich die Unternehmer, die den Betrag der gesamten ihnen evtl. anfallenden Unterstützung beanspruchten.

c) Die Wirkung des Gesetzes (bis Ende 1910).[1]

Die folgende Betrachtung ist selbstverständlich nicht abschließender Natur, da nur die ersten fünf Jahre der auf insgesamt vierundzwanzig ausgesprochenen Wirkungsdauer des Gesetzes betrachtet werden können. Auch ist noch keine der Änderungen eingetreten, die von einschneidender Be-

[1] Bei der Niederschrift dieses Abschnittes lagen nur die Zahlen bis 1910 einschließlich vor; inzwischen wurden dem Verfasser auch diejenigen des Schiffsbestandes und der Franzisierungen für 1911 zugänglich. Da damit das Zahlenmaterial doch nur unvollständig ist, und da, soweit sich bis jetzt übersehen läßt, das Jahr 1911 genau dasselbe Bild bieten wird wie die Jahre 1906/10, halten wir die Berücksichtigung des Jahres 1911 hier für unnötig; im Anhange finden sich die betreffenden Ziffern.

deutung sein dürften; so ist insbesondere weder die Wirkung des Gesetzes von 1893 an ihrem Ende angelangt, noch hat die Geltung des 1902er Gesetzes und die mit ihr verknüpfte Kontingentierung der zu bauenden Tonnage aufgehört. Wenn wir in Folgendem trotzdem uns auf Jahresdurchschnitte beziehen, so geschieht dies, weil meist nur auf Grund dieser Jahresdurchschnitte ein Vergleichen möglich ist. Wir weisen aber darauf hin, daß diese Zahlen sich sehr rasch und erheblich ändern können: es dürfen daher aus ihnen für die Gesamtwirkung des Gesetzes keine endgültigen Schlüsse gezogen werden.

In dem Zeitraum von 1906 bis Ende 1910 wurden in Frankreich an den Schiffbau und die Schiffahrt insgesamt 187 729 816 frs 05 *(141 651 624 frs 39)*[1] an Bauprämien und Fahrtunterstützungen gezahlt. Der Jahresdurchschnitt von 37,5 Millionen[2] steht also wieder *über* dem von 1902/05, der 35,4 betragen hatte. Die Bauprämien erreichten eine Höhe von 43 376 048 frs 72 gegen 35 236 991 frs 69 der Jahre 1902/05, während die Fahrtunterstützungen 144 353 767 frs 33 *(106 414 630 frs 70)*[1] betrugen. Der durchschnittliche Jahresbetrag der Bauprämien ist somit von 8,8 Millionen auf 8,7[3] gefallen, der der Fahrtunterstützungen von 26,6 auf 28,9[4] gestiegen.

1. *Die Seeschiffahrt*

Die Unterstützung der Handelsschiffahrt erforderte von 1906 bis Ende 1910 auf Grund

des Gesetzes 93 : 67,4 Millionen frs	(Dampfer	9,0	*Segler 58,4*)
„ „ 02 : 63,1 „	„ „	62,9	„ *0,2*)
„ „ 06 : 13,9 „	„	—	—

Da die offizielle Statistik der Generaldirektion der Zölle

---

[1] Die Zahlen in Klammern sind die der Periode 1902/05.

[2] 37 545 963 frs 21.

[3] 8 675 209 frs 75.

[4] 28 870 753 frs 47.

beim Betriebszuschuß Dampfer und Segler weder für das Gesetz von 1902 noch für das von 1906 auseinanderhält, wird für die Folge, insbesondere nach Aufhören der Geltung des zweiten Prämiengesetzes, das Bild unklar.

Was zunächst in die Augen springt, ist der kolossale Betrag, den immer noch die Segler des 93er Gesetzes verschlingen; die Unterlassungssünde der Gesetzgeber von 1902 und 1906 lastet in ihren Folgen schwer auf dem Budget und dem französischen Steuerzahler. Auf Grund der Gesetze 1902 und 1906 erhielten nämlich die Dampfer insgesamt 62,9 Millionen, die Segler 58,6 an *Fahrtprämien;* das sind für erstere 51,8, für letztere 48,2 % des Gesamtbetrages. Auf die einzelnen Jahre verteilen sich diese Summen in Millionen frs:

	insgesamt an Dampfer und Segler	Dampfer	% des Ges. Betrages	Segler	% des Ges. Betrages
1906	30,7	15,6	50,8	15,1	49,2
1907	29,3	16,4	56,0	12,9	44,0
1908	26,0	14,7	56,5	11,3	43,5
1909	23,1	13,1	56,7	10,0	43,3
1910	21,2	12,1	57,1	9,1	42,9

Die beiden Gesetze (93 u. 02) haben an den Beträgen mit folgenden Quoten (Millionen frs) in den einzelnen Jahren teil:

	Gesetz 1893		Gesetz 1902	
	Dampfer	Segler	Dampfer	Segler
1906	2,9	15,1	12,7	0,06
1907	2,7	12,9	13,8	0,05
1908	1,7	11,3	13,0	0,03
1909	1,1	10,0	12,0	0,02
1910	0,8	9,1	11,3	0,02

An *Betriebszuschüssen* kostete das Gesetz von 1906 in diesem Zeitraum 13,9 [1] Millionen, wozu noch 0,2 [2] des Gesetzes von 1902 kommen (1. I.—19. IV. 06); 1906/10 wur-

[1] 13 861 893 frs 22.

[2] 177 682 frs 91.

den also insgesamt 14[1] Millionen an Betriebszuschüssen bezahlt. Die Gesamtzuwendungen an die Schiffahrt betrugen in den einzelnen Jahren:

	Gesetz 1893	Gesetz 1902	Gesetz 1906	insgesamt
06	17 923 310 frs 29	12 982 074 frs 66	405 592 frs 66	31 310 977 frs 61
07	15 561 872 „ 58	13 712 030 „ 50	1 312 913 „ 06	30 586 816 „ 14
08	12 998 690 „ 96	13 003 090 „ 19	2 892 149 „ 60	28 893 930 „ 75
09	11 102 562 „ 94	12 072 137 „ 20	4 058 718 „ 40	27 233 418 „ 54
10	9 852 340 „ 31	11 283 764 „ 48	5 192 519 „ 50	26 328 624 „ 29
Sa.	67 438 777 frs 08	63 053 097 frs 03	13 861 893 frs 22	144 353 767 frs 33

Der *Gesamtbestand*[2] der französischen Handelsmarine hat sich von Ende 1905 bis Ende 1910 auf 1 452[3] Tausend Nettotons (von 1 387) gehoben, das ist ein Gesamtzuwachs von 65 Tausend und ein durchschnittlicher Jahreszuwachs von 13 Tausend. Das Verhältnis der Dampfer zu den Seglern, das 1905 sich auf 105 : 100 gestellt hatte, verbessert sich zu 128 : 100, indem im Jahre 1910 den 636 Tausend Tons Segler 816 Tausend Tons Dampfer gegenüberstehen gegen 711 Tausend Tons Dampfer und 676 Tausend Tons Segler Ende 1905. *Die Zunahme des Dampferbetriebes schreitet also fort und damit die absolute Leistungsfähigkeit, die von 2809 Tausend Seglertons auf 3084 sich hebt.* Die jahresdurchschnittliche Zunahme der Leistungsfähigkeit beträgt 55 000 Seglertons — im Vergleich zur vorhergehenden Periode, in der sie 38 000 betragen hatte, ein ganz erheblicher Fortschritt. Die relative Leistungsfähigkeit, bezogen auf 100 Tons Tonnage, die Ende 1905 auf 203 gestiegen war, blieb zunächst 1906 auf diesem Stande stehen, hob sich 1907 auf 205 und in den folgenden Jahren auf 210, 212, 212. *Immerhin ist trotz dieses Fortschrittes, der Hochstand von 213 der Jahre 1895 und 1896 noch nicht wieder erreicht,* wobei noch zu berücksichtigen ist, daß die 212 der Jahre 1909 und 1910 unter Zugrundelegung des neuen Meßver-

[1] 14 039 576 frs 13.

[2] S. Anhang.

[3] Alles Vermessung neuer Art.

fahrens erhalten wurden; nach dem früheren Meßsystem ergeben sich nur 205!

Als Zusammensetzung der 100 Tons Tonnage ergibt sich, daß dieselbe im Durchschnitt der fünfjährigen Periode aus 54,4 Tons Dampfern und 45,6 Seglern bestand. Damit ist ungefähr wieder das Verhältnis von 1893/01 erreicht (54 Tons Dampfer und 46 Tons Segler), und die Scharte von 1902/05, wo das Verhältnis umgekehrt, 47 Tons Dampfer und 53 Tons Segler war, wieder ausgewetzt.

In den fünf Jahren 1906/10 wurden insgesamt 347 Tausend Nettotons franzisiert gegen 419[1] der vorhergehenden vierjährigen Periode; das bedeutet einen Jahresdurchschnitt von 69,4 Tausend gegen 104,8 in den Jahren 1902/5. Die Verminderung darf nicht befremden, denn es ist zu berücksichtigen, daß die vorhergehende Periode ganz anormal war wegen der durch die Kontingentierung hervorgerufenen künstlichen Steigerung der Bestellungen und der Bautätigkeit. Von den 347 Tausend Nettotons entfallen auf die Dampfer 262 und auf die Segler 85!

Der *Schiffs*verkehr der französischen Flotte in den eigenen Häfen erfährt zwar wieder eine leichte Zunahme; aber auch der der fremden Flaggen nimmt wieder zu, und dies in bedeutend stärkerem Maße als der Verkehr der französischen: während letztere von 6708 Tausend Nettotons Räumte sich auf 7679 verbessert, steigen die fremden Flaggen von 26 763 auf 37 596, d. h. der prozentualen Zunahme von 14,5 des französischen Schiffsraums steht die der ausländischen mit 40,5 gegenüber! In Prozenten entfallen auf die französische Flagge am Gesamtschiffsverkehr der eigenen Häfen (in internationaler Konkurrenz) 1906/10: 18; 16,5; 17; 17; 16,9; der durchschnittliche prozentuale Anteil sinkt weiter von 18,75 (02/05) auf 17,08!

Der *Waren*verkehr weist in der Periode 1906/10 in

[1] Vermessung neuer Art.

den französischen Häfen eine kräftige Steigerung auf: von 24 Millionen hebt sich der Jahresdurchschnitt auf 30,5 Millionen, d. i. ein Mehr von 25 %. Alle drei Flaggen haben an der Bewältigung dieses gesteigerten Verkehrs teilgenommen und zwar die französische mit 5,6 %, die des Warenursprungs- und Bestimmungslandes mit 8,5 % und die dritten Flaggen mit 10,9 %. Von den in dieser Zeit zur See an- und abgefahrenen Gesamtwarenmengen (152,9 Millionen Tonnen) hat die französische Flagge 30,5 % befördert, die dritten Flaggen 69,5. Damit steht die französische Flagge etwas ungünstiger da als 02/05, wo sie 32,5 % bewegt hatte; die von ihr verlorenen 2 % sind mit 0,9 den Flaggen der Warenursprungs- und Bestimmungsländer und mit 1,1 den dritten Flaggen angewachsen.

Wir bringen hierunter eine Zusammenstellung der mittleren Aktienkurse und der Dividenden der bedeutendsten französischen Schiffahrtsgesellschaften für die Jahre 1905 und

Gesellschaft	Aktienkapital Millionen frs	Nominalbetrag der Aktie	Mittlerer Kurs der Aktie an der Pariser Börse		Dividende %	
			1905	1907	1905	1907
Chargeurs Réunis	12,5	500 frs	746 frs 46	600 frs 50	4	5
Cie. de Navigat. mixte	4,0383	300 „	338 „ 00	295 „ 29	6,66	8,3
Cie. des Messagéries Marit. .	45,0	250 „	294 „ 70	236 „ 71	5	0
Cie. Générale Transatlantique.	39,0	150 „	188 „ 42	217 „ 19	5	8
Cie. Havraise Péninsulaire. .	5,0	500 „	604 „ 51	461 „ 45	4	4
Fraissinet & Cie.	6,0	500 „	350 „ 98	323 „ 92	4	4
Sé. Générale des Transports maritimes à vapeur	9,0	500 „	462 „ 71	484 „ 71	5	5

1907.[1] Aus dieser Zusammenstellung geht hervor, daß die ausgeschütteten Dividenden das Maß einer angemessenen Verzinsung des engagierten Kapitals nicht übersteigen.

2. *Der Schiffbau.*

Von den 43376048 frs 72 Bauprämien, die in der Zeit von 1906 bis Ende 1910 bezahlt wurden, entfallen auf das Gesetz von 1902:[2] 5882301 frs 74 und auf das Gesetz von 1906: 37493746 frs 98. Die Franzisierungen beliefen sich in dem der Betrachtung unterliegenden Zeitraum auf insgesamt 347 Tausend Nettotons. Davon haben die französischen Werften 209 Tausend erstellt, während 138 Tausend im Auslande gekauft wurden. Der prozentuale Anteil der französischen Werften sinkt also von 69,5 der Periode 02/05 auf 60,2, während der des Auslandes von 30,5 auf 39,8 steigt. Im Jahresdurchschnitt wurden franzisiert (Tausend Nettotons):

Segler, französischen Ursprungs 11,0, fremde 5,8
Dampfer, „ „ 30,8, „ 21,9

1906/10 ändert sich das Verhältnis des Dampferbaus zum Seglerbau der französischen Werften noch weiter zu gunsten des Dampferbaus: während in der ersten Periode der Dampferbau zum Seglerbau sich wie 255:100 verhielt, gestaltet er sich in der zweiten wie 280:100.

Als Durchschnittsgröße der 1906/10 franzisierten Dampfereinheiten ergeben sich 397 Tons gegen 514 der Jahre 1902/05 (93/02:356; 81/92:485)! Der Rückgang gegen die vorhergehende Periode ist wohl darauf zurückzuführen, daß das an sich nicht sehr starke Bedürfnis der französischen Handelsmarine nach großen Einheiten 1902/05 vollauf befriedigt worden war. Auch in dieser Periode 06/10 bleibt die Durchschnittsgröße des von den

[1] Es ist uns nicht gelungen, die Zahlen für eine längere, zusammenhängende Reihe von Jahren zu erhalten.

[2] Reste der Bauten, die noch einen guten Platz im 1902er Gesetz hatten, und die noch in den Genuß der Fahrtprämien kommen können, sowie subventionierte Postdampfer. Oben S. 150f.

französischen Werften erstellten Dampfermateriales über dem vom Auslande gelieferten, 404 gegen 389. Den größten Jahresdurchschnitt erreichten die Franzosen mit 953, die Ausländer mit 524.

Wegen der Kontingentierung der zu bauenden Tonnage auf jährlich 50000 Tons war auch diesmal eine offizielle Rangzuerteilung nicht zu umgehen. Die Folgeerscheinung, die 1902 zu Tage getreten war, daß Unternehmen zweifelhaften Charakters sich gute Plätze sicherten, um sie an wirkliche Unternehmer als wertvolles Handelsobjekt zu veräußern, ist 1906 nicht eingetreten, weil letztere den erstern den Rang abgelaufen haben. Dies geschah von einzelnen Schiffahrtsgesellschaften so gründlich, daß selbst für die andern Reedereien nicht viel übrig blieb. So hat die Reederei der „Chargeurs Réunis" sehr frühzeitig mit den „Ateliers et Chantiers de la Loire" einen Vertrag auf Lieferung von fünf Dampfern zu je 5000 und von weitern fünf zu je 10000 Tons abgeschlossen und *damit dieser Werft für das erste Jahr der Geltung des Gesetzes die Bauprämien zum Höchstsatze von 145 frs ausschließlich, für das zweite Jahr von 140 frs 50 zu mindestens 50 %₀ zugewandt.*[1] Diese 75000 Tons sind ein Viertel des sechsjährigen Gesamtkontingentes. Einerseits repräsentiert nun die Gesamttonnage der Chargeurs Réunis bei weitem nicht ein Viertel der Gesamttonnage der französischen Handelsmarine, und andererseits sind die Ateliers et Chantiers de la Loire wohl eine der größten und bestorganisierten Werften des Landes, aber doch nicht die einzige. Die übrigen Schiffbauunternehmen sind also durch das Vorgehen der einen Reederei zurückgesetzt: die Verteilung der Bauprämie ist keine gleichmäßige, weder nach der Höhe des Betrages, noch nach der Zeit.

Ob von den französischen Werften für ausländische Rechnung Bestellungen ausgeführt wurden, läßt sich zweifelsfrei

[1] Daney S. 50.

aus dem von der Generaldirektion der Zölle mitgeteilten Zahlenmaterial nicht ersehen. Wir haben es versucht eine Antwort auf diese Frage zu finden, die uns besonders deshalb so interessant erscheint, weil auch bei Bauten, die für das Ausland bestimmt sind, eine den Betrag der bloßen Rückvergütung von Zollgefällen und Transportkosten weit überschreitende Bauprämie gewährt wird.[1] Während nämlich Zoll und Transport höchstens 60 frs betragen, belief sich die Bauprämie im ersten Jahre (1906) auf 101 frs 50 pro Ton für die für das Ausland gebauten Schiffe und im Jahre 1910 immerhin noch auf 88 frs 90! Wir haben zunächst von der 1906/10 durch die französischen Werften erstellten Gesamtbruttotonnage von 448 507 Tons die Gesamtbruttotonnage der Seglereinstellungen (64 181)[2] derselben Zeit subtrahiert und so ausschließlich Dampfer (384 326 brutto) erhalten. Die Umrechnung der 153 962 Nettotons[3] Dampfer, die von der Generaldirektion der Zölle als auf französischen Werften gebaut und als in die französische Handelsmarine (06/10) eingestellt angegeben werden, in Bruttotons ergibt 274 932, die man von obigen 384 327 zu subtrahieren hat, um die für das Ausland erstellte Dampfertonnage von 109 395 Bruttotons zu erhalten.[4]

Wir haben auf diese Weise auch die einzelnen Jahre untersucht und festgestellt, daß von den französischen Werften

---

[1] $^7/_{10}$ des Betrages, der den für die französische Handelsmarine bestimmten Schiffen zusteht. Art. 3 Ges. oben S. 152.

[2] Wir nehmen an, daß Segler für ausländische Rechnung nicht gebaut wurden. Der Umrechnung liegt das Verhältnis 86 : 100 für netto zu brutto zu Grunde, das von der Generaldirektion für die letzten Jahre errechnet worden ist.

[3] netto : brutto = 56 : 100 s. Anm. 2.

[4] Dieses von uns angewendete Verfahren ist naturgemäß roh: hauptsächlichste Fehlerquellen sind die Annahme der fixen Verhältnisse 86 : 100 bezw. 56 : 100, sowie daß keine Segler für fremde Rechnung gebaut seien. Doch glauben wir der Wirklichkeit nicht allzu entfernt zu sein.

im Jahre 1906: 8996
07: 27353
08: 33915
09: 18152
10: 20979 Bruttotons

für ausländische Rechnung erstellt wurden. Für die einzelnen Jahre betrug der Satz der Bauprämie für diese ins Ausland gehenden Schiffe (in chronologischer Folge): 101 frs 50, 98 frs 35, 95 frs 20, 92 frs 05 und 88 frs 90 pro Bruttoton. An Bauprämien wurden also zu Gunsten der Auslandsbestellungen bezahlt:

1906: 913094 frs 00
07: 2690167 „ 55
08: 3228708 „ 00
09: 1670991 „ 60
10: 1864033 „ 10.

Das ergibt eine Gesamtsumme von über zehn Millionen[1] frs, d. i. ein Viertel des überhaupt an Bauprämien in dieser Zeit gezahlten Betrages! Unter Annahme des Höchstsatzes von 60 frs pro Ton für Zoll und Transport hätte die Mehrbelastung dieser Tonnage sich auf $6^1/_2$ Millionen belaufen. Rund vier Millionen hat also der französische Staat bezahlt, um die Kundschaft ausländischer Reeder den inländischen Schiffbauunternehmern zuzuführen. Es muß angenommen werden, daß die ausländischen Besteller mehr als den Weltmarktpreis nicht bezahlt haben. Dann haben aber entweder die sieben Zehntel der Bauprämie genügt, den Preisunterschied zwischen englischen und französischen Bauten auszugleichen, oder die französischen Werften haben zur Herbeiführung des Ausgleichs einen Teil der ihnen sonst gezahlten Vollprämie verwenden können. Letzteres erscheint als sehr unwahrscheinlich. Jedenfalls muß angenommen werden, daß die volle Bauprämie mehr als den

[1] 10366994 frs 25.

Ausgleich des Preisunterschiedes bot und daß die sieben Zehntel zur Ausgleichung des Preisunterschiedes genügt — ja mehr als genügt haben. —

Wie für die Reedereien, so bringen wir auch für die größeren Werften des Landes eine Zusammenstellung ihrer in den Jahren 1905 und 1907 ausgeschütteten Dividenden, sowie der mittleren Kurse ihrer Aktien.

Gesellschaft	Aktienkapital Millionen frs	Nominalbetrag (frs) der Aktie	Mittlerer Kurs der Aktie an der Pariser Börse		Dividenden %	
			1905	1907	1905	1907
Chantiers et Ateliers de la Gironde.	3,3	500	1172 frs 23	1253 frs 10	9	9
Cie. des Forges et Aciéries de la Marine et d' Homécourt	28,0	500	1270 „ 91	1290 „ 03	10	10
Sé des Ateliers et Chantiers de la Loire	10,0	500	1511 „ 56	1453 „ 49	13	14
Sé des Forges et Chantiers de la Méditerranée . .	13,0	500	1226 „ 82	1144 „ 38	10	11
Sé des Chantiers et Ateliers de St. Nazaire (Penhoët.) .	12,0	500	?	978 „ 63	?	4

Aus dieser Zusammenstellung ergibt sich, daß die französischen Werften (mit Ausnahme der jüngsten von St. Nazaire) in den Jahren 1905 und 1907 Dividenden verteilt haben, die sich zwischen 9 und 14 % bewegten. Dabei war das Jahr 1907 kein Jahr gesteigerter Bautätigkeit, es war mit 76000 Bruttotons ein schlechtes Mitteljahr.[1] Und 1905 konnte man in Kammer und Senat nicht genug der Worte finden, um aller Welt kundzutun, daß binnen ganz kurzer Zeit die französischen Werften eingehen müßten! Eine Industrie, deren Glieder zwischen 9 und 14 % Dividende zu verteilen in der Lage sind, steht noch nicht auf dem Aussterbeetat. Allerdings wäre es zu weit gegangen, wollte man diese hohen Dividenden ausschließlich den hohen Bauprämien zumessen; eine gute Quote ist sicherlich dem Monopol für die Regierungsbauten, das die Werften seit 1902 haben, zuzuschreiben.[2] Aber die Frage ist jedenfalls berechtigt: Darf der Staat eine Industrie, die er anderweit schon derart günstig gestellt hat, daß sie angemessenen Gewinn aus ihrer Tätigkeit zu ziehen vermag, darf der Staat diese Industrie noch durch direkte Geldzuwendungen von unzweifelhaft gratifikatorischem Charakter unterstützen?

Wir sind am Ende der Betrachtung der einzelnen Prämiengesetze[3] und ihrer Wirkung und können zu einer allge-

[1] Bessere Jahre waren z. B.: 1899: 95000 Bruttotons, 1900: 130000, 1901: 141000, 1902: 234000, 1903: 85000, 1904: 119000, 1908: 163000!

[2] oben S. 112 f. — St. Nazaire arbeitet nur für Private: *Dividende 4 %*! s. o.

[3] Am 28. Februar 1912 erging noch ein Gesetz zu Gunsten der Segler des 93er Gesetzes. Schon Art. 8 des Ges. von 1902 bestimmt, daß die unter dem Régime des 93er Gesetzes gebauten und vor dem 1. November 1901 franzisierten Segler, die die Bedingungen für den Genuß der Fahrtunterstützung erfüllen, einen Betriebszuschuß von 0 fr 03 pro Bruttoregisterton und pro Betriebstag auf die Dauer von 3 Jahren von dem Tage an erhalten sollten, an dem sie aufgehört hatten unter dem Régime des 93er Gesetzes zu stehen. Der Nachweis eines Mindesttransportes (zwei Drittel des Nettogehaltes) auf einer Mindeststrecke (zwei Fünftel des Gesamtweges hin und zurück) war auch diesen Schiffen auferlegt (oben S. 157). Durch diese Vorschrift wollte man insbesondere dem allzu frühzeitigen Abstoßen der noch gut brauchbaren großen Segler Einhalt tun. Die Dauer dieser Unterstützung mußte längstens im Jahre 1914 aufhören. Als nun die Seglerreedereien mit dem Aufhören der

meinen Kritik des französischen Prämiensystems übergehen. Bevor wir dies tun, geben wir noch im folgenden (VII.) Kapitel in möglichster Kürze eine Darstellung der Verhältnisse in England und in Deutschland.

Unterstützung von 1910 ab wieder größere Mengen Segler ans Ausland zu verkaufen begannen (1911 fiel die Zahl der Segler von je rund 2 500 Tons von *205* und 500 000 Tons auf *147* und 363 000 Tons, Bazin S. 186), hielt man es nochmals für nötig, dem durch ein Gesetz (28. Februar 1912) entgegenzutreten. Dies Gesetz bewilligt den Betriebszuschuß bis zu ihrem siebzehnten Jahre *allen noch existierenden* Segelschiffen des 93er Gesetzes von dem Tage an, an dem sie aufhören, in dem Genuß der Fahrtunterstützung des 93er Gesetzes zu stehen. Bis hierhin ist die Absicht des Gesetzgebers ganz klar: dem allzu frühzeitigen Abstoßen großer Segler soll vorgebeugt werden, und zugleich sollen Garantien dafür geschaffen werden, daß diese Segler eine für die Volkswirtschaft nützliche Tätigkeit entfalten. Etwas anderes ist es mit den beiden andern Bedingungen des Gesetzes, die zum ersten Male in den Prämiengesetzen auftauchen, und deren Zweck gar nicht klar ersichtlich ist. Die Reeder erhalten nämlich den Betriebszuschuß . . . *à condition que les équipages soient payés à un taux au moins égal à celui qui est couramment pratiqué dans les ports français sur les voiliers de commerce appartenant à la catégorie dont il s'agit, et sans que les salaires desdits équipages descendent au-dessous du taux actuel le plus élevé.* Zur Begründung ihres Anspruchs müssen also die Reeder nachweisen, daß sie ihren Schiffsbemannungen (Mannschaft und Offizieren ohne Kapitän) zur Zeit des Inbetriebseins der Schiffe den Höchstsatz der in den französischen Häfen auf gleichen Schiffen üblichen Heuern bezahlt haben, und ferner, daß dieser Satz niemals unter den Betrag der Ende Februar 1912 gezahlten Gagen gesunken ist. Warum jetzt auf einmal diese beiden Bedingungen? Klagen darüber, daß die prämienbegünstigten Reeder niedrigere Löhne bezahlt hätten als die nichtbegünstigten sind niemals laut geworden. Die Maßnahme ist also überflüssig! Sie ist umso überflüssiger, als die Löhne im Seegewerbe dauernd steigende Tendenz aufweisen. Sie liegt auch gar nicht im Interesse der Arbeiterschaft, zum mindesten nicht in dem des tüchtigern Teiles derselben, weil sie dazu anreizen muß, die Gagen zeitlich und individuell, d. h. für jeden Arbeiter derselben Kategorie, gleich zu gestalten und gleich zu erhalten. Dazu kommt noch die Schwierigkeit der Durchführung einer solchen Vorschrift! Schon die Frage, welches die Höhe der Ende Februar 1912 üblichen Gagen war, gab zu den verschiedensten Auslegungen Anlaß — und doch bezog sich die Feststellung nur auf einen ganz bestimmten Moment. Schließlich sah sich das Handelsministerium veranlaßt, die Monatsgagen vom Ende Februar 1912 festzustellen und in einer Tabelle zu veröffentlichen:

Personal	Segler in großer Fahrt		Segler in internationaler Küstenfahrt	
	von 1000 u. mehr Tons	unter 1000 Tons	von 1000 u. mehr Tons	unter 1000 Tons
Kapitän	—	—	—	—
Obersteuermann	200	130	110	100
Erster Offizier	150	110	100	90
Zweiter Offizier	110	100	95	90
Erster Quartiermeister	110	90	90	85
Zweiter Quartiermeister	95	90	85	85
Maschinist	115	100	95	95
Heizer	95	95	95	90
Zimmermann	100	90	90	90
Koch	100	100	80	80
Proviantmeister	90	80	80	80
Matrose	80	80	80	80
Leichtmatrose	70	60	60	60
Jungmann	45	45	45	45
Schiffsjunge	35	35	30	30

Damit wurde diese Streitfrage auf verhältnismäßig einfache Weise erledigt; bezüglich der andern ist dies Vorgehen nicht möglich. Was die Schwierigkeit noch vermehrt, ist der Wortlaut des Gesetzes *dans les ports français* d. h. die höchsten Heuern *von allen französischen Häfen, nicht etwa dem Heimathafen des Schiffes*!

VII. Kapitel.
England und Deutschland.

Es kann nicht unsere Aufgabe sein, im Rahmen dieser, die Verhältnisse der französischen Seeschiffahrtsindustrien noch nicht einmal vollständig behandelnden Arbeit, eine auch nur annähernd erschöpfende Darstellung der englischen und deutschen Zustände zu geben. Zudem haben diese Verhältnisse, was wenigstens den Schiffbau anlangt, durch Tjard Schwarz und Dr. Ernst von Halle eine sehr eingehende Darstellung gefunden. Wir beschränken uns daher darauf, im Folgenden die tatsächlichen Verhältnisse, wie sie in England vorliegen, zu skizzieren, während wir uns in Beziehung auf Deutschland mit einem kurzen Überblick über die einschlägige Gesetzgebung unter Hinweis auf Verwaltungsmaßnahmen und Vereinbarungen privaten Charakters, die zum Emporblühen der deutschen Seeschiffahrtsindustrien wesentlich beigetragen haben, begnügen.

a) England.

Die insulare Lage Englands gestattet nur auf dem Seewege den Verkehr mit der Außenwelt. Auch ein nicht unerheblicher Teil des englischen Binnenhandels geht als Küstenfahrt auf dem Seewege vor sich. Die Bewältigung dieses Verkehrs, der in jeder Richtung, sowohl in der Aus- und Einfuhr, als auch im Binnenverkehr, ganz bedeutende Gewichtsmengen von Gütern, insbesondere auch von schweren Massengütern, zu bewegen hat, beansprucht eine große Zahl leistungsfähiger Handelsschiffe. Gegenüber der ausländischen Konkurrenz konnten von den Tagen Cromwells an bis in die

Mitte des neunzehnten Jahrhunderts die englischen Seeschiffahrtsindustrien eines starken Schutzes nicht entraten, den ihnen die Navigationsakte[1] in der Gestalt des fast ausschließlichen Monopols für Schiffahrt und Schiffbau gewährte. Zumal letzterem, dem Schiffbau, ist dieser Schutz sehr zu statten gekommen, da in dieser Zeit die englischen Werften ihr Baumaterial (Holz) größtenteils aus dem Auslande zu beziehen gezwungen waren. Im Vergleich zu heute lagen die Verhältnisse also gerade umgekehrt: der englische Schiffbau war von Seiten des französischen, norwegischen und auch nordamerikanischen bedroht, da in diesen Ländern das als Schiffbaumaterial fast einzig in Betracht kommende Holz reichlich vorhanden war und leicht zu den am Meere in der Nähe der Flußmündungen gelegenen Werften geflößt werden konnte. Den Umschwung in diesen Verhältnissen brachten im neunzehnten Jahrhundert die großen wirtschaftsorganisatorischen und technischen Veränderungen und Umwälzungen, die mit einem Schlage die Lage zu gunsten Englands völlig veränderten. Als die Handelsschiffahrt für ihre Schiffe als fortbewegende Kraft sich die Dampfkraft zu nutze zu machen begann, da hatte England vor den andern Nationen den Vorteil größerer Erfahrung auf dem Gebiete des Dampfmaschinenbaues bereits voraus. Dazu kam, daß der Werkstoff für die Maschinen, das Eisen, das später auch für den Bau des Schiffsrumpfes verwandt wurde, im Lande selbst in reichlicher Menge sich vorfand und zwar derart günstig in der Nähe der Kohlenzechen gelagert, daß die Produktionsbedingungen günstiger als in jedem anderen Lande sich stellten.[2] Ein wohlwollendes Geschick hatte diese vereinigten Eisen- und Kohlenproduktionszentren außerdem noch sehr oft an den Rand des Meeres gerückt, so daß nichts selbstverständlicher war, als die neuen Werften für den Eisenschiffbau in nächster Nähe der Eisenproduktion anzulegen. Von da an besaß England im Seeschiffbau einen Vorrang vor den anderen Nationen; die Auf-

[1] oben S. 3 f.

[2] oben S. 54.

hebung der Zölle, die äußerst sachgemäße Betriebsorganisation des Schiffbaues und der Hilfsindustrien und manches andere, insbesondere auch die stets sich steigernden Bedürfnisse der eigenen Handels- und Kriegsmarine, haben dazu beigetragen, den Abstand zwischen England und den übrigen schiffahrttreibenden Nationen stets zu vergrößern. Sehr bald hat dann eine weitausschauende Politik die Navigationsakte, die ihren Zweck erfüllt hatte, und die unter den völlig veränderten Verhältnissen nur mehr eine Fessel gewesen wäre, aufgehoben und das Prinzip der Zulassung und gleichen Behandlung aller Flaggen proklamiert. Weder für die Schiffahrt noch für den Schiffbau Englands sind irgendwelche Schutzmaßnahmen oder Stimulantia noch von nöten. Die englische Handelsmarine besorgt nicht nur den größten Prozentsatz des eigenen Seeverkehrs, sie hat auch noch einen großen Teil des Seeverkehrs anderer Nationen an sich gerissen und verdient jährlich viele Millionen im internationalen Zwischenverkehr. Und für den Schiffbau ist England heute der Weltmarkt, auf dem alle Nationen ihren Bedarf zum Teil ganz oder doch (mit Ausnahme Deutschlands[1]) ziemlich vollständig decken. Daß unter solchen Verhältnissen absoluteste Freiheit das richtige Prinzip ist, liegt auf der Hand — und durch die englische Schiffahrtspolitik ist heute dieses Prinzip nach jeder Richtung voll anerkannt und durchgeführt. Die ziemlich starken Subventionen, die jährlich an die Handelsmarine gezahlt werden, bedeuten keine Durchbrechung des Prinzips, da sie vorwiegend im Interesse der Kriegsflotte gezahlt werden.

b) Deutschland.

1. Die Seeschiffahrt.

Die deutsche Gesamtreederei hat niemals, zu keiner Zeit, eine direkte oder indirekte materielle Unterstützung erfahren. Die diesbezüglichen gegenteiligen Behauptungen in der Presse Englands und Frankreichs sind von ihren Verbreitern auch

---

[1] Neuerdings auch Japans.

nicht mit dem Schein eines Beweises gestützt worden. Zwar ist auch in Deutschland durch Gesetz vom 22. V. 1881 *die heimische Küstenfrachtfahrt* der nationalen Flagge vorbehalten. Von vornherein geschah dies aber weniger in der Absicht der deutschen Reederei helfend unter die Arme zu greifen, als um ein — mehr oder minder wertvolles — Tauschobjekt für den Abschluß internationaler Handelsverträge sich zu schaffen. Tatsächlich ist auch durch eine ganze Reihe solcher Verträge[1] das Monopol der deutschen Flagge durchbrochen worden.

Ebenso wenig wie den Vorbehalt der heimischen Küstenschiffahrt kann man die *Postdampfersubventionen* hier anziehen. Denn die in Deutschland unter diesem Titel ausgeworfenen Beträge sind im Vergleich zu England und Frankreich gering und werden an nur zwei Gesellschaften der gesamten deutschen Reederei für einige wenige Linien gewährt. Frankreich z. B. subventioniert im ganzen neun Verbindungen des Mutterlandes mit dem Ausland; auf einzelnen dieser Strecken werden sogar mehrere Linien unterstützt, und außerdem existieren subventionierte Nebenlinien, deren Ausgangspunkt und Heimathafen nicht in Frankreich liegt. So kommt es, daß der größte Teil der regulären französischen Dampfschiffreederei subventioniert wird — neben den Prämien. Die hauptsächlichsten Verbindungen sind: nach den Levantehäfen, Korsika, Algerien, Tunis, Tripolis, Marokko, ostafrikanische Küste und Indischer Ozean, Australien, Neukaledonien, Indochina, Japan, westafrikanische Küste, Calais-Dover, New York und Antillen. Für dies ausgedehnte Netz subventionierter Linien werden im Durchschnitt jährlich 25 Millionen frs Subventionen bezahlt,

[1] Persien, Tonga, Hawaiische Inseln, Korea, Griechenland, Mexiko, Kongogesellschaft, Sansibar, Ekuador, Paraguay, Guatemala, Honduras, Marokko, Türkei, Österreich-Ungarn, Italien, Ägypten, Columbien, Serbien, Rumänien, Nicaragua, Japan, Belgien, Brasilien, Dänemark, Großbritannien, Schweden, Norwegen, Niederland. Ausdrücklich ausgenommen Rußland und Uraguay vergl. Brockmann S. 724 ff.

ein Betrag, der dem Betrag der Jahressubventionen in England (26 Millionen frs) sehr nahe kommt. Die Jahressubventionen in Deutschland belaufen sich auf rund $10^1/_2$ Millionen frs (8,4 Millionen M.); von dieser Summe sind aber noch 1,8 Millionen frs (1,4 Millionen M.) in Abzug zu bringen, die die reine Vergütung für die Beförderung der Post nach Amerika darstellen. Als eigentliche Subvention in Deutschland bleiben dann nur noch rund 8,7 Millionen frs (6,9 Millionen M.), d. i. ein Drittel der in England und Frankreich gezahlten Beträge.

Weit verbreitet, zumal in Frankreich, ist die Überzeugung, Deutschland unterstütze indirekt in sehr kräftiger Weise durch sogenannte *kombinierte Ausfuhrtarife* — gemischte Eisenbahn-Seetarife — seine Reederei. Gewiß, wir besitzen solche Tarife für die Ausfuhr von Gütern mit direktem Konnossement nach der Levante und nach Ostafrika, und zweifellos stellt sich die Ausfuhr auf Grund dieser Tarife billiger als die Versendung auf Grund gewöhnlichen Eisenbahntarifs plus gewöhnlichem Seefrachttarif. Trotzdem kann hierin eine staatliche Unterstützung der heimischen Schiffahrt nicht erblickt werden. Zunächst ist hervorzuheben, daß man bei Einführung dieser Tarife ausschließlich an die Belebung des deutschen Exportes dachte. *Dann aber existieren überhaupt nur zwei solcher Tarife* für die Beförderung von Gütern nach der Levante und Ostafrika; ferner kommen nur zwei Gesellschaften — Levante-Linie und Ostafrika-Linie — in Betracht. Wie kann man da von einer Unterstützung der gesamten Landesreederei sprechen! Selbst der Zuwachs, den die beiden interessierten Linien diesen Spezialtarifen evtl. zuzuschreiben haben, ist sehr gering: „Im Jahre 1900, (dem Jahre der höchsten bis dahin erreichten Leistung) wurden auf diese Tarife nur 32 100 Tonnen nach der Levante und 19 015 nach Afrika verfrachtet.“[1] Den französischen Schriftstellern bereitet insbesondere die Beantwortung der Frage Kopfzerbrechen, wer

[1] Statist. Mitteilungen, hrsg. im Preuß. Min. d. öff. Arbeiten 1901 S. 283/84, angezogen bei Wiedenfeld. S. 195.

die Preisreduktion trägt, ob die Eisenbahnen oder die Schiffahrtsgesellschaften, und sie kombinieren gemeiniglich, daß die Bahnen allein ihre Tarife ermäßigen. Das ist doch nicht die einzig mögliche Kombination! Zunächst wäre es doch auch möglich, daß die beiden Schiffahrtsgesellschaften eine Verminderung ihrer gewöhnlichen Tarife eintreten lassen, in der Einsicht und in der Hoffnung, daß die mit einer Tarifherabsetzung sehr oft eintretende Verkehrssteigerung schließlich doch eine Vermehrung der Einnahmen zur Folge haben werde. Dann übersehen aber die französischen Schriftsteller[1] auch ganz, daß die Verbilligung durch den Spezialtarif eine Preisherabsetzung weder seitens der Reedereien, noch seitens der Bahnen unbedingt zur Voraussetzung haben muß, sondern daß sie sehr wohl durch die Ausschaltung des Spediteurs an den Hafenplätzen erreicht sein kann.[2] Diese unsere Vermutung dürfte wohl den Tatsachen entsprechen. Von einer staatlichen Unterstützung der deutschen Reederei zu sprechen, ist zum mindesten sehr gewagt. —

Natürlich mußte auch im schutzzöllnerischen Deutschland das Bestreben der Gesetzgebung darauf gerichtet sein, dem Reeder die Möglichkeit zu verschaffen, sein Schiff unter allen Umständen zum Weltmarktpreis erstehen zu können. *Daher wurde von jeher jedes Schiff, sei es deutschen, sei es ausländischen Ursprunges, in gleicher Weise zur Nationalisierung zugelassen, und ferner blieben alle eingeführten Schiffe fremden Ursprunges zollfrei.*

Ist so die deutsche Reederei in keiner Hinsicht weder direkt noch indirekt von Staatswegen materiell unterstützt, so ist ihr andererseits eine starke Belastung auf Grund von

[1] Urheber der ganzen schiefen Auffassung ist der französische Generalkonsul in Hamburg, Jules Lefaivre, gewesen, dessen Bericht am 1. XII. 1905 in der französischen Kammer verlesen wurde.

[2] Vergl. dazu Wiedenfeld S. 271. An anderer Stelle (S. 323) ist übrigens Wiedenfeld der Ansicht, daß eine Tarifherabsetzung sowohl der Bahnen, als auch der Schiffahrtsgesellschaften vorliege; die Bahnen und Reedereien bewahren Stillschweigen darüber, wie die Ermäßigung zu Stande kommt.

Gesetzesvorschriften nicht erspart geblieben, die gelinde ausgedrückt, in ihrem Gesamtumfang zum mindesten ebenso groß ist, wie die Belastung, die die französische Reederei durch die französische Seegesetzgebung erfährt. Für die deutsche Reederei kommen insbesondere in Betracht:

a) die Seemannsordnung vom 2. VI. 1902 (§§ 59 ff) mit ihren Nebengesetzen;
b) die Handelsgesetzgebung (§§ 553 ff);
c) das Gesetz betr. die Abänderung der Seemannsordnung und des Handelsgesetzbuches vom 12. V. 1904;
d) das Seeunfallversicherungsgesetz vom 30. VI. 1900 und
e) das Invalidenversicherungsgesetz vom 13. VII. 1899.

2. *Der Seeschiffbau.*

Die im Interesse der Reederei vollkommen gleiche Behandlung der Schiffe fremden und heimischen Ursprunges in Deutschland erforderte, daß man dem deutschen Schiffbau die Möglichkeit gab, mit dem Auslande konkurrieren zu können, d. h. daß man ihn so stellte, daß er seine Produkte zum Weltmarktpreise anzubieten im Stande war. Diesen Zweck erreichte man durch die Schaffung von Freihafengebieten und durch die Gewährung der Zollfreiheit des Schiffbaumateriales. Die Zollfreiheit wird nicht wie in Frankreich durch Bauprämien herbeigeführt, sondern durch einen *zollamtlichen Vormerkverkehr.* Sie wird auch nicht für alle Fahrzeuge gewährt, sondern nur für die *„zollbegünstigten Schiffe.“* Als solche sind alle Seeschiffe und solche Binnensee- und Flußschiffe, die nicht zu Luxuszwecken bestimmt sind, erklärt.[1] Vom Zolle befreit bleiben Rohstoffe, sowie vorgearbeitete oder fertige Gegenstände, die zum Baue (Neubau oder Umbau), zur Ausbesserung oder zur Ausrüstung verwendet werden. Auch die ausländischen Rohstoffe und Halbfabrikate, aus denen im Inlande Schiffausrüstungsgegenstände hergestellt werden, bleiben vom Zolle befreit. Nicht befreit

[1] Sch. Z. O.

sind dagegen die Schiffeinrichtungsgegenstände, das Kajüt- und Küchengut (Möbel, Haus- und Küchengeräte, Haus- und Küchengeschirr, Bett- und Tischwäsche, Decken, Läufer, Teppiche, Vorhänge). Schiffbauunternehmer, die die Zollfreiheit für einzuführende ausländische Schiffbaumaterialien beanspruchen, haben die Genehmigung schriftlich nachzusuchen. Die Materialien werden bei ihrem Eingang nach den für die Verzollung geltenden Vorschriften abgefertigt. In allen Fällen wird das Eigengewicht festgestellt, evtl. auch die Stückzahl; fertige und vorgearbeitete Gegenstände sind zu ihrer Wiedererkennbarkeit zu kennzeichnen. Daraufhin werden die Waren an den Unternehmer ohne Zollentrichtung mit der Verpflichtung verabfolgt, „ihre Verwendung im Schiffbau nachzuweisen oder die Zollgefälle auf Erfordern der Zollbehörde sofort einzuzahlen.“ Über jedes Schiff, für das die Zollbegünstigung beansprucht wird, ist bei der Amtsstelle ein Schiffbauabrechnungsbuch zu führen, in das die ohne Zollerhebung abgelassenen Waren eingetragen werden. Die Schiffbaumaterialien, deren Verwendung im Schiffbau nachgewiesen ist oder als nachgewiesen erachtet wird, werden im Schiffbauabrechnungsbuche in Abgang gestellt. Die Abschreibung erfolgt nach dem bei der Eingangsabfertigung oder durch sonstige amtliche Ermittelung festgestellten Eigengewichte. Dieses Gewicht erhöht sich jedoch bei metallenen Gegenständen, sofern sie im Inlande aus unverzollt abgelassenen Materialien hergestellt oder weiter bearbeitet sind, um prozentuale Zuschläge[1] als Entschädigung für die bei der Herstellung oder Bearbeitung entstandenen Abfälle. Die nach vollendetem Bau bezw. vollendeter Ausbesserung durch das Hauptzollamt vorzunehmende Schlußprüfung hat zunächst festzustellen, ob das Schiff als zollbegünstigt anzusehen ist; ferner

[1] Die Zuschläge zum Eigengewicht der fertigen, aus unverzollt abgelassenen ausländischen Rohstoffen und Halbfabrikaten im Inlande hergestellten Gegenstände, nach denen die bei ihrer Herstellung verbrauchten Mengen an Material zu berechnen sind, schwanken zwischen 2 % und 200 % (Anlage B zur Sch. Z. O. § 13).

ist jetzt davon Überzeugung zu nehmen, daß Materialien, für welche Zollbefreiung beansprucht wird, deren vorschriftsmäßige Verwendung aber noch nicht nachgewiesen ist, in oder auf dem Schiffe wirklich vorhanden sind; auch ist, soweit dies für die Führung des Abrechnungsbuches erforderlich, ihr Gewicht festzustellen oder abzuschätzen. Soweit die im Abrechnungsbuche abgeschriebenen Mengen hinter den angeschriebenen zurückbleiben, sind die nicht zur Abschreibung gekommenen Mengen nach dem Zollsatze zu verzollen, der am Tage der Eingangsabfertigung gültig war. Sie können aber auch auf Antrag des Unternehmers in ein anderes Schiffbauabrechnungsbuch übertragen, in ein Zollager aufgenommen, in das Ausland ausgeführt oder sonst unter Zollaufsicht versendet werden, sofern über die Nämlichkeit (Identität) kein Zweifel besteht.

Wie man sieht, kommt dies System im großen und ganzen auf das in Frankreich in den 70er Jahren in Geltung gewesene hinaus,[1] nur daß das deutsche System liberaler ist; insbesondere werden die Abfälle berücksichtigt, was in Frankreich nicht der Fall war.

Die Vorteile des deutschen Systems vor dem heutigen französischen liegen auf der Hand. Dem französischen Schiffbauunternehmer wird, da das eingeführte Schiffbaumaterial zu verzollen ist, und der hingegebene Zoll erst nach Fertigstellung des Schiffes in Gestalt der Bauprämie zurückvergütet wird, für mehr oder minder lange Zeit Geldkapital aus seinem Produktionsprozeß entzogen; er erleidet einen Zinsverlust, die Zollfreiheit ist keine vollständige.[2] Nach dem deutschen System kann dies gar nicht eintreten, da ja von vornherein eine Zollzahlung nicht stattfindet. Eine nicht vollständige Zollbefreiung könnte im deutschen System nur möglich sein, wenn die anzurechnenden Abfälle zu gering bemessen wären; da Klagen hierüber nie laut geworden sind, so ist anzunehmen, daß die für Abfälle angesetzten Zuschläge derart bemessen sind, daß

[1] oben S. 31 ff, 41 ff.

[2] oben S. 64 ff.

die Zollfreiheit schließlich völlig erreicht wird. Die Möglichkeit einer Übervergütung ist im französischen System zweifellos vorhanden und ist de facto auch zur Wirklichkeit geworden.[1] Von einer Übervergütung im deutschen System zu sprechen, wo ja eine Vergütung überhaupt nicht statthat, erscheint zunächst unlogisch; doch ist es auch im deutschen System nicht ausgeschlossen, daß der Unternehmer sich in den Genuß einer ähnlichen „Prämie" zu setzen vermag, wenn nämlich die Abfälle reichlich bemessen sind, so daß ihm mehr Abfälle berechnet werden, als er in Wirklichkeit hat, und wenn er die Abfälle noch verwertet, sei es durch Verkauf, sei es durch Verarbeitung. Daß dies möglich ist, ist klar; ebenso klar ist aber auch, daß die so eventuell eintretende Bereicherung niemals solche Dimensionen annehmen kann wie im französischen System: in dem einen Falle beruht sie eben auf der Gesamtmenge des verwendeten Materiales, in dem anderen auf der Verwendung der Abfälle.

War auch die Zollfreiheit der Schiffbaumaterialien Vorbedingung und Grundlage für den Aufschwung des deutschen Schiffbaues, so bedurfte es doch noch eines äußeren Anstoßes, diesen Aufschwung herbeizuführen: der Anstoß kam von Seiten der Regierung und mußte sogar wiederholt werden. Im einzelnen darauf einzugehen, ist hier nicht der Ort;[2] es muß genügen, an dieser Stelle darauf hinzuweisen, daß erst die von der Regierung in die Verträge über die Einrichtung und Unterhaltung deutscher Postdampfschiffsverbindungen aufgenommenen Klauseln, daß:

> *„in die Linien einzustellende neue Dampfer auf deutschen Werften und tunlichst unter Verwendung deutschen Materiales gebaut sein müssen";*
>
> *„die Schiffe zur höchsten Klasse beim Germanischen Lloyd zu klassifizieren sind";*

---

[1] oben S. 121.

[2] Vergl. hierzu namentlich Schwarz — v. Halle II S. 14 ff.; Jaensch S. 90 ff. (Kap. V).

„die vorzunehmenden größern Instandsetzungen, soweit tunlich, ebenfalls auf deutschen Werften vorgenommen werden müssen“, für die Hebung des deutschen Schiffbaues eine hervorragende Bedeutung gewonnen haben. Die Bautätigkeit hob sich rasch von Jahr zu Jahr, die Güte der abgelieferten Schiffe stand hinter den englischen Qualitätsleistungen nicht zurück, und bald konnten auch gleich kurze Lieferfristen eingehalten werden. Das verwendete Schiffbaumaterial war vorzugsweise deutschen Ursprunges, da in den 80er und zu Beginn der 90er Jahre das deutsche Material an Güte das englische übertraf.[1] Als dies sich änderte, England ebensogut wie die deutschen Eisen- und Stahlindustriellen zu liefern vermochte, wurde die Lage der deutschen prekär, weil jetzt der englische Exporteur den Vorteil der billigeren Versendung an die deutsche Werft für sich hatte. Einzelne Stimmen riefen schon nach Aufhebung der Zollfreiheit. Der Verein deutscher Eisen- und Stahlindustrieller, der nun die Angelegenheit in die Hand nahm, war einsichtig genug, diese Forderung nicht zu der seinigen zu machen. Nach verschiedentlichen Verhandlungen zwischen Schiffbauern, Eisenindustriellen und den in Betracht kommenden Eisenbahnverwaltungen kam schließlich das zu Stande, was von da ab zur Blüte des deutschen Schiffbaus wesentlich beigetragen hat, nämlich Zugeständnisse der Werften und der Industriellen, die sich entgegenkamen (erstere bewilligten den deutschen Industriellen etwas höhere Preise als sie in England zu zahlen hatten, während letztere von ihren allgemeinen Preisen etwas heruntergingen), und eine erhebliche Tarifherabsetzung der Eisenbahnen; ferner die Gründung einer gemeinsamen Verkaufsagentur der eben auf Betreiben der Eisenbahnverwaltung ins Leben gerufenen „Schiffbauprofilstahlvereinigung“ und des ebenso jungen „Verbandes der Grobblechwalzwerke“.

Das sind die Grundlagen, auf denen die deutsche Schiff-

[1] Schwarz — v. Halle II S. 63 ff.

bauindustrie sich entwickelt hat. Man kann wohl behaupten, daß sie nicht so günstig waren, als die dem französischen Schiffbau durch den französischen Staat geschaffenen. Wenn trotzdem der deutsche Schiffbau einen ganz anderen Aufschwung genommen hat, als der des Nachbarstaaates, so liegt das insbesondere daran, daß die beste Garantie für das Emporblühen des heimischen Schiffbaus eine tätige, kräftige nationale Handelsmarine ist, der sich eine machtvolle Kriegsflotte zur Seite stellen mag.

VIII. Kapitel.

Kritik des französischen Systems.

Prinzipiell sind alle Schiffe der Handelsmarine zum Prämiengenusse zugelassen. Um nur, oder vornehmlich nur solche Schiffe zu fördern, deren Unterstützung im wohlverstandenen Interesse der Volkswirtschaft liegt, ferner um Garantien für die wirtschaftliche Tätigkeit der begünstigten Schiffe zu haben und noch aus andern Motiven, hat man sich veranlaßt gesehen, gewisse Normalbedingungen festzusetzen zur Erlangung der Berechtigung auf die Prämien. So sind die Erfordernisse von Minimalgrößen, von Minimalgeschwindigkeiten bei den amtlichen Versuchsfahrten, die Altersgrenzen, die durchschnittliche Tagesleistung, die Verpflichtung zur Mitnahme der Poststücke u. a. m. zu beurteilen. Gelingt es nun nicht, diese Minimalerfordernisse derart scharf abzugrenzen, daß sie den wirklichen Bedürfnissen aufs Genaueste entsprechen, so ist einem Teil der heimischen Unternehmer die Prämienbegünstigung versagt. Neben der ausländischen Konkurrenz haben dann diese Unternehmer eine begünstigte inländische, und damit ist ihr Schicksal wohl meist besiegelt. Man wende nicht ein, von einem höhern Gesichtspunkte sei dies nicht zu beklagen, da diese Unternehmungen eine wirtschaftliche Berechtigung nicht hätten. *Sie haben aber eine wirtschaftliche Berechtigung! Nur sind sie nicht in der Lage dieselbe zu erweisen!*

Ein anderer Vorwurf, der dem Prämiensystem gemacht werden muß, ist, daß es zur Spekulation verführt. Die Unternehmer — Reeder sowohl als auch Schiffbauer — legen ihren Kalkulationen nicht mehr ausschließlich die Marktlage und die wirklichen Bedürfnisse zu grunde, sondern sie erwägen in erster Linie, auf welche Weise sie einen möglichst großen Teil des Prämiensegens sich zuwenden können. Ihre Initiative wird so in mancher Beziehung in Bahnen geleitet, auf die sie ohne die Prämien niemals geraten wäre, und die schlechterdings ein Abweichen von den normalen, durch die wohlverstandenen Bedürfnisse der Handelsschiffahrt, des Handels und der Volkswirtschaft vorgezeichneten Entwickelungslinien bedeuten. Dies spekulative Moment, das in die Schiffahrtsindustrien hineinkommt, ist verderblich. Demoralisierend, jede Geschäftsmoral untergrabend wird es aber, wenn solche Manipulationen möglich sind, wie die, daß Unternehmen die gar keine Beziehung zu den begünstigten Industrien haben, sich in den Genuß der diesen zugedachten Vorteile setzen.[1]

An die französischen Seeschiffahrtsindustrien gelangten in dem dreißigjährigen Zeitraume von 1881 bis Ende 1910 an Fahrt- und Bauunterstützungen auf Grund der vier Prämiengesetze insgesamt über 600 Millionen frs[2] zur Auszahlung. Rechnet man die Postdampfersubventionen, an denen auch fast die gesamte reguläre Dampfschiffreederei beteiligt ist, für diese Zeit mit 750 Millionen hinzu,[3] so ergibt sich, daß die französische Reederei und der französische Schiffbau seit 1881 mit baren 1350 Millionen frs unterstützt worden sind. Das ist ein Jahresdurchschnitt von über 45 Millionen, wenn man die Subventionen einbezieht, und von über 20 Millionen, wenn man nur die Unterstützung auf Grund der Prämiengesetze zu grunde legt! Und was ist mit diesen kolossalen Aufwendungen erreicht worden?

An Fahrtunterstützungen erhielt die französische Reederei 1881/1910 insgesamt fast 444 Millionen frs;[4]

[1] oben S. 146.
[2] 600 848 381 frs 22.
[3] jährlich 25 Millionen frs im Durchschnitt.
[4] 443 803 263 frs 13.

dabei ist aber zu beachten, daß sie zeitweise einen bedeutenden Prozentsatz an den französischen Schiffbau bezw. die Geldverleiher etc. in Gestalt der Preiserhöhung abgeben mußte. Der Bestand der französischen Handelsmarine hat Ende 1910 gegen Ende 1880 eine Zunahme von rund einer halben Million Tons zu verzeichnen: 1452[1] bezw. 1346[2] gegen 919 Tausend. Aber andere Nationen — teils mit, teils ohne Prämien — haben Frankreich überflügelt: 1880 stand Frankreich mit seiner Dampfertonnage noch an dritter Stelle hinter den Vereinigten Staaten und England; in den 80er Jahren wurde es von Deutschland[3] überholt und um die Jahrhundertwende von Japan. Betrachtet man die Entwickelung, die die Welthandelsmarine genommen hat, und vergleicht man damit die der französischen Handelsmarine, so sieht man, daß letztere manchmal nicht nur im Tempo zurückgeblieben ist, sondern daß sie auch in mancher Hinsicht eine abweichende — geradezu entgegengesetzte Entwicklung genommen hat, die keineswegs etwa als in eigenartig gelagerten Verhältnissen des Landes oder seiner Wirtschaft begründet zu erachten ist.

Setzt man den Nettoraumgehalt der Welthandelsmarine einerseits und den der französischen Handelsmarine andererseits für das Jahr 1881 mit je 100 an, so sind die entsprechenden Verhältniszahlen in den Jahren 1891, 1901 und 1907 für erstere 112, 123, 152, für letztere 104, 122 und 154.[4] Durch dies, für Frankreich günstigere Ergebnis, darf man sich aber keineswegs täuschen lassen: es ist einzig der starken Vermehrung der Segler (und, für nach 1904, dem neuen Meßverfahren für Dampfer) zu danken. Die gesonderte

---

[1] Vermessung neuer Art.

[2] Vermessung alter Art.

[3] Im Jahre 1910 wiesen die Nettobestände des Norddeutschen Lloyd und der Hamburg-Amerika-Linie allein zusammen über 900 Tausend Tons Dampfer auf, die gesamte französische Handelsmarine 816; dabei sind in den Zahlen für Frankreich alle Schiffe über 2 Nettotons einbezogen, auch Fischerei-, Luxusfahrzeuge, Seeleichter etc., während sie für die beiden deutschen Firmen ausgeschaltet sind.

[4] Vermessung neuer Art.

Betrachtung für Dampfer und Segler gibt folgendes Bild der Verhältniszahlen:[1]

Dampfer: Welthandelsmarine: 100, 189, 277, 400;[2]
Französ. Marine: 100, 167, 175, 237;[3]
Segler: Welthandelsmarine: 100, 82, 64, 56;[2]
Franz. Marine: 100, 71, **94, 110.**

Frankreich blieb also, im Vergleich zur Welthandelsmarine, bezüglich der Dampfer erheblich im Tempo zurück, während es bezüglich der Segler von den neunziger Jahren ab eine der Entwicklung der Welthandelsmarine gerade entgegengesetzte Tendenz zeigt, nachdem es dieser in den achtziger Jahren im Tempo sogar voraus gewesen war. Auf die Ursachen dieser Erscheinung, die wir in den vorhergehenden Kapiteln dargelegt haben, brauchen wir hier nicht mehr zurückzukommen.

Wie stark Frankreich zurückgeblieben, ja zurückgeschritten ist und, man kann es ruhig aussprechen, wie unheilvoll die Wirkung der Prämien gewesen ist, zeigt folgende Tabelle, die Aufschluß gibt, wieviel Tons Dampfer auf je 100 Tons Segler in den Handelsmarinen der Welt, Frankreichs, Großbritanniens und Deutschlands kommen.

(Tabelle s. S. 201.)

Daß die Leistungsfähigkeit der französischen Handelsmarine entsprechend niedere Ziffern aufweist, darf nicht wundernehmen. Unter Annahme der Leistungsfähigkeit 100 im Jahre 1881 gestalten sich die Verhältniszahlen für 1891, 1901, 1907:

Welthandelsmarine: 140, 235, 313;
Französische Marine: 129, 179, 236.

Und sollten alle diese Zahlen noch nicht genügen, um den

[1] Dieselben Jahre.

[2] Um ganz korrekt zu sein, müßten eigentlich die Zahlen für Frankreich hier ausgeschaltet werden; doch wird durch die Nichtberücksichtigung am Ergebnis wenig geändert: die entsprechenden Zahlen für die Welthandelsmarine ohne Frankreich sind:

Dampfer: 100, 191, 284, 411;
Segler: 100, 83, 62, 54.

[3] Vermessung neuer Art.

Auf 100 Tons Segler kamen Tons Dampfer:

im Jahre	Welthandelsmarine[1]	Frankreich[2]	Großbritannien[3]	Deutschland[3]
1891	97	133	172	109
1893	92	123	189	118
1894	119	126	200	135
1895	129	124	214	142
1896	140	130	230	149
1897	158	130	246	166
1898	171	**119**	277	172
1899	190	**112**	312	196
1900	208	**112**	344	227
1901	226	**104**	383	257
1902	244	**97**	415	279
1903	260	**82**	449	299
1904	287	**90**	483	306
1905	308	107	542	347
1906	339	105	618	394
1907	386	107	686	423
1908	426	112	?	441
1909	453	124	653	462

Niedergang der französischen Handelsmarine in dieser prämienbegünstigten Zeit darzutun, so mögen auch noch die Werte für die Leistungsfähigkeit von 100 Tons Tonnage angeführt werden:[4]

	Welthandelsmarine	Französische Handelsmarine
1881	156	168
1891	194	210
1901	297	241
1906	314	246
1907	320	249

Diese Zahlen dürften doch wohl entscheidend und charakte-

[1] Berechnet nach dem Zahlenmaterial des „Weltverkehr" 1911 S. 359 (Novemberheft).

[2] Nach den offiziellen Zahlen des Tableau.

[3] Nach Hübner's geographisch-statistischen Tabellen.

[4] oben S. 33 Anm. 2.

ristisch sein, da aus ihnen hervorgeht, daß die französische Handelsmarine zu Beginn der 80 er und bis in die 90 er Jahre günstiger zusammengesetzt war, als die Welthandelsmarine, und daß von da ab ein empfindliches Zurückbleiben zu verzeichnen ist. Die Prämien für das Stagnieren bezw. Zurückschreiten der französischen Handelsmarine prinzipiell verantwortlich machen zu wollen, wie dies geschehen ist, um dann zu einer grundsätzlichen Verurteilung jeder Prämienunterstützung zu kommen, geht unserer Ansicht nach nicht an. Gegen diese Aufstellung spricht einmal schon die Tatsache, daß andere Länder, insbesondere Japan, mit Prämien sehr gute Resultate erzielt haben, und ferner der Umstand, daß in Frankreich selbst, in den achtziger Jahren, unter dem ersten Prämiengesetz Fortschritte nicht zu leugnen sind. Der aus einer Betrachtung der französischen Prämiengesetzgebung und ihrer Wirkung einzig berechtigte Schluß ist, daß diese Gesetze den erstrebten Erfolg nicht hatten; die Frage, warum diese Gesetze ein negatives Ergebnis hatten und — bei ihrem fehlerhaften Aufbau, sowie unter der besondern Gestaltung der Verhältnisse — haben mußten, hat in den vorhergehenden Kapiteln ihre Beantwortung gefunden; es erübrigt noch die Frage zu prüfen und zu erledigen, ob das Ziel, das man sich in Frankreich in Ansehung der heimischen Handelsmarine gesteckt hatte, in diesem Lande mit Hilfe von Prämien, bezw. mit alleiniger Hilfe von Prämien überhaupt erreicht werden konnte und erreicht werden kann.

Das Endziel aller nationalen Schiffahrtspolitik gipfelte von jeher und gipfelt noch heute in erster Linie in dem Bestreben, die nationale Schiffahrt, die Beförderung der in die Wirtschaft eines Landes zur See eingehenden oder sie zur See verlassenden Güter und Personen, der heimischen Flagge zuzuwenden; internationale Zwischenfahrt kommt erst in zweiter Linie in Betracht. In früheren Jahrhunderten und Jahrzehnten erreichte man dieses Ziel einfacherweise dadurch, daß man den fremden Flaggen die nationalen Transporte kurzerhand verbot, bezw. durch Differentialzölle und andere gestaffelte Abgaben derart erschwerte, daß die Wirkung einem absoluten Verbot gleichkam. Seit Ende der vierziger Jahre des 19. Jahrhunderts ist dies Vorgehen aus verschiedenen Gründen nicht mehr möglich, und die staatliche Schiffahrtspolitik beschränkt sich seitdem darauf, die heimische Flagge für den internationalen Konkurrenzkampf, der um die Seebeförderung der Aus- und Einfuhr aller Länder entbrannt ist, möglichst zu kräftigen, sei es durch Wegräumen von Hindernissen, sei es durch stimulierende Maßnahmen. Vorbedingung für den Erfolg einer solchen Schiffahrtspolitik ist, daß in dem betreffenden Lande eine transportbedürftige Gütermenge, sowohl für die Zu-, als auch für die Abfuhr reichlich vorhanden ist. So wie die Verhältnisse heute nun einmal liegen, ist es ausgeschlossen, daß eine Handelsmarine nur durch den internationalen Zwischenhandel großgezogen worden kann und nur für denselben. Selbst die englische Marine, die heute viele Millionen im internationalen Zwischenhandel verdient, hat erst im Bedienen der heimischen Ein- und Ausfuhr groß werden müssen; und die früheren Zwischenhändler, die Kärrner der Meere, verdankten ihre Größe einzig dem faktischen Monopol.[1] — Aber eine reichlich vorhandene transportbedürftige Gütermenge allein genügt heute noch nicht, um den Erfolg zu garantieren: die Güter müssen ferner so beschaffen sein, daß sie bei verhältnismäßig großem Gewicht ohne übermäßige Raumbeanspruchung verstaut werden können; es müssen *schwere Massengüter* reichlich vorhanden sein. Im modernen Seeverkehr wird die Fracht in erster Linie nach dem Gewicht berechnet, und bei den heutigen hohen Betriebskosten einerseits, sowie den in-

[1] oben S. 3. f.

folge der scharfen Konkurrenz niederen Frachtraten andererseits kann ein Gewinn durch den Schiffbauunternehmer nur bei möglichster Ausnützung der Tragfähigkeit des Schiffes erzielt werden. Leichte und sperrige Güter kommen höchstens als Beiladung in Betracht; für sich allein können sie eine gewinnbringende Ladung nicht bilden.

Frankreichs Einfuhr auf dem Seewege betrug im Jahresdurchschnitt der Jahrzehnte 1881/90, 1891/1900 und 1901/10: 12,$_{70}$, 15,$_{49}$ und 20,$_{26}$ Millionen Gewichtstonnen, die Ausfuhr seewärts in denselben Perioden 3,$_{82}$, 5,$_{48}$ und 7,$_{24}$. Setzt man für jede Periode die Einfuhr mit je 100 an, so ergeben sich für die Ausfuhr die drei Verhältniszahlen 30, 35,3 und 35,7, d. h. dem Gewichte nach ist die Seeeinfuhr nach Frankreich rund dreimal so stark als die Seeausfuhr aus Frankreich. Eine Zusammenstellung der Güter, die im Laufe des Jahres 1910 mit über 500 000 Tonnen in Ein- und Ausfuhr zur See figurieren, weist für die Einfuhr (in Tausend Tonnen) auf:

Steine, Erden, Kohlen . . .	14 203
Müllereierzeugnisse	2 937
Gewöhnliches Holz	1 652
Körnerfrüchte, Sämereien . .	1 215
Metalle	1 051
Getränke	1 039
Chemische Produkte . . .	590
Abfälle	540

und für die Ausfuhr:

Steine, Erden, Kohlen . . .	2 704
Metalle	1 043
Gewöhnliches Holz	767
Müllereierzeugnisse	500.

Dies sind fast ausschließlich schwere Massengüter; sie betragen in der Einfuhr 23 227 Tausend Tonnen, in der Ausfuhr nur 5 014, d. i. ungefähr fünfmal mehr in der Einfuhr als in der Ausfuhr. Die Frage, ob diese fünf Millionen Tonnen hinreichen, um die ausfahrenden französischen Fahrzeuge zu füllen und ihnen lukrative Frachten zu gewährleisten, braucht solange nicht untersucht zu werden, als durch die mangelnde Konzentration dieser Güter in einigen wenigen Häfen des Landes die größeren französischen Seeschiffe auf sie zur Herstellung von Volladungen nicht zählen können. In der Tat zerstreut sich ein großer Teil des französischen Ausfuhrgutes in die verschiedensten größeren und kleineren Häfen längs der weit ausgedehnten Küsten des Landes, von wo es entweder auf kleineren französischen Fahrzeugen nach England oder Antwerpen[1] geleitet wird, um von da auf englischen oder deutschen Schiffen als Voll- oder Beiladung an seinen Bestimmungsort gebracht zu werden; oder es wird durch deutsche und englische Fahrzeuge in den französischen Häfen direkt als willkommene Beiladung abgeholt, für die wegen ihres akzessorischen und rein zufälligen Charakters von diesen Schiffen niedrigere Frachtsätze zugestanden werden können als von den französischen. In welchem Verhältnisse französisches Ausfuhrgut durch fremde Schiffe an seinen schließlichen Bestimmungsort befördert wird, läßt sich mit Genauigkeit aus den offiziellen Zahlen nicht ersehen. Sicherlich weit mehr als 50%. Die offizielle Statistik[2] verzeichnet als durch französische Schiffe ausgeführt (im Jahre 1910) 55,60 % der ausgeführten Waren; darin sind aber alle die großen Mengen einbegriffen, die durch kleinere französische Fahrzeuge nach England und Antwerpen an fremde Schiffe zur Weiterbeförderung herangebracht werden! Entgeht so der französischen Flagge schon ein sehr bedeutender Prozentsatz des eigenen Ausfuhrgutes, zu dessen Beförderung sie an und für sich befähigt ist und eigentlich berufen wäre, so kommt noch hinzu, daß sie für die ihr verbleibenden reduzierten Transporte noch nicht einmal Frachtraten verlangen kann, wie sie im Interesse eines rentabel zu

[1] Zu demselben Zwecke werden auch viele Tonnen auf dem Landwege nach Antwerpen abgefertigt; in Belgien kommt man dem naturgemäß mit einer entsprechenden Tarifpolitik entgegen.

[2] Tableau 1910 I S. 29.

gestaltenden Betriebes angezeigt wären — weil ja durch die fremden Schiffe dritter Flagge, die die französischen Häfen zur Vervollständigung ihrer Ladungen anlaufen, fortgesetzt Unterbietungen stattfinden. Die Flaggen der Bestimmungsländer haben im Jahre 1910 einen Prozentsatz von 28,64 des französischen Ausfuhrgutes befördert, die in Frankreich geladen wurden. Größtenteils dürften das auf der Heimreise begriffene Fahrzeuge gewesen sein, die auf dem Wege einen französischen Hafen anliefen, wo sie evtl. mitgeführte Güter ausluden und die gerade dort befindlichen nach einem Zwischenplatz oder ihrem Heimathafen bestimmten einnahmen — eine Zufallsfracht, für die sie wieder niedrigere Raten ansetzen können. Diese für die französische Handelsmarine so ungünstigen Verhältnisse sind zum Teil in der geographischen Lage des Landes begründet, das an der Reiseroute englischer, norwegischer, belgischer und deutscher Schiffe liegt; zum Teil sind sie aber auch eine Folge der (in dieser Hinsicht mindestens) unzweckmäßigen Gestaltung des französischen Wirtschaftsmechanismus und der ungünstigen Wirtschaftsentwickelung selbst.

Frankreich besitzt *neunundsechzig Häfen* in Europa, deren jeder der Fürsorge der Regierung und, was jenseits der Vogesen sehr ins Gewicht fällt, des natürlichen Wohlwollens seines sich Député erfreut. Unsummen sind im Laufe der Zeit zu Hafenbauten verausgabt worden;[1] Millionen werden noch jährlich zu demselben Zwecke in den Etat eingestellt[2] — aber die bedeutenden Gesamtsummen, mit denen sich für drei, vier, fünf Häfen wohl etwas machen ließe, werden an viele, an alle Häfen verteilt, so daß schließlich in keinem einzigen Nennenswertes geleistet wird und auch nicht geleistet werden kann. So kommt es, daß alle Häfen, man kann sagen

[1] *Jahres*durchschnitt 1876/88; 37 Millionen frs; 1889/98: 22 Millionen frs. Fraissingea S. 94, 95.

[2] Ges. 22. XII. 03 (outillage national); 11. II. 09 (Hâvre über 100 Millionen frs) 27. I. 09 (Marseille 32 Millionen) u. a.

ohne Ausnahme, nicht mehr modern sind, den Anforderungen des heutigen Verkehrs bei weitem nicht zu genügen vermögen; für eine Massenzusammenziehung von Gütern, die rasche Verladung derselben sind sie samt und sonders nicht eingerichtet. Aber ehrgeizig sind sie — und je kleiner um so mehr; auch müssen sie den Beweis zu erbringen suchen, daß die mit viel Mühe für die Hafenbauten erlangten Millionen nicht umsonst aufgewendet worden sind. Da wird denn so viel Verkehr als nur möglich nach dem weltabgelegenen Ort gezogen, um in der offiziellen Statistik wenigstens mit einer Zahl figurieren zu können. Sind im Hafen selbst keine Schiffe beheimatet, so werden andere veranlaßt ihn anzulaufen, um die wenigen Güter zu laden; das sind jene oben erwähnten kleineren französischen Fahrzeuge, die die Güter ins Ausland verschleppen zur Umladung auf größere fremde. Sind keine Schiffe französischer Flagge bereit, nun so werden eben fremde herangerufen — zum Schaden der größern wirklich bedeutenden Häfen des Landes und zum Schaden der heimischen Flagge.[1] Kirchturmspolitik, die sich trotz der straffen Zentralisation der Verwaltung breit zu machen versteht! Ja, wir stehen nicht an zu behaupten, gerade wegen der Zentralisation! Denn bestände diese Zentralisation nicht, wäre die Sorge für die Häfen lokalen Selbstverwaltungskörpern, sei es den Gemeinden, Handelskammern oder sei es Gebilden ad hoc, in irgend einer Form überlassen, so würde es sich den unbedeutenden Plätzen mangels an Mitteln von selbst verbieten, sich über das ihnen gebührende Niveau zu erheben und insbesondere könnten sie dies nicht auf Kosten der andern.[2] Gibt es doch

[1] Morael S. 204.

[2] Nach jahrelangen Vorbereitungen erging endlich am 5. Januar 1912 ein *Dekret über die Handelshäfen.* Danach k a n n die Verwaltung eines Hafens einem Verwaltungsrat übertragen werden auf Vorschlag der Minister der öffentlichen Arbeiten, des Handels und des Ministers der Finanzen. Dieser Verwaltungsrat besteht aus fünfzehn Mitgliedern: dem Vorsitzenden der Handelskammer des Ortes als Vorstand; fünf Angehörigen der Handelskammer, wovon zwei den Schiffahrtskreisen entstammen müssen; je einem Abgeordneten des Generalrates des Départements und des Munizipalrates

Hafenplätze, die kaum einige hundert frs im Jahr an Hafengebühren etc. einbringen, denen tausende, ja zehntausende von frs an jährlichen Unterhaltungskosten gegenüberstehen, während größere Plätze oft nicht einmal einen Betrag in Höhe der von ihnen abgelieferten Gebühren erhalten können für die Bestreitung der notwendigsten Unterhaltungskosten[1] — ganz zu schweigen von Neubauten. An dieser Stelle sei auch kurz auf die Langsamkeit hingewiesen, an der das ganze Verfahren krankt: zu allen Neubauten und größeren Reparaturen ist regelmäßig ein Gesetz erforderlich! Da oft Jahre vergehen, bis die gesetzgebenden Faktoren einig werden, kommt es vor, ja ist es die Regel, daß die endlich in Angriff zu nehmenden Arbeiten von vornherein wegen der inzwischen

der Stadt; fünf auf Vorschlag der obigen drei Minister durch Dekret ernannten Personen, die nicht zugleich Mitglieder der Handelskammer sein dürfen; einem Vertreter des Transportgeschäftes und einem Hafenarbeiter. Zu den Funktionen dieses Verwaltungsrates gehört unter anderem: Unterhalt der Hafenbauten; Meliorationen, *sofern sie die Hafenanlagen nicht wesentlich modifizieren, und sofern sie ohne Beihülfe des Staates ausgeführt werden;* Errichtung und Instandhalten von Lade- und Entladeeinrichtungen, Docks, Schienensträngen, Beleuchtungs- und Kraftanlagen etc., *Erhebung lokaler Hafengebühren* bis zu den gesetzlich festgelegten Höchstsätzen und *Verwendung der eingehenden Beträge ohne besondere Autorisation nach Gutdünken.* Die von diesem Gesetz erhoffte günstige Wirkung hat sich noch nicht einstellen können. Es hat sich nämlich bei der Ausarbeitung der Ausführungsvorschriften ergeben, daß das Gesetz, so wie es vorliegt, sich gar nicht anwenden läßt ohne mehr Schaden zu stiften als Nutzen zu bringen. Das Parlament sieht sich veranlaßt, eine gründliche Revision dieses noch nicht angewandten Gesetzes vorzunehmen. (Bazin S. 275. Bazin ist Unterdirektor der Handelsmarine im Ministerium des Handels und der Industrie).

Neben der Selbstverwaltung der Häfen, „der autonomie des ports“ verlangen die Schiffahrtskreise auch Freihäfen nach deutschem Muster. End- und zahllose Untersuchungen und Berichte sind im Laufe der Jahre gemacht worden. Zu einem Gesetze ist es bislang noch nicht gekommen.

[1] Marseille z. B. erhebt an droits de quai rund 3 Millionen jährlich, kaum ein Sechstel dieser Summe werden ihm zur Bestreitung von Unterhaltungskosten zugewiesen. Ein neuerer Hafen (La Pallice, wenn wir nicht irren) erhebt 100 frs an Gebühren; sein jährlicher Unterhalt beansprucht 16 000 frs! Fraissingea S. 96.

gemachten Fortschritte der Schiffahrt und der Technik veraltet und ungenügend sind; letztere schreiten eben rascher voran als der staatliche Verwaltungsmechanismus arbeitet. Hâvre hatte von 1877 bis 1894 auf die Verabschiedung eines Gesetzes zu warten, das ihm die Mittel für dringende Arbeiten bewilligen sollte. Für Marseille war der Bau eines Bassins 1893 gesetzlich beschlossen — fünfzehn Jahre später arbeitete man noch daran; und zwar nach den alten Plänen! Die Ausmessungen, insbesondere die Tiefe des Bassins waren für die neunziger Jahre hochmodern: den heutigen Anforderungen genügen sie längst nicht mehr.[1]

Damit heute ein Hafen einigermaßen zu Bedeutung kommen könne, ist erforderlich, daß er einem wirtschaftlich regsamen Hinterland vorgelagert sei, das auf große und regelmäßige Zufuhren von See angewiesen ist, und das seinerseits bedeutende Mengen von Gütern zur Seebeförderung abgibt. Beides ist in Frankreich nicht der Fall. Die aus- und eingehenden Gütermengen sind an sich schon nicht reichlich, und zudem machen sich die vielen vorhandenen Häfen das Hinterland, dessen Grenzen ungefähr mit den politischen Landesgrenzen zusammenfallen, streitig. Verschiedene Umstände verstärken noch die Ungunst der Lage, auf die einzugehen hier nicht der Ort ist. Doch können wir es uns nicht versagen, darauf hinzuweisen, daß das vielgerühmte Binnenwasserstraßennetz, das hier eine Aufgabe zu erfüllen hätte, dies nicht tut, und daß auch das Landeseisenbahnnetz diese Aufgabe nicht erfüllt, weil die Bedienung durch mehrere Gesellschaften eine weitgehende Zersplitterung zur Folge hat,[2] und die Regierung auf die Tarifpolitik nur einen begrenzten Einfluß auszuüben vermag.[3]

So hat die französische Handelsmarine Schwierigkeiten,

---

[1] S. auch Wiedenfeld S. 306 ff.

[2] Die den einzelnen Eisenbahngesellschaften zugewiesenen Gebiete haben die Gestalt eines Kreissektors; Mittelpunkt des ganzen Kreises und Spitze jeden Sektors ist Paris.

[3] Vergl. insbes. Wiedenfeld S. 316 ff. 341 ff.

einigermaßen vollständige Ladungen für ihre Schiffe bei der Abfahrt von Frankreich zu finden; meist wird die Reise mit ungenügender Ladung, sehr oft in Ballast angetreten. Bezüglich der Zufuhren ist die Lage nicht viel besser. Wohl sind hierfür schwere Massengüter in reichlicheren Mengen vorhanden. Aber auch hier entfällt ein ganz erheblicher Prozentsatz der Zufuhren auf fremde Schiffe: die französische Flagge hat 1910 nur 22,59 % der eingeführten Gütermengen befördert, während auf die Flaggen der Ursprungsländer 39,73 %, die dritten Flaggen 37,68 % entfallen. Auch für diese Erscheinung ist die geographische Lage Frankreichs und seiner Häfen an der Reiseroute ausreisender bezw. heimkommender Schiffe fremder Flagge die Erklärung. Die Lage des französischen Reeders ist nun vor allem auch deshalb eine so prekäre, weil er sich gezwungen sieht, im Auslande hohe Frachtraten zu verlangen, wenn anders er die Betriebskosten decken und einen Gewinn erzielen will, nachdem er die Ausreise mit ungenügender Ladung oder gar in Ballast bewerkstelligt hat. —

Dies sind die wirklichen Gründe und Ursachen des Darniederliegens der französischen Handelsschiffahrt. Die Aufstellung, daß sie in einer Mehrbelastung der französischen Handelsmarine durch die Landesgesetzgebung liege, ist falsch und von uns bereits früher zurückgewiesen worden.[1] Die ganze lange Zeit über hat man den Sitz des Übels an falscher Stelle vermutet — jedenfalls hat man es an falscher Stelle bekämpft! Wie kann man die Entwicklung einer Handelsmarine fördern wollen, wenn nach Lage der Verhältnisse eine Entwicklungs-*fähigkeit* ausgeschlossen erscheint! Die Verhältnisse, die die Grundlage für die Entwicklungsfähigkeit einer nationalen Handelsmarine bilden, müßten in Frankreich erst geschaffen werden!

[1] oben S. 159 ff.

Die französischen Seeschiffbauindustrien erhielten an Bauprämien auf Grund der vier Prämiengesetze 1881 bis Ende 1910 einen Gesamtbetrag von über 157 Millionen[1] frs. Wir haben bereits darauf hingewiesen, daß sie auch von der Fahrtprämie einen starken Prozentsatz erlangten. Daß die französischen Werften in so prekärer Lage gewesen seien, daß die Aufwendung derartiger Summen zu ihrer Erhaltung nötig gewesen wäre, wird ernstlich niemand behaupten wollen, der die von ihnen verteilten gewiß nicht bescheidenen Dividenden[2] kennt. Aufträge sind in genügender Fülle bei ihnen eingegangen; da die Schiffbauer aber mit der Befriedigung der Staatsbedürfnisse vollauf Beschäftigung hatten, haben sie Bestellungen der Handelsmarine zurückgewiesen. Hätten diese Verhältnisse nicht vorgelegen, so hätte ein noch viel größerer Prozentsatz als 62,8 der Franzisierungen dieser ganzen Zeit französischen Ursprunges sein können. Im übrigen darf nicht vergessen werden, daß, so wie die Verhältnisse heute nun einmal liegen, es vorderhand ausgeschlossen erscheint, daß die Schiffbauindustrie irgend eines Landes mit Ausnahme Englands in absehbarer Zeit die Bedürfnisse der eigenen Handelsmarine voll und ganz zu befriedigen oder gar für den Export zu arbeiten, in der Lage sein wird. —

Ein blühender Seeschiffbau ist noch in keinem Lande ohne blühende heimische Handelsmarine beobachtet worden. Das war früher schon so, als die Existenzbedingungen für diese Industrie noch günstiger waren, insbesondere als England den Weltmarkt im Seeschiffbau noch nicht beherrschte. Unter den heutigen Verhältnissen ist weniger denn je daran zu denken, in irgend einem Lande eine Schiffbauindustrie ins Leben rufen bezw. großziehen zu können, ohne daß dieses Land selbst eine blühende, fortschreitende Handelsmarine sein eigen nennt. Solange Frankreich über eine blühende Handelsmarine nicht verfügt, ist auch sein Handelsschiffbau nicht

[1] 157 045 114 frs 09.

[2] S. oben S. 181.

entwickelungsfähig. Nur eine entwicklungsfähige Industrie kann durch Prämien gehoben werden; wo die Entwicklungsfähigkeit fehlt, muß sie eventuell erst geschaffen werden. —

Von den beiden Industrien, Seeschiffahrt und Seeschiffbau, ist letzterer im Verhältnis zu ersterer sekundärer Natur, da ein Schiffbau ohne Handelsmarine in einem gegebenen Lande einfach nicht existieren kann. Diesem Gedanken hat auch Dupuy de Lôme Ausdruck verliehen, indem er sagt: „Les chantiers français pourront prospérer à une condition, c'est qu'il y ait une marine marchande prospère", und v. Weichs-Glon[1]: . . . „daß der Seeschiffahrt, wie allen Verkehrsanstalten, bedeutende öffentliche Funktionen zukommen, und daß mit dem Gedeihen und der Entwickelung heimischer Schiffahrtsgesellschaften, als der berufensten Vermittler des überseeischen Handels eines Staates, Interessen von viel größerer und allgemeiner Bedeutung gefördert werden als die Existenz oder Rentabilität von einigen Fabriken oder Montanwerken haben kann." Das hat man in Frankreich außer Acht gelassen und damit einen schweren Fehler begangen, der sich sowohl an der Schiffahrt als auch am Schiffbau schwer gerächt hat.

Zusammenfassend kommen wir zu dem Schlusse, daß im heutigen Frankreich das Bestreben, die heimischen Industrien der Reederei und des Schiffbaues durch Erziehungsprämien hoch bringen zu wollen, gänzlich verfehlt und aussichtslos ist, da die natürlichen Bedingungen für die Herbeiführung bezw. Steigerung der Produktivität und für die Entwickelung der Konkurrenzfähigkeit im Lande keineswegs vorhanden sind.[2] Damit ist den französischen Prämiengesetzen zugunsten der Handelsmarine das Urteil gesprochen!

[1] S. 70.

[2] oben S. 38 ff.

Literatur.

I. Geschichte.

Außer den folgenden speziell historischen Werken enthalten auch die meisten der Spezialwerke Rückblicke, die manchmal sehr eingehend gehalten sind.

Block Maurice, Dictionnaire de l'administration. 2 Bde., 1905. Histor. Einleitung zu Art.: Cabotage, Canaux, Douane, Invalides de la Marine, Marine marchande, Marine militaire, Navigation à vapeur, Navigation maritime, Péage, Pêche maritime, Ports maritimes, Rapatriement, Recrutement.

Chassériau, Précis historique de la marine française. 2 Bde., 1844/45.

Clément Pierre, Histoire de Colbert et de son administration. 2 Bde., 1874.

Clément Pierre, Lettres, instructions et mémoires de Colbert. 1868.

Garnier, Répertoire général de l'enregistrement. 5 Bde., 1878.

Girard Huber, Etude sur le rendement de l'inscription maritime comme source du recrutement des équipages de la flotte. 1908.

Hecht, Colberts Grundanschauungen. 1898 (in volksw. Abhdgn. der bad. Hochsch. I 2).

Joubleau Félix, Etudes sur Colbert. 2 Bde., 1856.

Lyon-Caen-Rénault, Traité de droit commercial. Bd. V u. VI, 1899.

Mazan, Les doctrines économiques de Colbert. 1900.

II. Allgemeine Handels- und Verkehrspolitik.

Amé, Les traités de commerce. 2 Bde., 1876.

Baudin P., Forces perdues.

Borght R. van der, Handels- und Verkehrspolitik. 1900.

Derselbe, Schiffahrt, Schiffahrtspolitik (Elster, Wörterbuch II).

Derselbe, Verkehrswesen (Frankenstein Heckel, Hdwb. d. Stw. I Bd. VII).

Cohn Gustav, Nationalökonomie des Handels- und Verkehrswesens. 1898.

Derselbe, Zur Geschichte und Politik des Verkehrswesens. 1900.

Derselbe, Zur Geschichte des deutschen Finanz-, Verkehrs- und Verwaltungswesens. 1905.

Guyot Yves, Gaspillages régressifs et dépenses nécessaires. 1903.

Helfferich, Handelspolitik. 1901.

Lexis, Die französischen Ausfuhrprämien. 1870.

Lusensky F., Der zollfreie Veredelungsverkehr. 1903.

De Préandeau, La crise des transports de 1883 à 1885.

Sax E., Die Verkehrsmittel in Volks- und Staatswirtschaft. 2 Bde. 1878/79.

Thiesz K., Deutsche Schiffahrt u. Schiffahrtspolitik der Gegenwart. 1908.

v. Weichs-Glon, Das finanzielle u. soziale Wesen der modernen Verkehrsmittel. 1894 (Ztschr. f. d. ges. Stw.).

III. Spezialwerke.

Avenel, Le mécanisme de la vie moderne: les Compagnies de navigation. 1897.

Baasch Dr. Ernst, Beiträge zur Geschichte des deutschen Seeschiffsbaues. 1899.

Baut H., Les droits auxquels sont soumis les navires dans les ports français. 1900.

Bazin Léon, La législation protectrice de la marine m ar chande. 1913.

Béroud Léon, Etude économique sur la marine marchande française. 1904.

Béllecroix, Rapport entre la Batellerie et les ports de commerce maritime. 1892.

Block, Dictionnaire de l'administration. 2 Bde., 1905. S. ob. I.

Brault G., Taxes de tonnage et droits de quai. 1900.

Bureau M. L., Notre marine marchande est-elle en décadence? 1898.

Champenois C., Armements maritimes. 1895, 2 Bde.

Chassériau, De la protection de l'industrie des constructions navales. 1901.

Colin Ambroise, La navigation française au XIX. siècle. 1902.

Colson, Tarifs et transports. 1890.

Cordemoy Camille, Les ports modernes. 1900.

Coste Gaston, Le problème de la marine marchande. 1909.

Dagnaud, La condition des ouvriers des arsénaux de la marine. 1904.

Daney Edouard, Etude sur la protection de la marine marchande française. 1908.

Devers Auguste, La politique commerciale de la France depuis 1860. Schr. d. V. f. Soc. pol. LI.

Dollot Henri, La question des primes à la navigation en France et en Allemagne. 1904 (Revue politique et parlementaire).

Douillard Maxime, Les loyers des gens de mer. 1897.

Drouineau Marcel, Des taxes locales maritimes. 1902.

Durand Abel, La politique française à l'égard des ports maritimes sous la troisième République. 1904.

Estier H., Des moyens de venir en aide à la marine marchande. 1898.

Fitger E., Schiffsbau und Seeschiffahrt in den letzten Jahren. 1892.

Derselbe, Die wirtschaftliche und technische Entwickelung der Seeschiffahrt (Schr. d. V. f. Soc. pol. C III).

Flament R., De la délimitation de la navigation maritime. 1908.

Flamm Oswald, Deutscher Schiffbau. 1907.

Fleury, La marine marchande. 1899.

Fraissaingea Louis, Le problème de la marine marchande. 1909.

Franke E., Die Lage der in der Seeschiffahrt beschäftigten Arbeiter (Schr. d. Vr. f. Soz. pol. C XIII) 1903.

Friedrichson, Geschichte der Seeschiffahrt. 1899.

Fron et Déléarde, La participation des inscrits maritimes au droit des accidents du travail ou l'assurance des gens de mer.

Gareau, La marine marchande française etc. 1903.

Gerville-Réache, Les subventions et les primes à la marine marchande en France et en Allemagne. 1908.

Gide Charles, La protection sans droits protecteurs. (Revue d'économie politique 1891.)

Gougeard, Les arsénaux de la marine.

Greve W., Schiffahrtssubventionen der Gegenwart. 1903.

Groß Gustav, Die Staatssubventionen für Privatbahnen. 1882.

Guyot Yves, La crise des transports. 1908.

Haarmann H. J., Die ökonomische Bedeutung der Technik in der Seeschiffahrt 1907.

Die Hamburg-Amerika-Linie im sechsten Jahrzehnt ihrer Entwickelung. *Zitiert H. A. L.* 1907.

Hammont et Lévarey, Les transports maritimes. 1898.

Hamon G., La Prévoyance chez les marins. 1895.

Jaensch Dr. Georg, Die deutschen Dampfersubventionen. 1907.

Lafitte Louis, Le principe d'une législation sur la marine marchande. 1901.

Lagaillarde Louis, Les primes à la marine marchande. 1903.

Lambellin Roger, Notre marine marchande.

Lamotte, Les institutions nationales de prévoyance en faveur des marins et pêcheurs. 1900.

La Porte, La marine marchande et la loi du 19 avril 1906.

Lavisson A. de, La protection par les primes. 1900.

Lefaivre Jules, Un nouveau système de primes à la navigation, Ligue maritime. 1905.

Lemée Albert, Etude économique sur la situation de la marine marchande française. 1896.

Lemée Pierre, Pourquoi et comment secourir notre marine marchande. 1904.

Paul Léon, Fleuves, canaux, chemins de fer. 1908.

Le Roux de Bretagne, Les primes à la marine marchande en France. 1900.

Léveillé, Notre marine marchande.

Mauzaize, L'art de l'Allemagne de se créer une marine marchande au dépens d'autrui. 1908.

Morael Georges, La marine marchande et son personnel. 1912 (oder Endo 1911?)

Moufflet André, Les conditions de travail dans la marine marchande 1907.

Nancel-Pénard, Etude sur l'autonomie des ports de commerce. 1908.

Noguères Henry, Etude sur la situation des gens de mer. 1904.

Pawlowski, La crise de l'armement et l'inscription maritime (Journal des Débats 1909 Oktober).

Pléssix Marcel, Navires et ports marchands. 1905.

Polis, Die Lage der in der Seeschiffahrt beschäftigten Arbeiter (C XIII Schr. d. Vr. f. Sozialpol.)

Prieur H., Essai sur le problème économique de la marine marchande. 1903.

Riquoir Antoine, L'encouragement des marines marchandes. 1906.

Rousiers, Paul de, La marine marchande française et le commerce maritime de la France. 1905 (Revue écon. internat.).

Roux J. Ch., Les grèves et l'inscription maritime. 1909 (Revue des deux mondes).

Derselbe, Notre marine marchande. 1899.

Romet, Etude sur la situation économique et sociale des marins pêcheurs. 1901.

Royer-Collard, Les ouvriers des arsénaux. 1905.

Sarraut Maurice, Le problème de la marine marchande. 1901.

Sayous, Le marin anglais. 1905.

Seilhac Léon de, Untersuchung über die Lage der französischen Handelsflotte und der französischen Seeleute (Schr. d. V. für Soc. Pol. C. III).

Schachner Robert, Das Schiffbaugewerbe. Bd. C VII Schr. d. V. Soz. Pol. 1903.

Schayé Paul Adrien, Primes et Subventions. 1900.

Schwarz und Dr. Ernst von Halle, Die Schiffbauindustrie in Deutschland und im Auslande. 1902.

Schriften des Vereins für Sozialpolitik C III.

Soé G., Notions sur la marine.

Thérasse, Institutions professionnelles coopératives 1899.

Trapénard J., L'établissement des Invalides de la Marine. 1906.

Ulrich Fr., Staffeltarife und Wasserstraßen. 1894.

Vaugélas, Armand de, La crise de la marine marchande. 1904.

Verneaux René, L'industrie des Transports maritimes. 1903.

Vigier Paul, Histoire de la politique de la France à l'égard de sa marine marchande depuis 1793. 1901.

v. Weichs-Glon, Untersuchung über die Grundlagen des Tarifwesens der Seeschiffahrt (Zeitschr. für die ges. Stw.) 1894.

Wiedenfeld K., Die nordwesteuropäischen Welthäfen (Veröffentlichungen des Instituts für Meereskunde 1903).

IV. Offizielle Quellen und Gesetzessammlungen.

Brodmann E., Die Seegesetzgebung des deutschen Reiches. 1905.

Bulletin des lois de la République française.

Carpentier Adrien, Codes et Lois pour la France etc. 1909, mit Nachträgen bis 1912.

Isambert etc., Recueil général des anciennes lois françaises.

Journal officiel de la République Française. Chambre. Sénat. Annexes. Débats.

Lois et actes du gouvernement.

Pardessus, Collection des lois maritimes antérieures au XVIII siècle. 1828—34.

Rapport du Conseil général des Ponts et Chaussées: Notre réseau navigable. 1909.

Roger Augustin et Sorel Alexandre, Codes et lois usuels. 1870.

Valin R. Jos., Commentaire sur l'ordonnance de la marine. 1828.

V. Statistik.

Annuaire Chaix, Les principales Sociétés par actions. Jährlich ein Bd. seit 1891.

Bulletin de statistique et de législation comparée. (jährl.)

Hübner Otto, Geographisch-statistische Tabellen aller Länder der Erde. Bis 1912.

Kiaer, Statistique internationale de la navigation maritime.

Nauticus Jahrbuch für Deutschlands Seeinteressen seit 1900 jährlich.

Statist. Jahrbuch für das deutsche Reich.

Statistik des deutschen Reiches. Auswärtiger Handel. Seeschiffahrt.

Statistique officielle de la navigation intérieure.

Tableau général du commerce et de la navigation de la France. Jährlich 2 Bände.

Anhang.

I. Bestand[1] der französischen Handelsmarine 1875—1911.

(In Tausend Nettotons).

Jahr	Dampfer		Segler	insgesamt		Leistungsfähigkeit in Seglertons insgesamt		Leistungsfähigkeit von 100 Tons Tonnage	
1872	—		—	1089		—		—	
75	205		831	1036		1446		140	
76	213		814	1027		1453		141	
77	231		758	989		1451		147	
78	246		730	976		1468		150	
79	256		676	932		1444		155	
1880	278		641	919		1475		161	
81	312		602	914		1538		168	
82	416		566	982		1814		185	
83	467		536	1003		1937		190	
84	511		522	1033		2055		199	
85	492		507	999		1983		198	
86	500		492	992		1992		201	
87	507		465	972		1986		204	
88	510		451	961		1981		206	
89	493		440	933		1919		206	
1890	500		444	944		1944		206	
91	521		426	947		1989		210	
92	499		407	906		1904		210	
93	499		396	895		1893		212	
94	492		398	890		1874		211	
95	500		386	886		1886		213	
96	503		390	893		1899		213	
97	499		421	920		1918		208	
98	485		414	899		1869		208	
99	507		451	958		1972		206	
1900	528		510	1038		2094		202	
01	547		564	1111		2205		198	
02	549		669	1218		2316		190	
03	585		650	1235		2405		195	
04	616	696[2]	653	1269	1349[2]	2501	2741[2]	197	203[2]
05	629	711	676	1305	1387	2563	2809	196	203
06	640	723	677	1317	1400	2597	2846	197	203
07	655	740	663	1318	1403	2628	2883	199	205
08	712	804	648	1360	1452	2784	3060	205	211
09	713	806	638	1351	1444	2777	3056	206	212
1910	722	816	636	1358	1452	2802	3084	206	212
11	742	838	625	1367	1463	2851	3139	209	215

[1] Hierzu Tafel I.

[2] Bei Zugrundelegung der Vermessung neuer Art. S. oben S. 139 f.

II. Von 100 Tons der Gesamttonnage des Schiffsbestandes waren:

Jahr	Dampfer	Segler	Jahr	Dampfer	Segler
1875	19,8	80,2	1894	55,3	44,7
76	20,7	79,3	95	56,4	43,6
77	23,4	76,6	96	56,3	43,7
78	25,2	74,8	97	54,2	45,8
79	27,5	72,5	98	53,9	46,1
1880	30,3	69,7	99	52,9	47,1
81	34,1	65,9	1900	50,9	49,1
82	42,4	57,6	01	49,2	50,8
83	46,6	53,4	02	45,1	54,9
84	49,5	50,5	03	47,4	52,6
85	49,2	50,8	04	51,6	48,4
86	50,4	49,6	05	51,3	48,7
87	52,2	47,8	06	51,6	48,4
88	53,1	46,9	07	52,7	47,3
89	52,8	47,2	08	55,4	44,6
1890	53,0	47,0	09	55,8	44,2
91	55,0	45,0	1910	56,2	43,8
92	55,1	44,9	11	57,2	42,8
93	55,8	44,2			

III. Zahl und Nettotonnengehalt der auf französischen Werften von 1866 bis 1911 gebauten und franzisierten Schiffe.[1]

Jahr	Segler		Dampfer			
	Zahl	Tons	Zahl	Tons	Zahl	Tons
1866	960	50 131	26	10 938	986	61 069
67	796	44 963	21	3 590	817	48 553
68	777	46 728	21	3 220	798	49 948
69	878	39 889	20	7 425	898	47 314
1870	785	30 329	23	6 483	808	36 812
71	565	18 119	27	9 949	592	28 068
72	1109	36 227	37	14 470	1146	50 697
73	910	29 324	27	10 106	937	39 430
74	862	26 662	27	8 255	889	34 917
75	712	29 603	28	7 917	740	37 520
76	770	26 635	26	6 072	796	32 707
77	847	20 033	22	6 851	869	26 884
78	783	15 707	19	5 660	802	21 367
79	700	14 011	28	10 722	728	24 733
1880	720	9 101	43	3 528	763	12 629
81	841	11 559	53	9 176	894	20 735
82	716	12 962	68	43 632	784	56 594
83	754	9 183	50	26 040	804	35 223
84	836	16 507	46	40 655	882	57 162
85	595	10 591	26	5 339	621	15 930
86	672	9 800	27	17 275	699	27 075
87	587	7 293	40	7 954	627	15 247
88	666	18 197	70	10 780	736	31 936
89	579	10 230	60	22 272	639	32 502
1890	567	10 391	38	13 627	605	24 018
91	698	17 800	52	10 665	750	28 465
92	779	11 026	34	7 578	813	18 604
93	863	13 058	36	8 737	899	21 795
94	849	14 218	34	4 022	883	18 240
95	824	16 940	32	6 005	856	22 945
96	946	32 559	58	6 599	1004	39 158
97	995	48 966	50	6 814	1045	55 780
98	894	25 966	53	11 568	947	37 534
99	705	53 312	48	14 964	753	68 276
1900	814	78 903	54	10 396	868	89 299
01	923	91 108	41	14 574	964	105 682
02	1002	132 787	53	26 745	1055	159 532
03	965	16 000	62	33 000	1027	49 000
04	929	13 882	68	60 126	997	74 008
05	1024	16 199	49	33 660	1073	49 859
06	981	11 274	62	20 858	1043	32 132
07	906	10 921	79	20 048	985	30 969
08	849	10 240	69	65 783	918	76 023
09	868	11 753	82	21 351	950	33 104
1910	870	11 008	89	25 922	959	36 930
11	—	11 913	—	30 189	—	42 102

[1] Hierzu Tafel II.

IV. Durchschnittsgröße der auf französischen Werften von 1866—1911 gebauten Schiffe (Tons).

Jahr	Segler	Dampfer	Insgesamt	Jahr	Segler	Dampfer	Insgesamt
1866	52	421	62	1890	18	359	40
67	56	171	59	91	26	205	38
68	60	153	63	92	14	223	23
69	45	371	53	93	16	243	24
1870	39	282	46	94	17	118	21
71	32	368	47	95	21	188	27
72	33	392	44	96	34	114	39
73	32	374	42	97	49	136	53
74	31	306	39	98	28	218	40
75	42	283	51	99	76	303	91
76	35	234	41	1900	97	193	103
77	24	311	31	01	99	355	110
78	20	298	27	02	133	505	151
79	20	383	34	03	18	532	47
1880	13	82	17	04	14	884	74
81	14	173	23	05	16	687	46
82	18	642	72	06	11	336	31
83	12	521	44	07	12	254	31
84	20	884	65	08	14	953	83
85	18	205	26	09	14	260	35
86	15	640	39	1910	13	258	39
87	12	199	24	11	—	—	—
88	27	196	43				
89	18	371	51				

V. Zahl und Nettotonnengehalt der von ausländischen Werften gekauften und in Frankreich nationalisierten Schiffe von 1866—1911[1]

Jahr	Segler		Dampfer		insgesamt	
	Zahl	Tons	Zahl	Tons	Zahl	Tons
1866	28	8 401	7	6 620	35	15 021
67	105	24 009	18	8 565	123	32 574
68	73	16 003	12	3 032	85	19 035
69	88	21 707	18	4 857	106	26 564
1870	83	21 351	13	4 652	96	26 003
71	97	26 744	15	2 729	112	29 473
72	82	23 761	32	11 124	114	34 885
73	54	13 568	13	4 078	67	17 646
74	66	11 968	15	5 436	81	17 404
75	78	15 343	16	4 658	94	20 001
76	52	9 537	11	6 044	63	15 581
77	36	4 960	16	7 904	52	12 864
78	42	6 851	25	12 826	67	19 677
79	47	6 126	17	10 683	64	16 809
1880	42	5 362	45	28 839	85	34 201
81	49	5 096	56	29 813	105	34 909
82	40	4 938	67	73 674	107	78 612
83	34	5 974	47	43 423	81	49 397
84	43	8 279	28	12 193	71	20 472
85	42	5 800	19	3 881	61	9 681
86	42	9 224	21	5 168	63	14 392
87	52	4 953	28	9 869	80	14 822
88	63	11 492	25	15 336	88	26 828
89	54	14 574	33	10 102	87	24 676
1890	76	25 891	45	24 625	121	50 516
91	62	8 816	32	22 878	94	31 694
92	59	5 759	24	8 625	83	14 384
93	37	2 970	25	14 647	62	17 617
94	57	13 813	40	13 052	97	26 865
95	52	6 822	49	21 593	101	28 415
96	45	6 165	41	22 790	86	28 955
97	55	10 990	40	15 694	95	26 684
98	50	5 425	62	24 683	112	30 108
99	50	7 092	48	30 795	98	37 887
1900	77	11 220	49	31 917	126	43 137
01	47	4 261	44	27 359	91	31 620
02	51	2 980	48	19 764	99	22 744
03	37	2 500	39	23 300	76	25 800
04	32	2 376	54	20 569	86	22 945
05	16	789	45	14 040	61	14 829
06	23	5 573	55	24 207	78	29 780
07	53	5 723	64	33 546	117	39 269
08	29	2 347	50	18 715	79	21 062
09	31	5 561	56	14 950	87	20 511
1910	40	10 103	55	17 489	95	27 592
11	—	2 757	—	26 214	—	28 971

[1] Hierzu Tafel II.

VI. Durchschnittsgröße der von ausländischen Werften gekauften und in Frankreich nationalisierten Schiffe (Tons) von 1866—1911.

Jahr	Segler	Dampfer	Insgesamt	Jahr	Segler	Dampfer	Insgesamt
1866	300	949	429	1890	341	547	417
67	229	476	265	91	142	715	337
68	219	253	224	92	98	359	173
69	247	270	251	93	80	586	284
1870	257	358	271	94	242	326	277
71	276	182	263	95	131	441	281
72	290	348	306	96	137	556	346
73	251	314	263	97	200	392	281
74	181	362	215	98	109	398	269
75	197	291	213	99	142	642	387
76	183	549	247	1900	146	651	342
77	135	494	247	01	91	622	347
78	163	513	294	02	58	412	230
79	130	628	263	03	68	597	339
1880	128	641	402	04	74	381	267
81	104	532	332	05	49	312	243
82	123	1100	735	06	242	440	382
83	176	922	610	07	108	524	336
84	193	435	288	08	160	374	351
85	138	204	158	09	179	267	236
86	220	246	228	1910	253	318	290
87	95	352	185	11	—	—	—
88	182	613	305				
89	270	306	282				

VII. Der Schiffsverkehr in den französischen Häfen 1875—1910 Nettotonengehalt der beladenen Schiffe in 1000 Tons.[1]

Jahr	Alle Flaggen (intern. Konk.)	Franz. Flagge	Fremde Flaggen	Reservierte Fahrt (nur frz. Fl.)	Schiffsverkehr insgesamt
1875	12 003	3 481	8 522	1 446	13 470
76	12 733	3 565	9 168	1 479	14 133
77	12 769	3 703	9 066	1 637	14 406
78	14 336	3 871	10 465	1 752	16 088
79	15 415	3 854	11 561	1 763	17 179
1880	16 897	4 562	12 335	2 227	19 124
81	17 209	5 507	11 702	2 211	19 421
82	18 085	5 606	12 479	2 244	20 329
83	19 495	6 238	13 257	2 527	22 022
84	18 282	6 216	12 066	2 405	20 687
85	17 851	6 069	11 782	2 699	20 911
86	18 813	6 208	12 605	2 805	21 719
87	19 467	6 424	13 043	3 055	22 523
88	20 007	6 402	13 605	2 885	22 892
89	19 269	6 166	13 103	2 964	22 233
1890	20 149	5 440	14 709	3 111	23 260
91	21 934	5 702	16 232	3 201	25 135
92	19 084	5 344	13 740	2 198	22 282
93	19 193	4 798	14 395	2 893	22 086
94	19 570	4 893	14 677	3 010	22 580
95	19 203	4 609	14 594	3 291	22 494
96	20 992	5 038	15 954	3 348	24 341
97	21 665	5 200	16 465	3 607	25 273
98	23 268	5 235	18 033	3 507	26 776
99	25 409	5 336	20 073	3 761	29 170
1900	27 783	5 557	22 226	3 472	31 255
01	27 548	5 514	22 035	3 781	31 330
02	28 190	5 372	22 818	3 912	32 102
03	29 611	5 430	24 183	3 998	33 609
04	30 132	5 568	24 564	4 094	34 226
05	33 471	6 708	26 763	4 449	37 920
06	37 136	6 684	30 452	4 543	41 679
07	41 010	6 790	34 220	4 593	45 603
08	42 799	7 359	35 440	4 982	47 781
09	43 678	7 536	36 142	5 078	48 756
1910	45 275	7 679	37 596	5 328	50 603

[1] Hierzu Tafel III.

VIII. Warenverkehr nach und aus französischen Häfen

Jahr	Einfuhr (Tonnen 1000 kg) insgesamt	auf franz. Schiffen	auf Schiffen des Urspr.-Landes	auf anderen Schiffen	Ausfuhr (Tonnen insgesamt	auf franz. Schiffen
1875	7 780 919				3 538 571	
76	9 072 666				3 435 364	
77	8 781 930				3 258 098	
78	10 097 914				3 038 573	
79	11 881 887				3 156 103	
1880	13 281 563				3 252 466	
81	12 004 415				3 519 703	
82	13 031 716				3 649 241	
83	13 363 414				2 372 693	
84	12 303 653				3 727 125	
85	12 040 644				3 691 914	
86	11 878 557				3 886 354	
87	12 377 203				4 045 868	
88	13 291 229				4 175 929	
89	12 478 915				4 428 635	
1890	14 218 833				4 775 338	
91	15 973 147	4 276 567	7 237 086	4 459 494	4 919 404	2 501 284
92	13 973 601	3 741 219	6 331 135	3 901 247	4 790 249	2 435 615
93	14 012 493	3 751 631	6 348 756	3 912 106	4 709 082	2 394 345
94	14 749 815	3 949 038	6 682 821	4 117 956	5 027 161	2 556 073
95	13 788 381	3 691 629	6 247 215	3 849 537	5 277 893	2 683 559
96	14 532 835	3 890 945	6 584 512	4 057 378	5 452 884	2 772 533
97	15 731 819	3 933 551	6 848 338	4 949 930	6 015 434	2 998 523
98	17 133 047	4 142 963	7 025 700	5 964 384	5 825 217	3 130 002
99	16 934 786	4 406 834	7 788 213	4 739 739	6 319 037	3 362 678
1900	18 212 482	4 768 556	8 327 989	5 115 937	6 521 018	3 314 349
01	17 840 899	4 530 760	7 827 654	5 482 485	6 346 371	3 288 015
02	17 225 688	4 372 703	7 542 694	5 310 291	6 431 623	3 327 217
03	17 979 110	4 332 561	7 394 792	6 251 757	6 761 972	3 534 667
04	17 617 108	4 339 864	7 063 928	6 213 316	6 912 331	3 682 154
05	17 650 016	4 368 094	6 937 542	6 344 380	7 290 232	3 903 852
06	21 196 075	4 751 178	9 159 115	7 285 782	7 352 680	3 963 807
07	22 901 681	5 085 828	9 578 977	8 236 876	7 886 641	4 205 173
08	22 924 364	5 105 086	8 957 779	8 861 499	7 661 318	4 155 296
09	23 028 637	5 207 647	9 497 773	8 323 217	7 796 009	4 318 808

von 1875—1909 in internationaler Konkurrenz.[1]

1000 kg)		Einfuhr und Ausfuhr zusammen (Tonnen 1000 kg)			
auf Schiffen d. Bestim.-Landes	auf anderen Schiffen	insgesamt	auf franz. Schiffen	auf Schiffen des Urspr. u. Best.-Landes	auf anderen Schiffen
		11 319 490			
		12 508 030			
		12 040 028			
		13 136 487			
		15 037 990			
		16 534 029			
		15 524 118			
		16 680 957			
		15 736 107			
		16 030 778			
		15 732 558			
		15 764 911			
		16 423 071			
		17 467 158			
		16 907 550			
		18 994 171			
1 806 199	611 921	20 982 551	6 777 851	9 043 285	5 071 415
1 750 770	595 855	18 763 850	6 176 834	8 089 914	4 497 102
1 728 978	585 759	18 721 575	6 145 976	8 077 734	4 497 865
1 845 763	625 325	19 776 976	6 506 111	8 528 584	4 743 281
1 937 822	656 512	19 066 274	6 375 188	8 185 037	4 506 049
2 002 071	678 280	19 985 719	6 663 478	8 586 583	4 735 658
2 325 816	691 095	21 747 253	6 932 074	9 174 154	5 641 025
2 146 710	548 505	22 958 264	7 272 965	9 172 410	6 512 889
2 379 225	577 134	23 253 823	7 769 512	10 167 438	5 316 873
2 600 700	605 969	24 733 500	8 082 905	10 928 689	5 721 906
2 348 725	709 631	24 187 270	7 818 775	10 176 379	6 192 116
2 386 798	717 608	23 657 311	7 699 920	9 929 492	6 027 899
2 441 737	785 568	24 741 082	7 867 228	9 836 529	7 037 325
2 438 938	791 239	24 529 439	8 022 018	9 502 866	7 004 555
2 540 189	846 191	24 940 248	8 271 946	9 477 731	7 190 571
2 436 537	952 336	28 548 755	8 714 985	11 595 652	8 241 118
2 574 417	1 107 051	30 788 322	9 291 001	12 153 394	9 343 927
2 390 645	1 115 377	30 585 682	9 260 382	11 348 424	9 976 876
2 338 430	1 138 771	30 824 646	9 526 455	11 836 203	9 461 988

[1] S. Anm. 2 S. 81.

IX. Frankreichs Außenhandel zu Land und zur See. 1875—1910.

Jahr	Gewicht in Tonnen von 1000 kg			Wert in Millionen Franken		
	insgesamt	Einfuhr	Ausfuhr	insgesamt	Einfuhr	Ausfuhr
1875	21 328 245	14 986 727	6 341 518	9 268,8	4 461,8	4 807,0
76	22 700 130	16 404 259	6 295 871	9 456,3	4 908,8	4 547,5
77	21 868 265	16 111 300	5 756 965	8 940,7	4 569,9	4 370,8
78	23 349 914	17 965 218	5 384 736	9 200,5	5 088,8	4 111,7
79	25 797 775	20 474 453	5 323 222	9 848,9	5 579,3	4 269,6
1880	28 742 099	23 065 243	5 676 856	10 725,3	6 113,0	4 612,3
81	28 309 378	22 349 654	5 959 724	10 720,2	5 996,2	4 724,0
82	29 877 089	23 915 229	5 961 860	10 725,9	6 961,9	4 764,0
83	30 997 196	24 769 542	6 227 654	10 448,4	5 886,7	4 561,7
84	30 173 183	24 129 651	6 153 532	9 457,4	5 239,0	4 218,4
85	28 139 797	22 315 532	6 824 265	8 885,8	4 930,0	3 955,8
86	27 650 879	21 631 903	6 018 976	9 362,5	5 116,6	4 245,9
87	29 356 336	22 461 649	6 894 687	9 180,9	4 942,7	4 238,2
88	30 796 400	23 657 349	7 139 051	9 485,4	5 187,2	4 298,2
89	30 645 064	22 496 559	8 148 505	10 123,8	5 320,3	4 803,5
1890	33 298 494	24 704 568	8 593 926	10 292,6	5 452,4	4 840,2
91	35 594 480	26 721 903	8 872 577	10 668,8	5 938,3	4 730,5
92	32 662 737	24 066 641	8 596 096	9 287,2	5 135,9	4 551,3
93	33 216 108	24 850 130	8 365 978	9 277,9	4 951,5	4 326,4
94	34 064 019	25 359 406	8 704 613	8 919,5	4 794,9	4 124,6
95	33 275 813	24 117 213	9 158 600	9 508,9	4 919,6	4 589,3
96	34 654 955	25 017 214	9 637 741	9 522,4	4 928,8	4 593,6
97	37 073 020	26 670 759	10 402 261	9 940,6	5 137,5	4 803,1
98	38 449 786	28 219 179	10 230 607	10 256,1	5 582,6	4 673,5
99	38 972 085	27 988 660	10 983 425	11 381,5	5 848,0	5 533,5
1900	42 076 457	30 879 467	11 196 990	11 510,2	5 988,6	5 521,6
01	40 423 051	29 771 239	10 651 812	10 825,9	5 606,2	5 219,7
02	40 366 579	29 138 234	11 228 345	11 295,6	5 698,6	5 597,0
03	42 347 477	30 146 780	12 200 697	11 657,0	6 079,5	5 577,5
04	42 809 132	29 586 339	13 222 793	11 466,0	5 721,5	5 744,5
05	44 126 912	29 517 175	14 609 737	12 363,8	6 061,5	6 302,3
06	49 914 271	35 353 972	14 560 299	13 918,6	7 090,4	6 828,2
07	52 863 324	36 898 633	15 964 691	15 130,7	7 874,6	7 256,1
08	52 164 596	36 329 230	15 835 366	13 800,7	7 180,4	6 620,3
09	54 539 247	37 071 251	17 467 996	15 338,8	7 856,5	7 482,3
1910	58 100 175	39 492 810	18 607 365	17 207,5	9 102,6	8 104,9

Tafel I.

Bestand der französischen Handelsmarine 1875—1911.

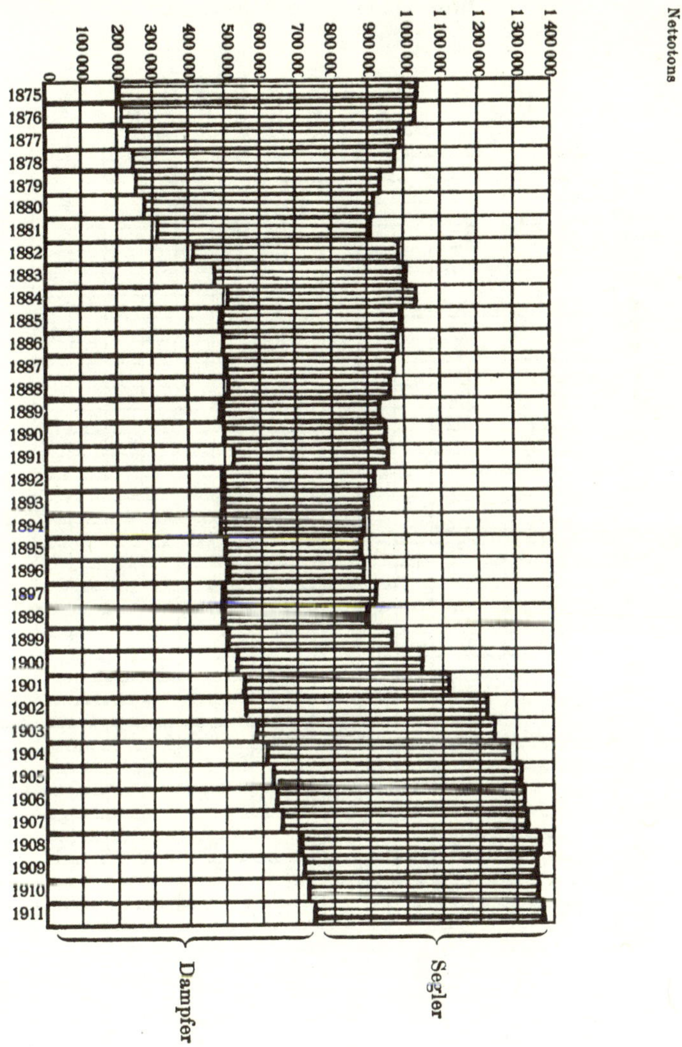

Tafel II.

Franzisierungen von Schiffen französischen und fremden Ursprungs.

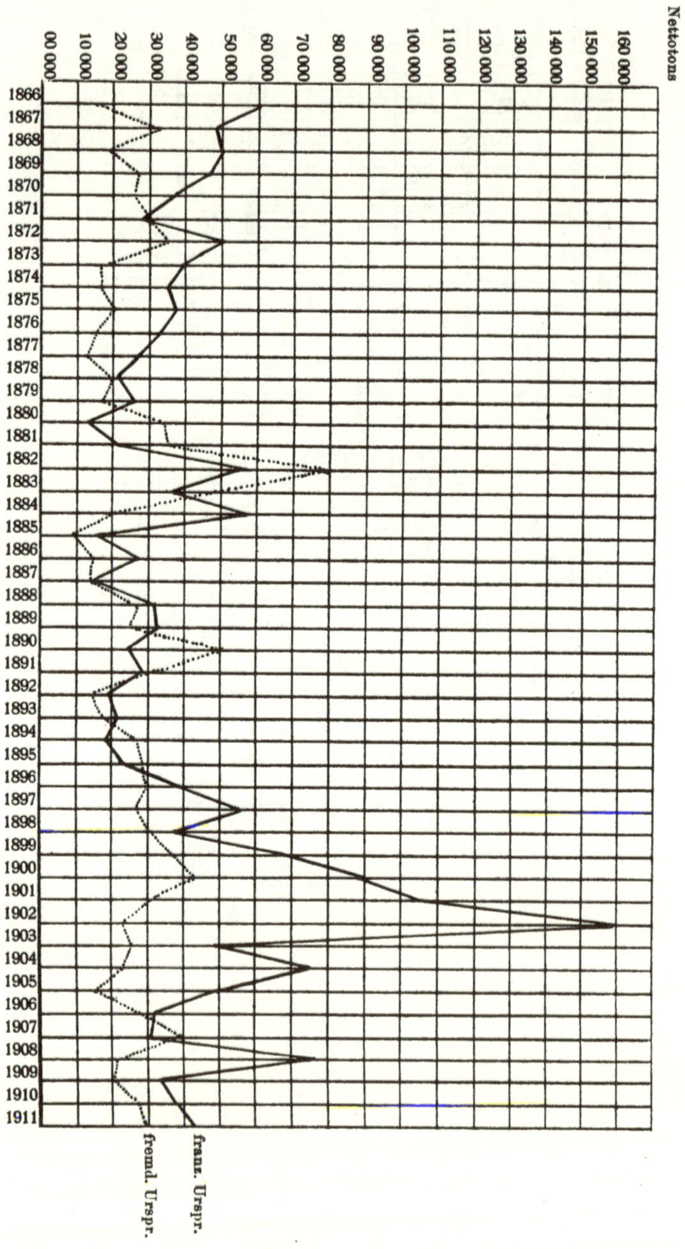

Tafel III.

Schiffsverkehr in den französischen Häfen 1875—1910.

(Nettogehalt der *beladenen* Schiffe in Millionen Tons).

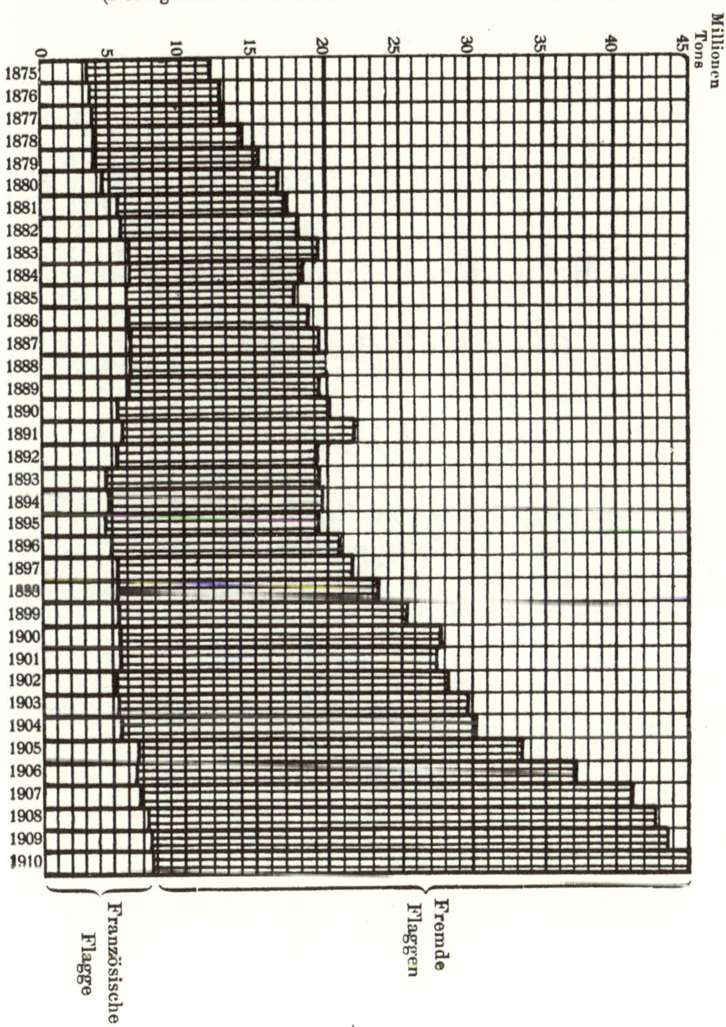

Verlag von L. Friederichsen & Co., Hamburg

Verzeichnis

der

Deutschen Handelsdampfer

von

50 Brutto-Registertonnen und mehr

(DAMPFER-HANDBUCH)

1913

mit Angabe der Reederei, des Tonnengehalts, des Kapitäns, der Zahl der Besatzung, des Baujahres, des Baumaterials, des Erbauers, der Reisen im Jahre 1912, der Havarien seit 1902 und der Ergebnisse amtlicher Untersuchungen bei diesen Seeunfällen

herausgegeben von

Dr. Brüders

Generalsekretär des Internat. Transportversicherungs-Verbandes (e.V.), Berlin

Druck von J. J. Augustin in Glückstadt und Hamburg.

www.ingramcontent.com/pod-product-compliance
Lightning Source LLC
LaVergne TN
LVHW042238300926
849161LV00003B/393